"Mais do que um livro sobre boxe, *Sem Nunca Jogar a Toalha* é um livro sobre fé e superação, escrito por um dos maiores pugilistas da história."

ACELINO "POPÓ" FREITAS — **Campeão mundial peso-leve em 2006**

"*Sem nunca jogar a toalha* é mais um nocaute de George Foreman. Emocionante como todas as suas 76 vitórias. É um livro difícil de largar. Interessante desde a primeira linha. Conta meandros da carreira de um dos pugilistas mais carismáticos de todos os tempos, que soube se reciclar para ganhar o público e a mídia. Leitura indispensável não só para aqueles que admiram a nobre arte, mas também para quem está atrás de um exemplo a ser seguido. Como aconteceu com sua carreira, que durou 28 anos, *Sem nunca jogar a toalha* também tem um final. Que pena!"

WILSON BALDINI JR. — **Repórter, *O Estado de S.Paulo***

"Espetacular! Neste livro, George Foreman mostra porque continua sendo um grande campeão, como esportista e como ser humano."

ÉDER JOFRE — **Campeão mundial peso-pena em 1973**

"George Foreman será sempre lembrado, sem dúvida alguma, como um dos melhores boxeadores de todos os tempos. Porém mais incrível é a jornada na qual o truculento ex-valentão de rua (e dos ringues) se reinventou e conquistou o coração da América. Por meio de um relato envolvente, Foreman faz incríveis revelações como só ele poderia fazer em *Sem nunca jogar a toalha*, e conta a história do garoto que ouviu que nunca seria ninguém e se tornou uma das maiores, e comoventes, histórias de sucesso."

EDUARDO OHATA — **Repórter, *Folha de S.Paulo***

"*Sem nunca jogar a toalha* revela a essência de George Foreman, um homem que soube mudar."

MIGUEL DE OLIVEIRA — **Campeão mundial médio-ligeiro em 1975**

GEORGE

SEM NUNCA JOGAR A TOALHA

FOREMAN

UMA HISTÓRIA DE SUCESSO, BOXE E ESPIRITUALIDADE

GEORGE

SEM NUNCA JOGAR A TOALHA

FOREMAN

UMA HISTÓRIA DE SUCESSO, BOXE E ESPIRITUALIDADE

—————— COM KEN ABRAHAM ——————

TRADUÇÃO DE
RAFAEL MANTOVANI

THOMAS NELSON BRASIL

Rio de Janeiro
2007

Título original
God in my corner

Copyright © 2007 George Foreman
Edição original por Thomas Nelson, Inc. Todos os direitos reservados.
Copyright da tradução © Thomas Nelson Brasil, 2007.

SUPERVISÃO EDITORIAL Nataniel dos Santos Gomes
ASSISTENTE EDITORIAL Clarisse de Athayde Costa Cintra
TRADUÇÃO Rafael Mantovani
CAPA Valter Botosso Jr.
Revisão Margarida Seltmann
Magda de Oliveira Carlos Cascardo
PROJETO GRÁFICO E DIAGRAMAÇÃO Julio Fado

CIP-BRASIL. CATALOGAÇÃO-NA-FONTE
SINDICATO NACIONAL DOS EDITORES DE LIVROS, RJ

F796s

Foreman, George, 1949-
    Sem nunca jogar a toalha: uma história de sucesso, boxe e espirituali-
dade/George Foreman com Ken Abraham; [tradução Rafael Mantovani].
- Rio de Janeiro:
Thomas Nelson Brasil, 2007.

    Tradução de: God in my corner
    ISBN 978-85-6030-342-7

    1. Foreman, Nelson, 1949-. 2. Boxeadores - Estados Unidos - Biogafia.
I. Abraham, Ken. II. Título.

07-2584.   CDD: 920.92773
                                              CDU: 929:28(73)

Todos os direitos reservados à Thomas Nelson Brasil
Rua Nova Jerusalém, 345 – Bonsucesso
Rio de Janeiro – RJ – CEP 21402-325
Tel.: (21) 3882-8200 – Fax: (21) 3882-8212 / 3882-8313
www.thomasnelson.com.br

Prefácio

POR MILTON LEITE

Naquela tarde de novembro de 2003, havia um misto de excitação e ansiedade no estúdio da ESPN-Brasil, em São Paulo. Jornalistas, operadores de câmeras e técnicos aguardavam o entrevistado. Faltavam alguns minutos para começar a gravação de mais um programa *Bola da Vez*. Mas aquele não seria só "mais um" programa. Afinal, não é todo dia, ainda mais no Brasil, que se tem pela frente um campeão olímpico e mundial de boxe, categoria peso-pesado. Mais do que isso: é raridade ter como personagem um atleta protagonista de um dos maiores acontecimentos esportivos do século XX — a célebre luta pelo título na África, em 1974 contra Muhammad Ali.

No livro que contou a história daquele combate, George Foreman foi descrito desta maneira pelo escritor Norman Mailer: "Seu olhar grande é pesado como a morte, opressivo como o bater da tampa de uma tumba." Eu ouvia atento a frase e seu evidente exagero literário, da boca do grande repórter Helvídio Mattos, quando a porta do estúdio se abriu. Surgiu por trás dela aquele senhor então com 54 anos, muito forte, gorducho, cabeça raspada e um sorriso largo no rosto, esbanjando simpatia. Nada que se aproximasse da imagem criada por Mailer. E a razão é simples: o George Foreman que durante quase duas horas esteve conosco, com jeito de tio preferido ou de avô bonachão, não era a mesma pessoa que chegou ao topo do mundo como pugilista e até hoje é considerado um dos homens mais fortes e demolidores que o boxe já conheceu.

As duas pessoas, os dois George Foreman, têm suas existências bem definidas.

Eu ainda era adolescente quando conheci o primeiro Big George. Diante da TV, madrugadas adentro, apaixonado por esportes, assisti à era de ouro do boxe em confrontos inesquecíveis reunindo Foreman, Muhammad Ali, Joe Frazier, Ken Norton... Aquele Foreman era "um homem mau, que odiava seus adversários e por isso queria matá-los no ringue". Definição dele próprio, quando já era uma outra pessoa.

E nem podia ser diferente. Afinal, em uma família pobre e sendo o quinto de sete irmãos, George Foreman cresceu com fome. Só teve a chance de três refeições ao dia quando se integrou a um projeto social chamado Job Corps, onde recebia formação profissional e praticava esportes. Até ali, era brigão, detestava a escola (de onde fugia sistematicamente para dormir) e assaltava pelas ruas de Houston em companhia de amigos. "Era um bandido", mais uma vez é ele quem diz. Foi o boxe que o resgatou de um final previsível.

O primeiro Foreman foi campeão olímpico em 68, depois campeão mundial, ganhou muito dinheiro, comprou mansões, teve coleção de carros, ficou famoso... Em 1974, depois de demolir facilmente os lutadores mais importantes da época, foi desafiado por Muhammad Ali, ex-campeão, considerado decadente e em fim de carreira. A disputa pelo título na África (no antigo Zaire), foi um evento único, com direito a festival cultural do qual participaram B. B. King, James Brown e muitos outros artistas afro-americanos. (Este episódio está brilhantemente descrito no livro de Mailer e no documentário ganhador de um Oscar *Quando éramos reis*). Mas, lembre-se, Foreman era um homem mau, odiava seus adversários, estava no topo do mundo e a arrogância fez com que ele subestimasse Ali: foi para a lona no oitavo assalto.

A vida e as conquistas do primeiro Foreman são muito conhecidas. Qualquer pesquisa rápida na internet trará detalhes ainda mais ricos. E não foi o nocaute em outubro de 74, na África, o divisor de águas entre o primeiro e o segundo George Foreman. A transformação, ou a morte do primeiro e o nascimento do segundo, como prefere o autor, só aconteceu três anos mais tarde, em uma outra derrota.

Sem nunca jogar a toalha não é um livro sobre boxe. Muito menos um relato dos feitos de Foreman no esporte. É a história da transformação do "homem mau" em tio preferido ou avô bonachão. Ou de como o dono do "olhar pesado como a morte" passou a distribuir amor, esperança e futuro para tantos jovens de sua cidade, graças ao esporte.

Nas páginas adiante está um relato minucioso de como o descrente George Foreman, ao viver uma experiência sobrenatural, abraçou a religião, virou pastor e fez com que o primeiro George Foreman saísse de cena e desse lugar ao segundo. Que, diga-se, também foi campeão mundial de boxe, já com 42 anos, voltando aos ringues dez anos depois da aposentadoria e do incrível episódio de morte e renascimento. Só que o segundo não odiava nem queria matar os adversários, queria apenas divertir-se e conseguir dinheiro para sustentar o trabalho com as crianças e adolescentes que, como ele, só tinham a opção de ganhar a sobrevivência assaltando pelas ruas de Houston.

A religião foi o fio condutor da mudança. George Foreman saiu pelo mundo pedindo perdão, perdoando e dizendo que amava todos que cruzavam seu caminho. Virou pregador. Em igrejas, pelo rádio, em programas de TV, mas também nas esquinas, onde atraía sempre muita gente com a sua fama de campeão de boxe para contar a história da sua conversão.

E mesmo os que não acreditam nas religiões, ou não têm ligações com nenhuma delas, encontrarão uma história fascinante pela frente. A história sobre a capacidade de um ser humano de se transformar em uma pessoa melhor, muito melhor — seja qual for o caminho que o tenha levado a isso. A história de alguém que não tinha futuro, conseguiu fama e fortuna e abriu mão de tudo apenas para ser uma pessoa melhor.

Divirta-se: o segundo George Foreman, o que narra este livro, é uma ótima companhia.

Milton Leite
Apresentador e narrador
esportivo do SporTV

Sumário

Prefácio   7

1. O telefonema que mudou minha vida   13
2. O dia em que eu morri   35
3. Preciso de um pistoleiro   53
4. O que as pessoas vão pensar de mim?   65
5. Um pastor lutador   79
6. Sendo otimista em um mundo de pessimismo   89
7. Aprecie o hoje   103
8. Deus irá guiar os seus passos   111
9. A pior coisa pode ser a melhor coisa   131
10. Inspirando excelência nos outros   145
11. Atravessando a tempestade   157
12. Integridade: não saia de casa sem ela   171
13. Quando a oportunidade bater, abra a porta   187
14. O segredo do sucesso   199
15. Doe enquanto está vivo   213
16. Quarenta anos não é uma sentença de morte   223
17. Por que batizei todos os meus filhos de George   243
18. Nos encontramos no céu?   251

Agradecimentos   257
Notas   259
Fotos   261

CAPÍTULO 1

O telefonema
que mudou
minha vida

Todo mundo precisa de uma segunda chance, mesmo se o seu nome for George Foreman.* Talvez você me conheça como o homem da propaganda do George Foreman Grill, da Meineke Car Care ou da Casual Male Big & Tall Clothes. Se você acompanha o mundo esportivo, talvez me conheça como o campeão mundial de boxe peso-pesado que perdeu para Muhammad Ali e voltou vinte anos depois, para vencer o título novamente aos 45 anos de idade.

Mas o que poucas pessoas sabem é que uma coisa incrível e estranha aconteceu comigo na noite de 17 de março de 1977. Essa experiência sobrenatural definiu minha vida de um jeito tão dramático que dividiu minha identidade em dois Georges. O velho George viveu antes desse dia, e me refiro a ele como "minha primeira existência". Desde esse dia, sou o novo George. Deus me deu uma segunda chance na vida, e tenho me empenhado em fazer as coisas do jeito certo desta vez.

---

* Em inglês, foreman significa literalmente "primeiro homem".

Quando partimos na jornada da vida, muitas vezes trilhamos caminhos errados, assim causando dor a nós mesmos e aos outros. A maioria de nós precisa atingir o fundo antes que a luz acenda para mostrar que arruinamos tudo. É nesse momento crítico que precisamos aproveitar a oportunidade e mudar de direção. Precisamos começar a trilhar um caminho diferente, que conduza a um novo destino.

Minha segunda chance chegou sem avisar em um vestiário em Porto Rico, após uma luta de boxe peso-pesado. O que aconteceu comigo naquele vestiário foi tão absurdamente bizarro, que é improvável que você já tenha lido alguma coisa parecida antes. Em poucas palavras, *eu morri e passei para o lado de lá*. A experiência teve em mim um impacto tão profundo que, três décadas depois, não consigo passar um só dia sem pensar nela.

A CRISE QUE EU NÃO PODIA RESOLVER

Dezembro de 1976. O telefone tocou no meio da noite, me tirando de um sono profundo. Com os olhos embaçados, me esforcei para ler o relógio na cômoda.

São quase três da manhã. Quem será que está me ligando a esta hora? Eles não sabem que ninguém deve me incomodar quando estou me preparando para uma luta?

Dali a três meses, eu iria enfrentar Jimmy Young em uma bastante promovida luta de boxe peso-pesado em San Juan, Porto Rico. Eu estava treinando intensamente no meu rancho em Marshall, Texas, e todos os membros da minha equipe de treinamento e os funcionários da casa sabiam das regras: ninguém devia me distrair enquanto eu estivesse em treinamento. A instrução geral por ali era: "Não incomode o George. Se algo de bom acontecer, a notícia pode esperar. E se for algo de ruim, não comente com o George. Se alguém morrer, não conte a ele."

Um boxeador precisa manter a postura mental correta para se preparar bem. O boxe não é apenas treinamento físico extenuante — correr por diversos quilômetros, acertar os sacos de areia milhares de vezes, e fazer muitos rounds de *sparring*. Boa parte do boxe é preparação mental. Se você perder a luta na sua mente, vai perdê-la no ringue também. É por isso que havia ordens para não me interromper por *nenhum* motivo. Mas quem quer que estivesse ligando àquela hora obviamente tinha escolhido ignorar as regras do treinamento.

Minha mãe tinha vindo ao meu local de treinamento para cozinhar para mim, e estava dormindo no meu quarto enquanto eu dormia em um outro quarto no fundo da casa. Pelo jeito, o toque do telefone acordou minha mãe também. Esfregando os olhos e tentando acordar por inteiro, atendi o telefone ao mesmo tempo em que minha mãe atendeu no outro quarto.

Reconheci minha irmã Mary, chorando do outro lado da linha. Minha mãe ficou abalada ao ouvir os soluços dela. "O que foi, Mary?", ela perguntou, transparecendo aflição em sua voz.

Mary se recompôs o suficiente para responder. "Meu filho estava brincando lá fora e teve um derrame", ela disse. "Quando conseguimos levá-lo ao médico, ele já estava em coma. Os médicos acham que ele não vai sobreviver. Dizem que, mesmo se ele conseguir sair do coma, vai perder a capacidade de andar e falar."

Mary mergulhou novamente em soluços. O menino de quem ela estava falando era meu sobrinho de cinco anos de idade, George Edward Dumas. O pequeno George era um dos prediletos na minha família; ele ocupava um lugar especial no meu coração, e me via como um pai. Por mais que eu estivesse preocupado com a situação de George, não quis ouvir mais nenhuma palavra. Eu sabia que tinha que ficar na minha "área" e manter o foco no treinamento.

Desliguei o telefone em silêncio, fingindo que aquela conversa nunca tinha acontecido. Enquanto eu estava ali deitado com a cabeça no travesseiro, os olhos arregalados e fixos no teto, pensei: *Eu não ouvi isso. Isto não pode estar acontecendo. Preciso manter o foco.*

Impossível. Assim que ouvi minha mãe desligar, pulei da cama e corri até o quarto dela. "Mãe, diga a esses médicos que eu sou George Foreman, tio do menino. Diga a eles que eu vou pagar, não importa o preço. Mande trazerem os melhores médicos, eu assumo as contas. Diga a eles quem eu sou."

"Filho", ela explicou: "eles já têm os melhores médicos."

Eu estava irredutível. "Mãe, pegue esse telefone e ligue para eles agora mesmo. Diga a eles que eu sou George Foreman, e vou tomar conta de tudo!"

"Está bem, George. Vou tentar."

Eu andei de volta para o meu quarto, carregando um enorme fardo de preocupação. Fiquei me revirando na cama, me dando conta de que meu sobrinho provavelmente ia morrer. E mesmo se sobrevivesse, nunca seria normal. A situação revirava na minha mente. *Esse menino não fez mal a ninguém. Ele está em coma e não consegue acordar. E mesmo que consiga, vai ser paralítico e nunca mais vai poder falar nem andar.*

> **Eu torcia para eles pedirem que eu jogasse as sobras aos cachorros, para que assim eu pudesse comer um pouco também.**

Sem conseguir dormir, eu não descansaria enquanto não soubesse o que os médicos tinham a dizer. Arranquei os lençóis e voltei pisando duro pelo corredor. "Mãe, você ligou para eles?"

"Sim, eu liguei e falei para eles. Filho, você vai ter que orar."

Atordoado e descrente, me arrastei devagar para o meu quarto. Quando uma pessoa lhe diz que agora só resta orar, *isto é ruim.*

Foi então que me dei conta: *Nem mesmo todo o dinheiro de George Foreman pode resolver esta crise.* Nem toda a minha fama, fortuna e amigos podiam resolver o problema. Eu não tinha o poder de fazer nada para ajudar. O futuro daquele garotinho estava fora das minhas mãos, e das mãos dos médicos também. Eles tinham feito o melhor que podiam, mas às vezes os melhores esforços humanos não são suficientes.

É nesse momento que muitas pessoas se voltam para a oração. Quando os homens não conseguem resolver um problema, imploram pela assistência divina. Se existe um Deus, talvez ele possa ajudar. Para alguém como eu, orar era um último recurso. Eu nunca tinha orado antes, simplesmente porque não precisava. Eu não acreditava nessas coisas de religião, de qualquer modo. Meu dinheiro sempre resolvia todos os problemas.

Eu não precisava de Deus. Eu era George Foreman, medalha de ouro olímpica e campeão mundial de peso-pesado. Eu tinha provado o melhor que este mundo tem a oferecer, mas também tinha agüentado o pior, crescendo em uma parte pobre da cidade de Houston.

SEMPRE COM FOME

Eu sabia na pele o que era viver na pobreza. Meu pai alcoólatra, J. D. Foreman, trabalhava na ferrovia e passava a maior parte do tempo fora de casa, deixando minha mãe sustentar sete filhos sozinha. O salário dela, 26 dólares por semana, não durava muito com oito bocas para alimentar. Eu era um menino grande, por isso estava *sempre* com fome. Foi só alguns anos depois, quando comecei a lutar boxe, que me lembro de ter sentido a barriga cheia após uma refeição.

Minha mãe às vezes trazia para casa um único hambúrguer, para ser dividido entre os filhos e ela. Era um luxo indescritível; cresci achando que hambúrgueres eram coisa de gente rica. Ela cortava o hambúrguer em oito pedaços, e cada um ganhava um pouquinho. Eu saboreava a carne na boca durante alguns segundos, sonhando com o dia em que eu poderia comer um hambúrguer inteiro sozinho. Às vezes, aos domingos, ela fazia panquecas e dava um pedacinho de bacon para cada criança.

O café-da-manhã geralmente consistia de uma tigela de cereal, coberta de leite misturado com água. Não era exatamente o café-da-manhã de um campeão. Os almoços na escola não eram muito melhores. Na maioria das vezes, eu carregava um sanduíche de maionese para a escola junto comigo. De vez em quando, minha mãe até colocava um pedaço fino de sobra de carne. Eu comia o sanduíche bebendo água, lamentando não poder comprar uma dessas caixinhas de leite que custam seis centavos.

Às vezes, quando eu estava brincando com as crianças da vizinhança, os pais as chamavam para entrar e almoçar. Eu não tinha

almoço nenhum à minha espera, por isso costumava espiar pelas janelas e observar meus amigos comendo. Ficava com água na boca ao
vê-los arrancar a casca do pão. Eles tiravam a pele do frango, pois não
queriam comer. Eu pensava: *eu adoraria comer o que eles não querem*. Eu
torcia para eles pedirem que eu jogasse as sobras aos cachorros, para
que assim eu pudesse comer um pouco também.

Minha mãe, Nancy Ree Foreman, tinha crescido na pobreza,
sendo a filha de um meeiro que forçava seus oito filhos a trabalhar
para ele. Embora fosse inteligente e quisesse muito receber uma educação, ela nunca teve a oportunidade de estudar. O pai dela estava
sempre fazendo promessas que não cumpria. "Você só precisa me ajudar na plantação este ano, e pode ir para a escola no ano que vem."
Mas o "ano que vem" não vinha nunca, e minha mãe nunca recebeu a
educação que tanto desejou.

Quando eu ainda era garotinho, minha mãe ficou muito doente; ela tossia sem parar, tinha chiado no peito, e sentia um mal-estar
generalizado por longos períodos. Quando ela finalmente consentiu
em procurar assistência médica, o médico disse que ela havia contraído
tuberculose, e precisava ir imediatamente para o hospital. Minha mãe
pensou que seria uma estada curta, mas na verdade ela precisou ficar
internada por mais de um ano!

Durante aquele período, eu vivia basicamente por minha conta,
e por isso passava a maior parte dos meus dias e noites na rua, arranjando encrenca.

Nos meus anos de juventude, minha mãe era a única pessoa que
conseguia me controlar. Meu pai nunca esteve muito presente no meu
crescimento, pois tinha se separado dela. Minha mãe era alta e esbelta
— não era uma mulher grande — mas era forte, e acreditava em uma
educação "na base da palmatória". Mas minha mãe não precisava de palmatória na hora de me disciplinar; ela pegava qualquer coisa que estivesse à mão — um cinto, um sapato grande, ou o que mais encontrasse
— e me dava umas boas pancadas. Minha mãe também tinha um soco
poderoso! E estava sempre pronta a usar um golpe de judô ou um leve
chute para me "motivar" ou me corrigir quando eu fazia coisa errada.

Mas com ela sofrendo de tuberculose no hospital, perdi as estribeiras, e sempre arranjava briga na rua. Porém de alguma maneira, mesmo bastante enfraquecida, minha mãe ficou sabendo o que eu andava aprontando e contatou uma pessoa do serviço social. Ela disse a eles: "Estou aqui no hospital, e sei que meus filhos estão tendo problemas em casa. Mas ficaria mais tranqüila se eles pudessem vigiar pelo menos este meu menino." Minha mãe tinha sete filhos, mas adivinhe qual deles dava mais preocupação?

A assistência social contatou uma mulher excelente de nome Bonner, para ajudar a cuidar de mim. A Sra. Bonner vivia bem longe dali, mas veio até a cidade procurando por mim, na esperança de passar algum tempo comigo. Ela se interessou por mim e tentou me ajudar a não arranjar encrenca enquanto minha mãe estava no hospital. Um dia, a Sra. Bonner me disse: "George, vou aparecer aqui no fim de semana, e queria que você voltasse para casa comigo para cortar minha grama. Vou pagar pelo trabalho."

"Posso levar junto uns dois amigos meus?", perguntei.

"É claro que pode", respondeu a Sra. Bonner.

Naquele fim de semana, a Sra. Bonner veio buscar meus dois amigos e eu, e nos levou até a casa dela. Ela nos conduziu até a cabana de ferramentas e mostrou o cortador de grama. "Certo, George, você pode cortar a grama. E vocês dois podem aparar e seguir atrás dele para limpar a grama cortada."

"Bem, senhora Bonner... meu amigo aqui", eu disse, apontando para um dos meus amigos: "o pai dele tem um cortador de grama. Ele sabe cortar grama melhor do que eu. Acho melhor deixar que ele corte a grama."

"Não, George", ela disse. "Quero que *você* faça o serviço."

"É mesmo?"

"Pois é. Você é o encarregado, George."

"Mas o pai dele tem um..."

"Você!"

Olhei para a Sra. Bonner e depois para os meus amigos. Eu disse: "Está bem, rapazes; mãos à obra". Trabalhamos o dia inteiro na casa da Sra. Bonner, e foi uma sensação ótima quando ela me entregou o dinheiro do pagamento. O mais importante foi que senti que tinha feito uma boa coisa.

Eu não me dei conta totalmente na época, mas, relembrando essa experiência, agora entendo que a Sra. Bonner estava me dando a chance de ser *alguém*. Pela primeira vez na minha vida, uma pessoa de fora da minha família estava me dizendo: "Você consegue, George. Eu acredito em você!"

Até hoje, devo minha vida à Sra. Bonner. Aquele pequeno broto de auto-estima que ela ajudou a cultivar em mim ainda me acompanha até hoje. A Sra. Bonner me fez sentir uma boa pessoa, e ela é parte do motivo que me levou a ser quem sou hoje.

A Sra. Bonner manteve contato comigo até minha mãe receber alta. Infelizmente, quando minha mãe saiu do hospital, voltei direto para aquela vida de roubar e bater nas pessoas.

Minha mãe não tinha tempo para freqüentar a igreja quando eu era menino — ela estava sempre trabalhando, tentando ganhar o suficiente para nos manter vivos —, mas ela reconhecia o valor da igreja, e acreditava que seríamos crianças melhores se nos deixássemos iluminar pelas palavras da Bíblia. De vez em quando, ela jogava uma Bíblia na minha direção e dizia: "Tome, George. Vá para o quarto e leia esta Bíblia."

Eu pegava a Bíblia, folheava as páginas e olhava as figuras por um instante, e depois devolvia o Livro para minha mãe.

"Viu? Não está se sentindo melhor agora?", ela perguntava cheia de esperança.

"É claro, mãe. Estou muito melhor agora", eu mentia.

Aos dezesseis anos de idade, eu era um adolescente ruim e violento, arranjando brigas na escola ou aonde quer que eu fosse. Não foi surpresa quando abandonei a escola no começo do colegial e saí procurando um emprego. Mas não há muita gente querendo contratar um garoto que abandonou o colegial. Acabei conseguindo um emprego de lavar pratos em um restaurante.

Percebi que a única maneira de sair da pobreza seria usar meus punhos e brigar. Às vezes, eu espancava duas ou três pessoas por dia.

E eu era brutal. Uma vez, cheguei até um sujeito que não tinha me feito nada e, sem aviso, dei um soco bem na cara dele, por pura malvadeza. Ele despencou no chão como uma pedra. Fui embora e o deixei jogado no chão, semiconsciente. Minha consciência estava tão incrustada de ódio que não me abalava ver pessoas sangrando ou nocauteadas. Muitas vezes, eu assaltava pessoas só para arranjar dinheiro para beber. Eu era muito bom em espancar pessoas, embora na época nunca tivesse imaginado que um dia as pessoas pagariam para me ver lutar.

Meu irmão mais velho, Robert — nós o chamávamos de Sonny; seus amigos o chamavam de "Rags" — era um homem de família trabalhador, com mulher e dois filhos. Dez anos mais velho que eu, Sonny vivia em uma bela casa e conseguia ganhar a vida trabalhando para uma empresa de mudanças, a Wald Transfer and Storage. Sonny percebeu que eu estava indo pelo caminho errado, e se ofereceu para me ajudar a conseguir um emprego na Wald.

"O serviço é pesado", Sonny me contou. "Mas se você trabalhar direito e os patrões gostarem de você, eles podem pôr você em tempo integral, e você pode ser um fixo." Eu queria muito ser um "fixo" também, pois, se o chefe me contratasse em tempo integral, a empresa fornecia um uniforme com meu nome bordado no bolso.

Comecei a trabalhar na Wald e logo descobri que meu irmão não estava brincando: era serviço pesado, longas horas de trabalho duro, às vezes das oito da manhã até a meia-noite. Mas eu ganhava 1,25 dólar por hora para carregar e descarregar móveis pesados. Era tanto dinheiro que eu mal conseguia contar! A Wald era especializada em "mudanças de escritório", e transportava arquivos, mesas, máquinas e outros objetos pesados de um escritório para o outro. Os objetos eram grandes e pesados, mas eu era jovem e forte, por isso, quando via que meus chefes estavam olhando, eu redobrava os esforços para impressionar. Não demorou muito para eu causar uma boa impressão neles, e também nos meus colegas. Depois do expediente, meus novos amigos me ajudavam a gastar com bebida boa parte do meu pagamento. O que sobrava, eu usava para ajudar minha mãe.

Um dia, o chefe informou nossa equipe que tínhamos uma mudança de escritório de alta prioridade, que precisava ser feita depressa. Teríamos que trabalhar desde manhã bem cedo até a meia-noite durante vários dias, até conseguirmos transportar tudo. O primeiro dia já foi bastante ruim, com muitas coisas pesadas para levantar e carregar. Após o segundo dia, eu estava morto de cansaço, minhas costas doíam, e eu estava prestes a desistir. Ao final do terceiro dia, eu estava acabado. Quando paramos para jantar, por volta das cinco da tarde, o chefe nos instruiu para voltarmos em uma hora. Eu estava tão exausto que fui para casa e caí no sono. Acordei só na manhã seguinte.

Fiquei com tanta vergonha de mim mesmo que nunca mais voltei para trabalhar na Wald, nem mesmo para pegar meu pagamento. Eu sabia que tinha desobedecido meu chefe, e provavelmente arruinado qualquer chance de ganhar o uniforme com meu nome bordado, mas além disso tinha envergonhado meu irmão Sonny. Os outros rapazes da equipe o provocavam o tempo todo. "O irmão do Rags não conseguiu agüentar a barra. O irmão do Rags saiu para jantar e nunca mais voltou, aquele preguiçoso."

"Onde você estava? Por que você não voltou?", Sonny me perguntou quando contei para ele sobre o meu sumiço.

"Cara, eu estava cansado demais", disse a ele sinceramente.

Na semana seguinte, Sonny e eu nos falamos de novo, e ele me contou que a Wald tinha umas mudanças grandes que iam acontecer em breve, e eles precisavam contratar uma ajuda extra. Sonny achava que eles talvez me contratassem se eu fosse até o chefe e contasse a verdade. "Você é forte e trabalha duro", Sonny disse para mim. "Os chefes gostam disso. Basta você dizer ao chefe que tem uma justificativa para não ter voltado", Sonny sugeriu. "E acho que ele não só vai aceitar você de volta, como também contratar você em tempo integral. Peça desculpas e invente uma boa justificativa."

Eu não sabia direito o que era uma "justificativa". Não era uma palavra que eu usasse. Mas achei que valia a pena tentar, se pudesse conseguir meu emprego de volta.

Fui ver o chefe de equipe da empresa de mudança, um sujeito durão que fazia mudanças desde o tempo em que eu nem era nascido. "Eu queria meu emprego de volta", disse a ele. Quando o chefe me viu, nem quis olhar na minha cara, muito menos conversar sobre a minha recontratação. "Você fugiu do trabalho, Foreman", ele disse, ríspido.

"Eu sei... pois é, fugi, senhor. Mas tenho uma *jussi... justi...*" Deu um branco na minha mente. *Qual era mesmo a palavra que Sonny mandou eu usar?* "Eu tenho uma *jussiticativa!*", soltei afinal.

O chefe olhou fixo para mim e jogou um envelope na minha direção. "Veja, Foreman; não quero ouvir a sua *jussiticativa!* Pegue seu dinheiro e vá embora. Não volte aqui nunca mais. Se eu vir você por aqui, vou chamar a polícia."

"Mas, mas..."

"Pegue seu dinheiro e sua *jussiticativa*, e caia fora."

APRENDENDO A LUTAR

Sem escola e sem emprego, eu fazia serviços avulsos para ganhar uns trocados. Mais ou menos naquela época, minha irmã Mary me falou sobre o Job Corps, um programa de capacitação profissional que era parte da "Guerra à Pobreza" do presidente Lyndon Johnson. Decidi me inscrever no Job Corps na esperança de aprender uma profissão que me permitisse ganhar a vida. Eu tinha visto Johnny Unitus, o famoso jogador dos Baltimore Colts, e também Jim Brown, do Cleveland Browns, em propagandas na TV pública convidando pessoas como eu a participar do programa. Jim Brown era meu herói de infância, me indicando a direção que eu tinha de seguir. Imaginei que Jim certamente ficaria orgulhoso de mim, por isso me inscrevi no programa.

O centro de treinamento do programa Job Corps ficava em Grants Pass, Oregon, bem distante de Houston, em vários sentidos. No Job Corps, conheci pessoas que se importavam comigo e acreditavam em mim. Eles me davam três refeições por dia, e os instrutores me ensinavam a usar um martelo do jeito certo, e outras habilidades práticas. Mas, mesmo no Job Corps, mantive minha atitude baixa e agressiva, arranjando briga e nocauteando qualquer um que me olhasse atravessado. Certa noite, eu estava com uns colegas ouvindo a luta entre Cassius Clay e Floyd Patterson no rádio, quando um dos sujeitos em quem eu tinha batido me desafiou: "Ei, George. Se você é tão valente, por que não vira boxeador?"

"Está bem, eu vou", respondi. "Vou mostrar a você." Não sei se algum daqueles caras me levou a sério, incluindo eu mesmo. Mas eu já tinha prometido, e não podia voltar atrás.

Após seis meses em Oregon, fui transferido para outro centro do Job Corps, perto de Pleasanton, Califórnia, onde eu receberia um treinamento profissionalizante mais direcionado. Foi ali que conheci outro homem que teria um profundo efeito na minha vida.

> "Por que você está fazendo isto com o garoto?", perguntei. "Se você é Deus, leve a minha vida."

Vi Charles Broadus pela primeira vez quando estava de pé em uma fila, no meu primeiro dia no centro de treinamento em Pleasanton. Era um homem robusto e musculoso. Todos o chamavam de "Doc", e ele era chefe da segurança do centro. Ele também era encarregado das atividades esportivas do local.

Andei até ele, me apresentei e disse: "Quero ser boxeador. Você acha que consigo?"

Doc Broadus me olhou de cima a baixo e disse: "Você é grande o bastante." Ele fez uma pausa e me examinou mais um pouco. "E também é feio o bastante. Apareça lá no ginásio."

Doc tornou-se um mentor para mim. Ele me ensinou a diferença entre brigar e boxear. Ele me disse: "Se você não arranjar encrenca, pode ser um campeão; pode até ganhar o ouro em uma Olimpíada."

Doc se importava comigo de verdade, e me tratava como filho. Ele tinha vários outros jovens para cuidar, e muitos deles eram melhores atletas que eu, mas por algum motivo Doc Broadus acreditava em mim, e me ajudou a acreditar em mim mesmo. Graças a Doc, senti que podia realmente fazer alguma coisa da minha vida.

Foi na época do Job Corps que comecei a aprender a lutar boxe. Eu sabia acertar as pessoas com os punhos porque tinha crescido em um bairro pobre, mas boxe era uma coisa bem diferente. Eu tinha tamanho e habilidade, mas não sabia a maneira correta de dar socos e me defender.

Doc teve de me ensinar do zero. Eu sabia como bater em uma pessoa, mas o boxe exige mais que apenas ser capaz de espancar o oponente até ele cair. "Se você quer ser boxeador", Doc me ensinou, "precisa aprender a boxear, não apenas brigar." Para me enfrentar em uma das minhas primeiras lutas, ele indicou um jovem magricelo e disse: "Vou pôr você no ringue com ele."

Eu não sabia se devia rir ou me sentir insultado. Eu sabia que podia quebrar aquele moleque em dois, se conseguisse agarrá-lo. Doc sabia que eu provavelmente não conseguiria.

Empolgado com minha primeira luta, voltei para o dormitório e disse a todos os rapazes: "Eu vou ser boxeador! Venham até o ginásio me assistir."

Alguns deles foram. No fim, eu ficaria feliz que os outros não apareceram.

Quando Doc me colocou no ringue com aquele magricelo, achei que eu fosse destruí-lo em questão de segundos. Pulei com fúria para cima dele, dando socos para todos os lados, pensando que ia derrubá-lo com um único golpe. E quem sabe eu teria conseguido, se algum dos meus socos tivesse acertado o alvo.

Mas o garoto sabia de uma coisa que eu não sabia. Ele sabia lutar boxe, não apenas brigar. Ele ficou dando voltas ao meu redor, se esquivando dos meus socos, me acertando com força, mas nunca deixando que eu o atingisse.

Cada vez mais frustrado, avancei no garoto, dando um soco com toda a minha força... e só acertei o vazio. Meu impulso, no entanto, me conduziu para a frente. Perdi totalmente o equilíbrio e caí desajeitado no chão. Fui para cima dele várias outras vezes, sempre com o mesmo resultado. Os rapazes em volta do ringue davam gargalhadas, alguns até seguravam a barriga de tanto rir. Quando a luta acabou, Doc não disse nada. Só deixou que eu absorvesse a lição.

Saí depressa do ginásio e não voltei mais. Eu já tinha passado bastante vergonha, e agora tinha de brigar ainda mais no dormitório, para calar a boca dos caras que tinham presenciado o magricelo esmurrar o valentão do Job Corps.

Alguns dias depois, encontrei Doc Broadus por acaso. "Onde você esteve?", ele perguntou. "Por que você não foi mais ao ginásio? Está com medo?"

"Eu? Com medo? De jeito nenhum. Eu... eu... hã, é que... eu não tenho sapatos de boxe." Doc e eu sabíamos que eu só estava inventando uma desculpa, por isso ele não caiu no meu blefe.

"Sente aqui na calçada e espere. Preciso ir até o escritório." Ele sumiu por alguns minutos e depois voltou carregando uma caixa com um par de sapatos de boxe novos em folha. "Vejo você no ginásio", ele disse.

Com a ajuda de Doc, comecei a treinar duro, aprendendo a me esquivar dos socos. Conforme fui ganhando experiência, lutei em uma competição chamada Diamond Belt, patrocinada pelo Job Corps, e ganhei alguns troféus. Em seguida, entrei na competição Golden Gloves e venci umas tantas lutas naquele nível, antes de finalmente ser derrotado no torneio Golden Gloves nacional em Milwaukee. Fiquei especialmente frustrado com essa derrota, porque só escorreguei no ringue e o árbitro considerou um *knockdown*, mas não deixei que aquilo me abalasse demais. Afinal, eu estava prestes a me formar no Job Corps e voltar para Houston. Enquanto estava no Job Corps, aprendi algumas noções de eletrônica, e tinha a esperança de pôr em prática minhas novas habilidades. Eu planejava conseguir um emprego de montagem de eletrônicos, e assim poder cuidar melhor da minha mãe.

Quando me formei no Job Corps em 1967, Doc Broadus insistiu, quase me implorou para cogitar outras opções no ramo do boxe. "Se você quiser virar profissional", ele disse, "tenho um grupo de amigos que podem ajudar você financeiramente. Se quiser treinar para a Olimpíada, vou ajudar você a fazer isso." Eu sabia que Doc acreditava em mim, e talvez ele reconhecesse o possível perigo de eu retornar à minha antiga vida de ócio e violência.

Agradeci a Doc, mas recusei suas propostas, e voltei para casa. Minha mãe me recebeu com alegria, e comecei a preencher formulários me candidatando para empregos. Porém, mesmo com minhas novas habilidades, não era tão fácil arranjar um emprego. Pouco depois de ter voltado para Houston, recomecei a beber, a brigar e a retomar meus antigos hábitos. Até minha mãe reconheceu que eu precisava de um recomeço em um novo ambiente — mas onde?

Foi então que Doc Broadus apareceu de novo da minha vida. Ele tinha me localizado e telefonado para a casa da minha mãe. Ela atendeu o telefone, e suplicou a ele com uma voz chorosa que me deixou chocado. "Sr. Broadus, o senhor pode ajudar meu filho? Por favor, leve-o e faça alguma coisa com ele — só o tire daqui." Eu sabia que minha mãe odiava a idéia de eu lutar boxe, por isso era muito significativo ela estar pedindo que Doc fizesse alguma coisa. Anos depois, Doc admitiu para mim: "Não consegui dizer não à dona Nancy."

Mas, se as palavras e atos da minha mãe me surpreenderam, a resposta de Doc também foi quase à altura. Eu não tinha dinheiro para comprar uma passagem de avião de Houston para a Califórnia, por isso Doc Broadus usou seu próprio pagamento — para tristeza de sua esposa — para me comprar uma passagem para Oakland. Quando cheguei lá, ele já tinha arranjado um emprego para mim no Job Corps em Pleasanton, onde eu ganhava algum dinheiro limpando o chão e lavando pratos, enquanto treinava no ginásio nas horas vagas.

E como treinávamos! Doc pegava pesado comigo, e eu era um aluno esforçado.

Acabei chegando à seleção para os Jogos Olímpicos, onde conquistei o direito de representar os Estados Unidos no boxe peso-pesado na Olimpíada de 1968. Na Cidade do México, derrotei um peso-pesado russo chamado Ionas Chepulis e venci a medalha de ouro olímpica. Muitas pessoas ainda se lembram de mim como o sujeito que desfilou com orgulho em volta do ringue após a luta, agitando uma minúscula bandeira dos Estados Unidos. Eu queria que o mundo inteiro soubesse que um americano havia vencido aquela medalha.

Voltei para Pleasanton como uma estrela ascendente do boxe. Eu recebia ofertas de todos os tipos, mas, por uns tempos, fiquei no centro de treinamento do Job Corps, ajudando a ensinar jovens a lutar boxe. No entanto, pouco depois disso o centro fechou, e tive de enfrentar uma grande decisão: Será que eu deveria tentar ganhar a vida como boxeador, ou deveria fazer outra coisa? Na verdade, eu não tinha tanto desejo de ser um boxeador profissional; eu só queria ganhar dinheiro suficiente para viver e ajudar a sustentar minha mãe, dar uma vida melhor a meus irmãos mais novos, Roy e Kenneth. Percebi que o boxe seria o único jeito de ganhar dinheiro suficiente para comprar uma casa melhor para minha mãe. Mais ou menos na mesma época, porém, encontrei Dick Sadler, treinador de Sonny Liston, o ex-campeão de boxe peso-pesado que havia perdido o título para um novato em ascensão, um rapaz convencido e barulhento chamado Cassius Clay, que depois mudaria seu nome para Muhammad Ali. Dick e eu tínhamos nos conhecido na primavera do ano anterior, quando Doc arranjara para que eu fosse *sparring* de Sonny enquanto ele treinava para outra luta.

Agora Sonny estava tentando voltar aos ringues aos 37 anos de idade, por isso perguntei a Dick: "Você pode me ajudar a tirar proveito da minha medalha olímpica? Quem sabe eu pudesse fazer umas demonstrações de boxe, alguma coisa assim."

"Claro", disse Dick. "Você pode viajar com Sonny e lutar em alguns dos mesmos *cards*." Comecei a treinar com Sonny Liston e era seu *sparring* regular. Viramos amigos íntimos — ou pelo menos com o máximo de intimidade que Sonny jamais concedia a um amigo. Sonny era obcecado por uma coisa: vencer outro campeonato. Ele falava pouco, não sabia ler, e raramente deixava os outros perceberem o que estava pensando ou sentindo. Mas eu sabia que ele confiava em mim, e era só isso o que importava. Sonny nunca recuperou o cinturão de peso-pesado que tanto desejava. Ele faleceu aos 38 anos.

Mesmo após a morte de Sonny, Sadler me manteve no seu grupo de boxeadores. Certa noite, Dick Sadler de repente disse: "Você precisa virar profissional." Ele agendou uma luta para mim no Madison Square

Garden, pela qual recebi 5 mil dólares. Lutei boxe profissional pela primeira vez em 23 de junho de 1969, nocauteando Don Waldheim no terceiro round. Eu estava a caminho, nocauteando um oponente depois do outro.

Quando se firmou minha reputação de boxeador feroz, às vezes eu nem precisava me esforçar muito para dar um nocaute. Eu tinha que lutar com um garoto antes de enfrentar Joe Frazier. O garoto era um guerreiro, mas desde o começo da luta ficou claro que ele estava morrendo de medo. Avancei no rapaz e errei por quinze centímetros, mas o coitado cambaleou como se eu o tivesse acertado com toda a força do meu punho. Avancei outra vez com força e errei o soco por cinco centímetros. Bum! O garoto caiu no chão e não levantou mais.

"Levante!", gritei para ele.

O garoto não se mexeu.

O árbitro decretou nocaute técnico e me declarou vencedor.

Eu devia ter ficado feliz, mas não fiquei. Eu fiquei revoltado!

Mais tarde, depois da luta, vi o boxeador de novo.

Ele disse: "Você ficou muito bravo quando caí, não foi?"

Eu disse: "Sim, fiquei."

"Você queria que eu levantasse, não queria?"

"Sim!", eu disse com ênfase.

"E você queria me matar."

"Sim!", berrei.

"Foi por isso que eu não levantei."

Fui subindo no ranking, nunca perdendo uma luta. Em 22 de janeiro de 1973, com um recorde de 37 vitórias e nenhuma derrota, enfrentei o invicto Smokin' Joe Frazier pelo título mundial de peso-pesado. Frazier era um campeão formidável, que havia enfrentado 29 adversários e nocauteado 25 deles. Não era à toa que o chamavam de "Smokin' Joe". Mesmo assim, a luta não durou muito. Derrubei Frazier cinco vezes antes de derrotá-lo no segundo round. Vindo de uma origem humilde em Houston, eu agora reinava como o campeão mundial de boxe peso-pesado.

Junto com o título e o enorme cinturão do campeonato, ganhei dinheiro, e bastante. Eu tinha carros, casas, investimentos e tudo o mais. No ano seguinte, eu ganharia mais ainda. Foi então que enfrentei Muhammad Ali — uma bolsa de 5 milhões de dólares para mim, que em 1974 seriam equivalentes a algo como 25 milhões de dólares nos padrões de hoje.

Enfrentando Muhammad Ali

Minha tão alardeada luta contra Ali seria televisionada em horário nobre via satélite. O saldo de Ali era 44-2, com suas únicas duas derrotas por decisão da arbitragem para Joe Frazier e Ken Norton, ambos os quais eu havia nocauteado. Meu saldo era de quarenta vitórias, nenhuma derrota, e 37 nocautes — sendo a maioria dos nocautes nos primeiros rounds. Embora eu fosse considerado o favorito para vencer, dois incidentes curiosos mudariam de forma significativa a história do boxe.

Pouco antes da luta contra Ali, meu treinador me entregou um copo com um líquido e disse: "Aqui está sua água." Isso era normal. Na verdade, eu sempre costumava tomar um copo d'água logo antes de cada luta. Mas o que havia naquele copo não era nada normal.

Dei um gole, e quase cuspi fora. "Ei, esta água está com gosto de remédio."

"É a mesma água de sempre!", ele berrou com um ar defensivo.

Eu dei outro gole. "Meu chapa, eu *sei* que tem remédio nesta água!"

Ele retrucou outra vez: "É a mesma água! A mesma água de sempre."

Confiei na palavra dele e bebi o resto. Alguns minutos depois, subi no ringue com aquele gosto de remédio ainda persistindo na minha boca.

Desde que soou o gongo, Muhammad Ali ficou dançando pelo ringue, tentando se esquivar dos meus socos enquanto arriscava alguns *jabs*. Ao final do segundo round, minha energia tinha se esgotado mais

rápido que em qualquer das minhas lutas anteriores. Depois do terceiro round, eu estava tão cansado como se tivesse lutado quinze rounds.
O que está acontecendo aqui? Alguém colocou droga na minha água?

Quando chegou o oitavo round, eu estava cansado e fraco, mas
ainda acreditava que podia nocautear Ali se encontrasse uma abertura.
Mas Ali me pegou sem equilíbrio com um poderoso soco no queixo,
que me derrubou na lona. Eu não estava ferido, mas esperei sete segundos até levantar. Quando a contagem chegou a oito, pulei e fiquei
de pé. Para meu espanto, o árbitro Zach Clayton rapidamente contou
"oito-nove-dez" como se fosse uma palavra só, e deu a luta por encer-
rada. Não acreditei! Tinha perdido — minha primeira derrota como
profissional — e por causa de uma contagem apressada.

Senti que a vitória havia sido roubada de mim, e fiquei furioso.
Mas eu sabia que podia derrotar Ali, e estava determinado a voltar
para recuperar o título. Ao longo dos dois anos e meio seguintes, venci as cinco lutas seguintes uma após a outra, todas por nocaute. Meu
saldo agora era 45-1, com 42 nocautes. Havia apenas um oponente
entre Muhammad Ali e mim: Jimmy Young. Se eu conseguisse passar
por ele, eu sem dúvida teria outra chance de enfrentar Ali.

UMA MUDANÇA DE PLANOS INESPERADA

Meus planos foram interrompidos de forma abrupta quando o telefone tocou naquela noite em dezembro de 1976. Até aquela noite, a
única coisa em que eu pensava era minha carreira de boxe. Para mim,
o mundo inteiro girava em torno de George Foreman. Mas de repente
meu mundo desabou. Eu amava meu sobrinho George, e faria qualquer coisa para vê-lo recuperar sua saúde normal.

Agora eu estava enfrentando um inimigo que era grande demais
para eu nocautear, e meu dinheiro não podia comprar a cura. A única
esperança do meu sobrinho era um milagre, e percebi que somente
Deus — se ele existisse — poderia cuidar disso. O bom senso me dizia
que a maneira de entrar em contato com ele era através de uma oração, mas eu não tinha nenhuma experiência em orar. Eu nem sabia

como começar. Mesmo assim, achei que valia a pena tentar. *Está bem*, decidi. *Vou orar.*

Para mim, orar era como jogar uma lança para o céu, com a esperança de atingir alguma coisa lá em cima e chamar a atenção de Deus. Afinal, eu era a pessoa mais *desqualificada* do mundo para estar orando. Era um homem raivoso e mau. Não freqüentava a igreja, nunca tinha lido a Bíblia, e zombava e ria das pessoas que liam. Não sabia quem Deus era nem como falar com ele. Além disso, no mundo do boxe todos haviam me advertido para "ficar longe da religião", pois isso só causaria problemas. Eu seguira de bom grado o conselho deles.

No passado, eu tinha tido curiosidade por diversas religiões. Eu sabia que Muhammad Ali era muçulmano, e por uma época brinquei com a idéia de me converter também. Mas quando ele me xingou no banquete anual dos jornalistas de boxe, onde eu receberia o prestigiado prêmio Fighter of the Year e o cinturão do campeonato da World Boxing Association, risquei a religião de Ali da minha lista. Pensei: *Se você encontrou a religião, precisa ao menos ser melhor que eu. A religião deveria pelo menos fazer de você uma pessoa melhor. Eu xingo bastante, mas você está xingando muito mais! Então por que eu ia querer a sua religião?*

O Cristianismo me parecia entediante — uma escapatória para os pobres e as velhinhas. Eu também não queria me envolver com esse tipo de religião.

Mas eu não precisava de religião. Eu precisava de um milagre.

Eu me ajoelhei, me sentindo constrangido e um pouco ridículo, mas resoluto assim mesmo.

"Está bem. Dizem que você é Deus...", achei que fosse um bom jeito de começar. Parecia que estava apenas falando em voz alta para o quarto vazio. Se Deus não existisse, eu estava orando para o nada.

"Se existe um Deus", continuei, "e se você realmente está aí... e se você pode ajudar as pessoas... então, por favor, ajude esse garoto. Está bem?" Eu me levantei e pulei de volta na cama. Deitado ali, por algum motivo senti que ainda faltava alguma coisa.

Então me ajoelhei de novo.

"Está bem, ouça. Esse menino tem um problema..." Eu ainda não sabia ao certo se alguém lá em cima estava me ouvindo, mas falar com Deus — se Deus existisse — era a minha única esperança.

"Se você realmente é Deus, e se você está aí em cima como eles dizem, se você puder ajudar esse menino, estou disposto a abrir mão de toda a minha riqueza." Fiz uma pausa, e então disse outra vez para reforçar. "*Toda* a minha riqueza." Mudei de tom e implorei: "Esse menino ainda não fez nada da vida dele."

Imaginei que aquela súplica certamente chegaria aos ouvidos de Deus, se ele existisse. Voltei para a cama. Ainda não conseguia dormir, por isso levantei outra vez e me ajoelhei.

"Está bem!", gritei. "Por que você está fazendo isto com o garoto?", perguntei, desafiando Deus em um tom irritado. "Esse menino mal começou a viver; ele não tem nada; ele nunca foi a lugar algum nem fez nada. Eu já viajei o mundo inteiro. Eu tenho tudo. Por que você está atormentando um pobre garotinho? Leve a mim! Leve a *mim*! Eu abro mão da minha vida, em troca. Apenas deixe o menino viver. Se você é Deus, *leve a minha vida*!"

Voltei para a cama e caí no sono pesado, como se minha oração finalmente tivesse sido ouvida.

Milagres acontecem

No dia seguinte, o telefone tocou. Desta vez eu não me importei com a interrupção no treinamento. Atendi o telefone. Era minha irmã de novo, ligando do hospital.

"Ele acordou!", ela exclamou. "Consegue mexer os olhos, mas os médicos acham que ele nunca vai voltar a andar."

Mais tarde naquele mesmo dia, ela ligou outra vez, ainda mais animada. "Ele está mexendo os dedos dos pés! Mas os médicos não querem dar muitas esperanças. Dizem que ainda acham que ele nunca mais vai falar."

No dia seguinte, ela telefonou com outra notícia. "Ele está falando!"

Agora eu estava ficando animado. *Talvez Deus exista. Talvez ele tenha respondido a minha oração.*

Dia após dia, George Edward continuava a melhorar. Uma semana depois, ele recebeu alta do hospital. Estava andando e falando, e tudo tinha voltado ao normal. Os médicos não deram nenhuma explicação lógica para sua recuperação milagrosa. George Edward Dumas estava em condição crítica, desenganado. Mas Deus tinha respondido a minha oração, operando um milagre de cura.

Apesar de uma prova tão dramática não apenas da existência de Deus, mas do poder dele, não demorou muito para eu começar a procurar outro motivo mais plausível para a fantástica cura de George Edward. *Tem que haver alguma explicação natural para isso,* racionalizei na minha cabeça. *Eu sei — os médicos provavelmente se enganaram no diagnóstico. Provavelmente não havia nada de errado com o menino já desde o começo!*

Descartei a possibilidade do milagre e continuei vivendo como sempre tinha vivido — como o George Foreman "do mal". Percebi que, se eu conseguisse arranjar uma explicação para o milagre, isso queria dizer que Deus nunca tinha ouvido minha oração, e eu estava liberado do acordo que tinha feito com ele para levar minha vida em troca.

Embora eu não tenha percebido na época, ele ainda cobraria minha parte no acordo. Meus dias estavam contados.

O primeiro round da minha vida estava chegando ao fim.

CAPÍTULO 2

O dia em
que eu morri

Março de 1977. Três meses se passaram desde que eu havia orado pela cura do meu sobrinho. Poucos dias antes da luta contra Jimmy Young em Porto Rico, certa noite, eu estava parado na sacada do hotel, com vista para a pitoresca cidade de San Juan. Observando as luzes da cidade, eu divagava sobre o sentido da vida.

Eu tinha avançado muito nos meus 28 anos, crescendo na pobreza abjeta, sem nunca ter o bastante para comer, e mesmo assim tinha me tornado um atleta rico e famoso. Eu tinha sido campeão *mundial* de peso-pesado. Quantas pessoas podem dizer isso?

Porém, apesar do meu sucesso, eu era vazio por dentro. Por dez anos, eu tinha vivido a mesma rotina ao me preparar para uma luta — correr, treinar e ficar em forma. Mas no fim, depois de todo esse esforço, o máximo que conseguia era outra vitória no meu saldo de lutas. Era esse o meu objetivo na vida: conseguir mais um "V" na tabela. Eu pensava: *Será que a vida é só isso?*

O dinheiro não preenchia o vazio. Eu tinha mais dinheiro nas minhas contas do que a maioria das pessoas jamais sonharia. Minha fortuna incluía três casas, doze carros e um rancho — e mesmo com tudo isso, eu ainda não me sentia realizado. Será que mais um carro me faria feliz? Ou mais uma casa? Alguma peça misteriosa do quebra-cabeça estava faltando, mas eu não sabia qual era, nem onde encontrá-la.

Mais de uma vez, brinquei com a idéia de saltar de um penhasco dentro do meu carro. Eu precisava urgentemente de ajuda, mas não estava a fim de marcar uma consulta com um psiquiatra. Só os loucos iam ao psiquiatra e, é claro, eu não queria que ninguém pensasse que eu era maluco!

Apesar do meu sucesso, eu era vazio.

Mesmo não querendo me envolver com religião, eu ainda assim acreditava que Deus existia. Não sabia direito se ele podia me ouvir, mas apelei para ele como tinha feito em Marshall, Texas, para pedir a cura do meu sobrinho.

"Deus, se você é real, talvez possa me usar para alguma coisa maior que ser um boxeador."

Pronto. A oferta estava na mesa — e se ele existisse de verdade, podia aceitar ou recusar.

Minha oração seria respondida em breve, de um jeito que eu nunca teria imaginado.

A LUTA DA MINHA VIDA

Chegou o dia da minha luta de doze rounds contra Jimmy Young. A empolgação subia pelos ares quando passei os olhos pelo estádio lotado. Logo antes de a luta começar, o promotor Don King veio até o meu *corner*. Famoso por seu cabelo bizarro e sua personalidade ainda mais bizarra, Don também era um empresário astuto. "George, a platéia está ensandecida e a audiência vai ser ótima", Don disse para mim, apertando minha mão enquanto olhava nos meus olhos. "Só tome cuidado para não nocauteá-lo rápido demais."

Eu sabia do que ele estava falando. Todos ganhariam mais dinheiro se a luta durasse mais. Se eu o nocauteasse nos primeiros rounds, como tinha feito com a maioria dos meus adversários, as redes de televisão não poderiam vender anúncios. Don queria que eu prolongasse a luta, para dar tempo às redes de tevê de passarem o maior número possível de comerciais. Imaginei que acabaria nocauteando Jimmy Young assim como fizera com tantos outros adversários, por isso não custaria nada adiar o inevitável por alguns rounds. Não seria um problema.

Fiquei brincando com Jimmy pelos primeiros dois rounds, e no terceiro desferi um soco que o deixou atordoado. Um dos meus treinadores, Charley Snipes, gritou: "Agora, George! É agora!" Mesmo sabendo que eu podia derrotá-lo naquele instante, lembrei de Don King e seu conselho para prolongar a luta. Poupei Jimmy, pensando que poderia encerrar a luta após mais alguns rounds.

Essa misericórdia se voltou contra mim, pois Young ganhou uma injeção de confiança quando sobreviveu ao round. Ele conseguiu evitar meus socos por mais diversos rounds, enquanto ele próprio dava uns bons murros em mim.

Já no sétimo round, achei que era hora de acabar aquela luta. Acertei Jimmy com um soco que deixou suas pernas bambas. Outra vez, pensei nas redes de tevê e me perguntei se já tinha esperado o bastante. E outra vez recuei. Young conseguiu escapar dos meus ataques e sobreviveu a outro round. Mais tarde, em uma entrevista para a *Sports Illustrated*, Young admitiu que a luta poderia ter terminado bem naquela hora. "Bastava ele me empurrar com o dedinho."

A essa altura, a multidão em massa estava apoiando Jimmy. Os fãs de Muhammad Ali, durante suas lutas, costumavam repetir gritando: "A-li, A-li, A-li!" Depois que Young resistiu aos meus ataques, os espectadores começaram a cantar em coro: "Jim-my, Jim-my..."

No décimo segundo e último round, eu achava que estava na frente em pontos, porém um nocaute garantiria a vitória. Comecei a perseguir Jimmy pelo ringue, e dei um soco mal calculado que me tirou o equilíbrio. Ele me acertou bem no momento certo, e me derrubou. Pulei imediatamente e fiquei de pé, mostrando aos juízes que não estava ferido. Mas Jimmy já estava vencendo nos placares de dois dos juízes, e aquele *knockdown* definiu o resultado.

Quando soou o gongo encerrando a luta, eu ainda estava confiante de que havia vencido. Eu mal acreditei quando o locutor levantou a mão de Young e o declarou vencedor. Ao poupar meu adversário, eu sem querer havia entregue a ele a vitória.

O que aconteceu comigo em seguida me surpreendeu ainda mais.

CEDO DEMAIS PARA MORRER

Ao ouvir a decisão dos juízes, voltei com pressa para meu vestiário quente e abafado — o lugar onde eu supostamente deveria "esfriar a cabeça". Ali estavam meus treinadores, Gil Clancy e Charley Snipes, o médico Dr. Keith West, o encarregado do equipamento John Fowles, o massagista Perry Fuller, o guarda-costas Lamar, e meus irmãos Roy e Sonny.

O ar condicionado do prédio havia pifado naquela noite, e o calor extremo estava me sufocando. Nunca senti tanto calor na minha vida! Enormes gotas de suor escorriam pelo meu rosto e meu peito. Mas eu também estava a mil, ainda cheio de adrenalina. Eu andava de lá para cá no vestiário, como um cavalo de corrida tentando se acalmar.

Enxugando o suor do meu rosto, berrei: "Caramba, como está calor aqui! Alguém abra uma janela!" Mas o vestiário não tinha janelas, exceto por uma pequena fresta acima da porta, que alguém abriu. Não ajudou nem um pouco na ventilação do ar.

Conforme eu andava para um lado e para o outro, eu refletia sobre a luta e sobre o meu futuro. *Eu perdi a luta. Isso não é nada de mais. Eu sou George Foreman. Posso aparecer na tevê e no cinema. Tenho dinheiro para viajar. Tenho tudo o que eu quero. Eu poderia voltar agora mesmo para o meu belo rancho e me aposentar.*

E morrer.

E morrer? De onde veio isso? A frase parecia vir de lugar nenhum, como uma bomba lançada sobre uma vítima insuspeita. Morrer era a última coisa que passava pela minha cabeça.

Eu tenho tudo o que faz a vida valer a pena, me convenci. *Tenho meus carros e casas que valem uma fortuna. Tenho dinheiro no banco, dinheiro no cofre, e tenho um rancho enorme. Quem precisa lutar boxe? Posso me aposentar agora mesmo.*

E morrer.

E morrer? POR QUE EU FICO PENSANDO NA MORTE?

Passei os olhos pelo vestiário, me perguntando de onde estava vindo aquela voz. Achei que as paredes estavam falando comigo! Tentei mais uma vez espantar a imagem negativa da minha mente.

Eu tenho muitos motivos para viver, eu não quero morrer. Não me importa esta luta de boxe imbecil. Eu podia abandonar tudo isto agora mesmo. Tenho um contrato para fazer filmes em uma emissora de tevê, e posso me aposentar imediatamente.

As palavras sombrias vieram de novo: *E morrer.*

Morrer! Era a terceira vez que aquela palavra invadia a minha mente, mas não estava vindo de mim.

Eu tinha ouvido casos de boxeadores que morreram depois de lutas importantes. Eu seria o próximo? *Isso não vai acontecer comigo!*, pensei, tentando me reconfortar. *Não estou deprimido. Estou bem.*

Foi então que uma voz interrompeu meus pensamentos.

Você acredita em Deus. Por que você tem medo de morrer?

De onde vinha aquela voz? Era Deus falando comigo? Pois é, eu acreditava em Deus. Eu só não acreditava em religião. Eu sabia que alguém tinha criado o sol, a lua e as estrelas, mas odiava ir à igreja, ouvir aqueles hinos lamuriosos que as pessoas cantavam, usando palavras como "vosso" e "convosco". Eu não acreditava *naquilo*. Achava que a religião era apenas para os pobres. Não era para mim, pois eu era rico.

A voz falou novamente: *Se você acredita em Deus, por que tem medo de morrer?*

Agora eu estava apavorado. Na verdade, nunca tinha tido tanto medo na minha vida! Alguns meses atrás, eu tinha orado no meu quarto para que Deus levasse minha vida se pudesse curar meu sobrinho. Nunca sonhei que ele fosse realmente cobrar a promessa.

Continuei a andar de lá para cá ainda mais depressa. Eu estava lutando para me manter vivo, pois sabia que a morte estava me encarando nos olhos. Recordei algumas coisas boas que tinham acontecido durante a minha vida, revendo-as como uma fita de vídeo em *fast forward*, como se de algum modo eu soubesse que tudo estava prestes a acabar.

Agora eu estava chorando. Decidi que queria fazer um acordo com Deus. Minha mente estava alucinada, tentando descobrir algo que eu pudesse fazer de minha parte. O que um mero ser humano tem para oferecer em uma troca com Deus? *Eu ainda sou George Foreman*, pensei. *Ainda posso lutar boxe. Posso dar dinheiro para instituições de caridade. Posso doar para o tratamento do câncer...*

> **Eu sabia que tinha morrido, e ali não era o céu.**

A voz trovejou: *Não quero o seu dinheiro. Quero* você!

Eu sabia que aquela não podia ser uma voz humana, pois todos os humanos que eu conhecia queriam dinheiro. Essa voz recusou meu dinheiro! Eu acreditava em Deus, mas não queria morrer. Meu corpo estava em perfeita forma, e eu tinha tudo na vida do jeito que queria. Eu não estava pronto para morrer tão jovem.

Finalmente, eu disse: "Deus, acredito em você. Mas não o bastante para morrer."

Tive certeza de que minha vida estava prestes a terminar. Para minha surpresa, uma coisa me perturbava mais profundamente que qualquer outra. Não era o medo do inferno ou a decepção de não ir para o céu. Fiquei triste por não poder me despedir da minha mãe. Minha mãe tinha sido tão boa comigo; ela tinha acreditado em mim, mesmo quando eu não merecia crédito algum. Mas as mães são assim. Elas acreditam sempre, por menores que sejam as chances. Agora eu sabia que estava prestes a partir deste mundo, e senti a tristeza de não ter ao menos uma oportunidade de expressar a ela minha gratidão por tudo o que ela tinha sacrificado por mim. *Queria ter tido uma chance de dizer adeus*, pensei.

Naquele momento, senti minhas pernas bambearem e perdi o equilíbrio, caindo para a frente rumo ao chão. Eu sentia a minha queda, e gritei para os outros no vestiário: "Ei, estou começando a..." Antes de terminar a frase, eu simplesmente apaguei.

Dentro da escuridão

Instantaneamente, fui transportado para dentro de um vazio profundo e escuro, como um poço sem fundo. Se existe um lugar chamado "nada", era ali. Estava suspenso no espaço, nada sobre a minha cabeça nem sob os meus pés. Perdi o senso de direção, e não sabia onde era em cima e onde era embaixo. Era um lugar de isolamento total, apartado de tudo e de todos. Só posso descrever como um espaço vazio de extrema desesperança, como ser lançado no oceano Atlântico sem nada para se agarrar, a milhares de quilômetros da praia.

Eu sabia que tinha morrido, e ali não era o céu. Eu estava apavorado, sabendo que não tinha saída. Uma tristeza indescritível envolveu minha alma, mais que qualquer outra coisa que alguém possa imaginar. Se você multiplicasse todos os pensamentos perturbadores e assustadores que já teve ao longo da sua vida inteira, não chegaria nem perto do pânico que senti.

A escuridão total me rodeava. Eu estava vagando como um astronauta separado de sua nave, sozinho na completa escuridão do espaço — porém sem planetas, luas, ou estrelas para servir de luzes ou pontos de referência. Mesmo isso seria melhor que o lugar onde eu estava. Embora eu não enxergasse mais ninguém, sabia da presença de outras pessoas naquele lugar terrível. Não conseguia me comunicar com eles, pois senti que, naquele vazio sem luz, não existiam relacionamentos.

O lugar fedia com o cheiro podre da morte. É difícil descrever esse fedor pestilento, nocivo. Se você já foi a um depósito de lixo e inalou os odores da putrefação, multiplique esse cheiro nauseabundo por mil. É inesquecível. O cheiro ruim era tão repulsivo que eu ainda lembro claramente até hoje.

Todas as coisas que eu conseguira com meu esforço — meu dinheiro, carros e casas — não tinham mais nenhuma importância para mim. De que me serviriam ali? Não há fortuna no mundo que possa satisfazer alguém que está preso em um cativeiro solitário sem enxergar nada. Era a escuridão mais profunda. O lugar era um vácuo sem luz, sem amor e sem felicidade. Eu estava tão apavorado que não desejava aquilo nem mesmo para os meus piores inimigos. Ninguém jamais poderia ter me feito uma coisa tão ruim a ponto de eu desejar que esse alguém fosse parar ali.

Era impossível comparar minha sensação de desespero com outra experiência terrena. Não era como uma prisão temporária, em que um dia eu seria libertado. Eu não podia dizer: "Este é o pior lugar imaginável, mas posso sair daqui amanhã, ou na semana que vem, ou no mês que vem." Nesse lugar, não tinha esperança nenhuma de sair, amanhã ou nunca mais.

Realmente pensei que aquele era o fim da minha existência, e vi — tarde demais — que eu tinha deixado passar o verdadeiro sentido da vida. Quando essa idéia assentou em mim, fiquei bravo; quer dizer, fiquei revoltado por ter caído nas mentiras e artimanhas do diabo. Eu gritei com toda a minha força: "Não me importa se isto é a morte de verdade. Ainda acredito na existência de Deus!"

Nesse mesmo instante, o que parecia ser uma mão gigante desceu de cima e me puxou para fora do lugar horrível. Imediatamente, eu tinha voltado para o meu corpo no vestiário. Quase não acreditei; não estava mais preso na escuridão! Mesmo depois que perdi toda a esperança de escapar, Deus tinha me resgatado com a sua piedade!

DE VOLTA PARA O MEU CORPO

Quando minhas pernas ficaram bambas, eu tinha desabado no chão. Pelo que parecia, meus irmãos e meu treinador tinham me levantado e estendido meu corpo na mesa de massagem. Agora eu estava vivo de novo. Conseguia *sentir* o sangue correndo pelas minhas veias. O medo da morte tinha desaparecido por inteiro. A pior coisa que poderia ter acontecido comigo *tinha* acontecido. E mesmo assim, por alguma razão, eu estava vivo!

Os homens no vestiário se juntaram ao redor da mesa — meus irmãos Sonny e Roy, Charley Snipes, Gil Clancy, Lamar e Perry Fuller — todos eles olhando para mim, com a boca escancarada de perplexidade. Todos menos Perry, que estava soluçando, com lágrimas escorrendo em seu rosto. Eu ainda achava que estava morrendo, mas depois que passou o medo da morte, fiquei quase contente. "Ei, estou morrendo", eu disse. "Mas diga a todos que estou morrendo por Deus!" Eu sabia que tinha sido a mão de Deus que me resgatara daquele lugar escuro. Fiquei deitado na mesa, na expectativa de morrer a qualquer momento, mas desta vez eu não estava com medo. O medo da morte não me atormentava mais. Eu estava em paz com Deus, e em paz comigo mesmo.

A minha vida inteira, apesar do meu dinheiro e das minhas conquistas, nunca tinha me sentido realizado nem feliz de verdade. Eu estava sempre querendo visitar lugares novos; sempre queria estar em algum outro lugar. Eu invejava os que pareciam ter mais sucesso que eu, desejando poder estar no lugar deles. Mas o que aconteceu a seguir expulsou de mim todo esse descontentamento.

No que eu estava deitado na mesa, meu espírito de repente foi fisgado de um lugar para o outro, como se eu estivesse andando em uma montanha-russa. Meu estômago flutuava, como quando o carrinho da montanha-russa passa por uma elevação e depois despenca para baixo. Em um único instante em minha mente, eu vi todos os lugares aonde tinha sonhado em ir. Eu soube como era a sensação de estar no lugar das pessoas que havia admirado tanto — Sammy Davis Jr. e outras celebridades. Mas logo depois que eu me fixava em cada lugar, vivendo a vida daquela pessoa, eu era imediatamente puxado para cima e levado para um lugar diferente, para ser uma outra pessoa.

Não apenas senti o sucesso e o fracasso dos meus heróis; também experimentei a prática religiosa de cada uma daquelas pessoas. Nada satisfazia. Esse estranho passeio de "realidade virtual" pareceu durar horas, mas não pode ter sido mais que alguns instantes no tempo real.

Finalmente gritei, frustrado: "Sou George Foreman! Acabei de perder aquela luta de boxe. Não me importa para onde você está me levando — perdi a luta, e sou quem eu quero ser. Não quero ser mais ninguém!"

Assim que essas palavras me saíram dos lábios, a jornada terminou, e abri os olhos.

JESUS CRISTO REVELADO PARA MIM

O Dr. Keith West estava parado atrás de mim, e instintivamente segurou minha cabeça para apoiá-la. Eu sentia as pontas de seus dedos fortes, mas notei também algo muito além do toque dele, e vi uma coisa que quase fez meu coração parar, não de medo, mas de surpresa. Eu disse: "Dr. West, por favor, tire as mãos daí, os espinhos na cabeça dele estão fazendo ele sangrar." Levantei o braço e encostei na minha testa. Quando fiz isso, vi sangue escorrendo pela testa inteira, embora eu não tivesse nenhum corte da luta de boxe.

Antes desse incidente, eu achava que a crucificação de Cristo era uma história fictícia de televisão, que as pessoas assistiam na Páscoa. Eu não tinha ido muito à igreja, e por isso não sabia muito sobre aquilo. Eu zombava das pessoas que acreditavam em uma bobagem dessas. Na verdade, eu sempre tinha achado que Joe Frazier era valente, até o dia em que o vi segurando uma Bíblia antes de uma luta. Fiquei enojado com a cena. *Isso é uma fraqueza*, pensei.

Por outro lado, meu massagista, Perry Fuller, muitas vezes compartilhava as Escrituras comigo quando estávamos a sós, ou quando não tinha ninguém prestando atenção em nós. A maioria dos membros da minha equipe evitava conversar com Perry porque ele estava sempre falando sobre "religião". Meses antes, enquanto ele estava me massageando um dia, Perry falou em sua voz grave e rouca "Sr. Foreman, quero ler para o senhor uma passagem da Bíblia. É do Salmo 49." Perry não esperou minha permissão, simplesmente começou a ler: "Eles que confiam na sua fortuna... eles davam o próprio nome às suas terras... eles se *consumirão no túmulo*." Perry fez uma pausa longa o suficiente para andar até a frente da mesa, onde ele me olhou bem fundo nos olhos. "Pois é, Sr. Foreman, o senhor não pode confiar na sua fortuna." Perry estava me dizendo em suas próprias palavras que o meu dinheiro não valeria nada depois que eu morresse, e que eu precisava confiar em Deus.

Agora, naquele vestiário quente em Puerto Rico, esse homem que tinha me falado sobre o Senhor estava testemunhando minha transformação. Perry chorava enquanto segurava minhas mãos. Certamente, ele nunca tinha visto nada parecido. Eu disse: "Sr. Fuller, mova as suas mãos. Ele está sangrando onde foi crucificado." Olhei para minhas mãos e vi que ambas estavam sangrando, mas ninguém mais no vestiário estava vendo aquilo. Em vez disso, ficaram todos me olhando como se eu tivesse enlouquecido — todos, inclusive Perry. Embora ele talvez tenha entendido o que estava acontecendo melhor do que qualquer um.

Até hoje, não entendo por que eu disse "ele" quando essa experiência estava acontecendo *comigo*. Não faço idéia de por que eu enxergava o sangue, mas os outros à volta não enxergavam. Eu acreditava em Deus, mas não acreditava em religião. Agora Deus estava se revelando para mim de um jeito que nunca esquecerei. Ele não era apenas um entre vários deuses. Deus estava me mostrando que Jesus realmente sangrou enquanto usava a coroa de espinhos e quando cravaram as estacas nas mãos dele — e, embora eu não compreendesse totalmente, e com certeza não merecesse um sacrifício desses, eu estava começando a perceber que ele fez isso por mim.

Mais tarde, descobri sobre um homem na Bíblia chamado Saul, que era tão cabeça-dura quanto eu. Ele também não acreditava em Jesus. Um dia, Saul estava viajando em uma estrada para Damasco quando o Senhor o iluminou com uma luz ofuscante, e uma voz vinda do céu falou com ele. Saul tornou-se um homem completamente diferente depois daquela experiência, e seu nome foi mudado para Paulo. As pessoas que estavam viajando com ele não entenderam o que estava acontecendo, assim como os rapazes no meu vestiário não podiam compreender aquilo pelo qual eu estava passando.[1]

Ainda de bruços na mesa de massagem, de repente fiquei sentado e gritei a todo pulmão: "JESUS CRISTO ESTÁ RENASCENDO EM MIM!"

Todos os rostos no vestiário empalideceram, como se tivessem visto um fantasma. Antes dessa experiência, eu nunca tinha falado sobre religião. Eu era um valentão bem típico — e, no meu mundo, valentões não falavam sobre Jesus. Mas alguma coisa estava revirando dentro de mim, no fundo do meu estômago, e eu não controlava mais o que estava dizendo.

Comecei a recitar Escrituras da Bíblia — mesmo sem nunca ter aprendido nenhuma delas. Durante a maior parte da minha vida, tinha sido movido por raiva e ódio. Agora, todas as emoções hostis tinham sido sugadas de mim, e uma fonte do amor de Deus tinha começado a jorrar dentro de mim, me preenchendo, e transbordando para fora.

Pulei para fora da mesa e abracei todos os rapazes no vestiário, dizendo a eles que os amava. Agarrei Gil Clancy, que sempre falava sobre sua ascendência irlandesa. Dei um beijo nele e disse: "Gil, eu te amo! Você é meu irmão!" (Eu *nunca* teria feito isso quando era o antigo George, mas uma força sobrenatural tinha se apoderado de mim). Em todos aqueles anos de parceria, nunca havia dito a nenhum dos meus conhecidos mais íntimos que eu os amava. Agora, não conseguia parar de expressar o quanto os amava.

> **Eu gritei a todo pulmão: "Jesus Cristo está renascendo em mim!"**

Meio de brincadeira, meu irmão Roy sugeriu que eu precisava me lavar. Concordei totalmente com ele. Já me sentia espiritualmente limpo por dentro, mas queria que meu corpo físico fosse limpado também. Mas não havia água quente nos chuveiros, e meu treinador temeu que a água fria pudesse me fazer entrar em choque. "Não deixem ele tomar banho ainda! Não deixem ele entrar aí!" Ele chamou os outros para me impedirem. Aqueles oito homens tentaram me segurar, mas empurrei todos eles, entrei no pequeno box do chuveiro, e abri a torneira.

E então me ouvi falando palavras que nunca tinha usado antes. De pé no chuveiro, gritei: "Aleluia, estou limpo! ALELUIA, EU RENASCI!"

Eu gritava como um garoto que tivesse acabado de acertar um *home run* e vencer o jogo. "Preciso contar ao mundo inteiro sobre isto!"

Saí do chuveiro e, ainda nu, andei até a porta do vestiário. Os homens me agarraram e me imobilizaram no chão; eles precisaram sentar em cima de mim para me impedir de ir lá fora. "George! Calma lá", eu ouvi um deles dizer. "Relaxe, cara", alguém acrescentou. "Tem centenas de pessoas do outro lado dessa porta. Você não pode sair, George."

"Jesus Cristo está renascendo em mim!", respondi. "Eu amo vocês! Deus ama vocês!" Os rapazes no vestiário — e a maioria deles me conhecia há anos — não sabiam o que pensar. O Dr. West estava até com lágrimas nos olhos, e não eram lágrimas de alegria, mas de pena. Isso era tão fora da minha personalidade. Eu não parava de falar sobre Jesus, e ninguém conseguia me fazer calar a boca. Agora eu estava louvando o nome de Jesus, o nome que meus conhecidos só tinham me ouvido usar em xingamentos.

E, no entanto, nunca tinha me sentido tão bem na minha vida inteira! Essa experiência de renascimento foi tudo o que sempre quis. Eu não sabia que tais sensações de felicidade e euforia eram possíveis fora do reino dos céus, nem mesmo sabia que esse reino existia. A excitação de ser apresentado como o campeão mundial de peso-pesado não chegava nem perto disso.

Enquanto os homens me prendiam no chão, ouvi a voz me dizer adeus.

Eu venho a meus irmãos e eles não crêem em mim. Venho a meus amigos e eles não me entendem.

"Espere!", gritei. "Não deixem Jesus ir embora! Não deixem Jesus ir embora!" (como se os rapazes pudessem de fato fazer alguma coisa para impedir a partida dele).

Eu não queria que ele fosse embora. Implorei outra vez: "Não deixem Jesus ir embora!."

Agora vou ao meu Pai no céu.

E com essas palavras terminou minha experiência.

Encontrando a paz afinal

Porém a paz continuou. Pela primeira vez na minha vida eu podia afirmar sinceramente que estava em paz. Naquele momento, me sentia como um gigante no topo do mundo. Finalmente tinha tudo — felicidade, sentido na vida, contentamento. Alguns minutos atrás, eu havia passado pelo maior pânico da minha vida. Deus tinha me dado a experimentar a pior sensação de todas — e a melhor de todas — e tudo em questão de minutos.

Anos atrás, um amigo havia me dito: "George, um dia você vai ter tudo. Vai ter dinheiro, frotas de carros..." Visualizei tudo o que ele estava descrevendo. "Uau", respondi. "Vai ser uma sensação ótima quando isso acontecer."

Meu herói de infância, o famoso jogador Jim Brown, uma vez veio ao meu rancho para fazer uma entrevista de televisão comigo. Sempre quis ser igualzinho ao Jim. Agora, eu era um bem-sucedido campeão mundial de boxe, e meu ídolo estava de fato indo à minha casa. Depois de ficar embasbacado com o meu gramado perfeito, minha bela casa e meus móveis sofisticados, Jim Brown disse: "George, você é um homem de sucesso. Espero que um dia eu consiga me dar bem na vida como você."

Se dar bem como eu? Eu é que estava tentando me dar bem como ele!

Mas depois que obtive todo o dinheiro, carros, e outros brinquedos caros que sempre acompanham as grandes conquistas, a sensação boa pela qual eu estava esperando nunca veio. Eu ainda estava vazio. Continuava procurando aquela coisa que ainda iria me preencher. O título de campeão mundial de peso-pesado não foi suficiente. A fama não me satisfez. Carros e casas chiques não adiantaram. Um milhão de dólares não foi suficiente. Mas quando tive meu encontro com Deus em San Juan, descobri o que estivera procurando minha vida inteira. Eu finalmente conseguira!

Eu disse à minha equipe naquele dia: "Vocês presenciaram um milagre, e não vão acreditar nele."

O Dr. West imediatamente tentou dar uma explicação para o que tinha visto e escutado com seus próprios olhos e ouvidos. "George, você só bateu a cabeça", ele disse. A implicação era óbvia... "Daqui a pouco você vai superar esse lance religioso, George, quando recuperar o juízo."

Agora dou risada quando penso nisso. Acho que o Dr. West tinha se esquecido de que eu não fui nocauteado. Eu não tinha batido a cabeça. Tinha agüentado todos os doze rounds, e Jimmy Young vencera por decisão da arbitragem. O que tinha acontecido comigo não tinha uma explicação natural, por isso um golpe na cabeça era a melhor explicação que o bom médico podia arranjar.

Poucos momentos antes, naquele vestiário em Porto Rico, eu era um homem que não acreditava na Bíblia. Tinha rejeitado a religião como um todo. Jesus para mim era apenas uma exclamação. Eu não amava ninguém além de mim mesmo. Após o meu encontro divino, porém, eu sabia que era um homem totalmente diferente.

Não "imaginei" minha visita àquele lugar assustador e escuro. *Fui* até lá. Era *real*. *Vi* o sangue nas minhas mãos. *Ouvi* a voz falando comigo. Citei Escrituras que nem mesmo conhecia. E, de forma surpreendente, estava agora louvando Jesus em vez de usar o nome dele como palavrão.

Todo o meu ódio — e eu tinha odiado um monte de gente — tinha ido embora. O amor de Deus fluía de mim para os outros de um modo que, sinceramente, não consigo entender nem explicar direito. Todas as minhas atitudes e emoções tinham virado de cabeça para baixo. Como explicar a transformação da noite para o dia que havia acontecido em mim? Era nada menos que um milagre.

Agora eu sentia que era *alguém* — uma pessoa que realmente importava. Ironicamente, nunca tinha me sentido relevante antes. Mesmo quando era campeão mundial de peso-pesado, só estava fazendo uma encenação, fingindo que era um homem realizado. Mas naquele vestiário, Deus abriu meus olhos espiritualmente cegos e se apresentou para mim. Pense nisto: ele veio *me* procurar; o Todo-poderoso condescendeu em me encontrar! Nenhuma experiência na Terra jamais me fez sentir importante daquele jeito.

A MÍDIA ENLOUQUECIDA

O Dr. West sugeriu que eu fosse levado do meu vestiário para o hospital para observação. Os rapazes me prenderam em uma maca. Eu sabia que estava bem — na verdade, melhor do que jamais havia estado. No hospital, os médicos me examinaram, mas não conseguiram encontrar nada de errado. Mesmo assim, me aconselharam a passar a noite lá, como medida de precaução.

No dia seguinte, a mídia estava louca para descobrir o que tinha acontecido naquele vestiário, que parecia ser uma notícia maior que a própria luta. A informação tinha vazado, e todos os repórteres estavam atrás de um furo.

Meu treinador Gil Clancy, que não era bobo em questões de publicidade, disse para mim: "George, todo mundo vai ficar perguntando o que aconteceu. Diga a eles que você teve prostração térmica."

"Eu tive o quê?" Eu nunca tinha ouvido falar daquilo.

"Prostração térmica", ele disse. "Agora, aprenda a pronunciar."

Ensaiei o termo. "Pros-tra-ção tér-mi-ca."

"Bom, agora tente de novo."

"Prostração térmica. Prostração térmica. Prostração térmica!"

Gil disse: "Está bem. Agora vamos deixar os repórteres entrarem no seu quarto."

Quando os repórteres entraram no quarto, eu queria tirar logo aquele termo médico da cabeça, por isso gritei: "Prostração térmica!"

"O que é isso?", um repórter perguntou.

Antes que eu tivesse a chance de dizer alguma coisa, Gil me interrompeu e deu sua explicação do que ele achava que tinha acontecido comigo.

Mudança permanente

Já faz três décadas desde a minha experiência naquele vestiário em Porto Rico, mas ela ainda é tão real para mim quanto era no dia em que aconteceu. Não me lembro de muitos detalhes sobre a minha luta contra Ali no Zaire. Essa noite já não me passa mais pela cabeça. Embora eu tenha recuperado o título de boxe peso-pesado em 1994, também não lembro muito bem. Mas nunca esquecerei o que aconteceu naquele vestiário em 1977. Todos os detalhes ainda são nítidos para mim.

Tenho tentado viver naquele momento pelos últimos trinta anos. Nunca vou esquecer. Mas aqueles homens no vestiário que testemunharam minha conversão — e acho isso muito estranho — eles nunca falam sobre isso. Ao longo dos anos, sempre que eu tentava discutir aquilo, eles mudavam de assunto na hora. Acho estranho que eles não tenham curiosidade sobre isso, e não queiram saber mais. Uma coisa que eles não podem negar é que virei um homem diferente depois daquele dia.

O primeiro round, os primeiros 28 anos da minha vida, foi uma farsa. Aquilo era passado. Agora, eu estava pronto para começar o segundo round — minha segunda chance na vida.

CAPÍTULO 3

Preciso de
um pistoleiro

No meu vôo voltando de Porto Rico, não conseguia deixar de pensar no que o futuro reservava para mim. Eu ainda estava tentando pôr meus pensamentos em ordem, entender o que tudo aquilo significava. O que Deus queria com a minha vida, e o que eu deveria fazer agora? Minha experiência em San Juan abrira os meus olhos para um outro mundo, além túmulo. Eu havia sentido o gosto da morte, e visitado o reino escuro do lado de lá.

O que exatamente era aquele lugar aonde eu fui? Não sei ao certo; quem me dera eu pudesse dizer. Sei que não era o inferno, mas talvez fosse um vislumbre do que deve ser a eternidade sem Deus. Ainda sinto calafrios cada vez que penso naquele lugar. Nunca tive medo de entrar no ringue para lutar, mas fiquei apavorado a cada instante que passei naquele outro mundo. Aquele cheiro putrefato e repulsivo era pior que qualquer fedor terreno, era como inalar a morte e ser incapaz de exalar. Eu não desejava que *ninguém* fosse parar ali, nem mesmo o meu pior inimigo.

Antes da minha experiência com a morte, eu tinha uma porção de inimigos. *Odiava* Muhammad Ali. Nunca tinha detestado ninguém como detestava aquele homem. Depois que perdi para ele meu título de peso-pesado, o que eu mais queria era matá-lo em pleno ringue. Assim me vingaria de Ali, e ganharia respeito no mundo do boxe. Pode parecer desproporcional, ou talvez até ridículo para uma pessoa que vem de uma origem diferente da minha, ou para alguém que nunca esteve imerso em um esporte ou obcecado por uma atividade, porém esses pensamentos de destruição e ódio inundavam a minha mente e, de um jeito estranho e indireto, me motivavam.

Vou matar esse Muhammad Ali com meus punhos. ele roubou meu título de peso-pesado. Vou matar esse cara. Vou mostrar para aquele promotor, e para as pessoas na África, e para as pessoas em Nova York...

O ódio fluía no meu corpo como adrenalina. Às vezes, cheguei a pensar em contratar um assassino de aluguel para eliminar umas certas pessoas. Essas pessoas tinham me feito coisas que considerava imperdoáveis, por isso achava que podia justificar meus motivos para acertar as contas.

Depois que uma pessoa roubou dinheiro de mim, pensei: *Acho que vou contratar um pistoleiro.* Quando dois sujeitos me traíram, contratar um pistoleiro passou pela minha mente outra vez. Nunca contratei, é claro, mas a vontade estava sempre lá. Mais umas outras pessoas me prejudicaram, e a idéia voltou com força total. *Quero matar essas pessoas. Preciso arranjar um pistoleiro.*

Eu tinha o dinheiro para fazer acontecer. Meu único problema seria escapar impune. Não era segredo nenhum que eu odiava essas pessoas, por isso eu imediatamente seria suspeito caso eles morressem de forma misteriosa. Dia e noite, eu ficava cogitando todos os esquemas imagináveis para me livrar deles sem levantar suspeitas. *Como eu poderia causar a morte deles e não fazer ninguém pensar que fui eu?*

Infelizmente, não é tão difícil encontrar um assassino de aluguel, se você sair perguntando para as pessoas certas. Mas encobrir o seu rastro já é outra história. Desisti da idéia de contratar um pistoleiro, não porque tivesse algum escrúpulo moral sobre matar naquela época, mas simplesmente porque não consegui pensar em um jeito de escapar impune. Na televisão, sempre que uma pessoa contratava um assassino, a polícia sempre capturava o bandido! A ameaça de ser preso foi suficiente para me impedir de tomar essa atitude, e graças a Deus que nunca levei a cabo os meus planos. Mesmo assim, admito que esses sentimentos existiam.

Talvez você já tenha pensado coisas parecidas sobre alguém que fez mal a você. Quem sabe você não chegou a pensar em contratar um assassino, mas talvez tenha cultivado pensamentos e intenções ruins, desejando a morte do seu inimigo. Talvez você tenha torcido em segredo para ele ou ela sofrer um acidente trágico. É a mesma atitude que querer contratar um assassino. É o espírito da vingança; você quer que a outra pessoa pague caro pelo que ela fez a você.

Mas você realmente acha que se vingar vai resolver seus problemas? Não resolveu os meus. Descobri que Deus tem um plano melhor. É chamado perdão, e recomendo enfaticamente a você. Perdoar os outros é a única maneira de encontrar a paz de espírito.

MEU DEVER MAIS URGENTE

Era de se esperar que, talvez, contar ao mundo sobre minha experiência com a morte fosse a primeira coisa que Deus iria querer que eu fizesse. Não foi. Quando "morri", me arrependi de não ter dito adeus a minha mãe e ao resto da minha família. Agora que eu estava de volta ao mundo dos vivos, senti que estava recebendo outra chance de fazer isso. Logo ao chegar em casa, a primeira coisa que fiz foi ir à casa da minha mãe, para dizer a ela que a amava. Sentia uma vontade forte de dizer à minha família, aos meus amigos e mesmo meus inimigos o quanto os amava.

Além de expressar amor, expressar perdão se tornou uma prioridade para mim. Depois que Deus me resgatou daquele lugar escuro, perdoei completamente todas as pessoas que jamais tinha odiado. Foi meu toque de despertar. Não estou exagerando quando digo que você não desejaria aquilo nem mesmo para o seu pior inimigo. Eu estive lá! O inimigo que eu mais precisava perdoar era um amigo que havia me traído.

Conheci Leroy Jackson durante meus dias no Job Corps, antes de eu começar a lutar boxe. Nós dois éramos pobres naquela época, e ambos estávamos tentando descobrir o que fazer da vida.

> **Cheguei a pensar em contratar um assassino para eliminar certas pessoas.**

Quando comecei a lutar boxe profissionalmente, dei a ele a melhor oportunidade que ele jamais tinha tido na vida: convidei Leroy a vir trabalhar para mim, como um dos meus agentes. Ele foi meu agente na luta contra Joe Frazier quando venci o título de peso-pesado, e estava trabalhando para mim durante a luta contra Ali. Imaginei que ele apreciasse tudo o que eu havia feito por ele, e por isso confiei nele.

Um dia, meus contadores me avisaram que algumas coisas haviam sumido do meu portfólio financeiro. Fiquei chocado ao descobrir que Leroy Jackson tinha vendido minha casa na Califórnia sem me avisar. Mas não foi apenas minha casa que ele havia posto à venda. Ele também leiloou tudo o que havia dentro dela, e ficou com o dinheiro para ele!

Todos os belos móveis artesanais tinham sumido. Todos os enfeites e suvenires que eu tinha trazido do Japão, da África e de outros lugares, que valiam milhares de dólares, tudo tinha sido vendido. E como se não bastasse, ele deu sumiço em objetos pessoais que para mim não tinham preço — coisas de família, fotos e troféus.

Mas meu tesouro mais valioso, o que tinha maior significado para mim, era o par de luvas de boxe que eu usara para vencer o campeonato de peso-pesado. Era minha prova de que eu tinha vencido o título. Leroy também vendeu essas luvas de valor inestimável.

Perder as luvas foi o que mais doeu. Eu sonhava em mostrá-las para os meus filhos e netos quando ficasse mais velho, contando a história daquelas luvas. Agora elas tinham desaparecido. (Mais tarde, quando venci o título pela segunda vez, Deus me concedeu um novo par de luvas de campeão).

Meu irmão foi até a casa para investigar, e me ligou com outras más notícias. "George, odeio ter que dizer isto, mas eles levaram tudo o que tinha na casa e até arrancaram o papel de parede!"

Leroy tinha roubado meu dinheiro, minhas posses materiais e objetos pessoais que eu pretendia deixar para a posteridade, e achou que pudesse escapar impune. Eu não conseguia entender. Como ele podia roubar essas coisas de mim? Eu era um dos poucos amigos que ele tinha no mundo. Eu tinha dado a ele uma grande chance na vida. Em troca, ele me apunhalou pelas costas.

Eu estava tão bravo com Leroy, que teria feito quase qualquer coisa para acertar as contas — e pensei seriamente em contratar um pistoleiro. Pouco antes de partir para Porto Rico para enfrentar Jimmy Young, tentei localizar Leroy, mas não consegui. As autoridades acabaram pegando Leroy, e foi marcado um julgamento para depois da minha volta aos Estados Unidos. Seria a minha chance de me vingar.

Eu só não estava contando com minha experiência de conversão em Porto Rico, que mudaria para sempre o meu coração — incluindo o jeito como eu lidaria com meus inimigos. Depois do meu encontro com Deus naquele vestiário em março de 1977, minha vida inteira virou de cabeça para baixo. Deus expulsou do meu coração toda a agressão e o ódio, como se lavasse a sujeira do fundo de um tanque.

Por não mais ter o ódio fervendo dentro de mim, eu não conseguia pensar em lutar boxe outra vez. Eu nem mesmo conseguia fechar o punho para acertar um saco de areia. Não conseguia mais ver meus adversários como animais a serem caçados, e agora os enxergava como seres humanos — a parte mais valiosa da criação de Deus. Essa nova compaixão pelos meus inimigos fomentou uma obsessão de consertar meus relacionamentos partidos.

Ainda em 1977, eu estava hospedado em um hotel em San Francisco. Leroy estava indo a julgamento, e estava ali no mesmo hotel para se encontrar com meus advogados. Assim que eu entrei no saguão do hotel, vi Leroy andando na minha direção. Quando ele me viu, abriu a boca apavorado, como se tivesse visto alguém que achasse que estava morto — e de um certo modo, estava mesmo. Ele sabia que o antigo George Foreman sempre queria vingança, e provavelmente imaginou que eu o mataria ali mesmo no saguão do hotel.

Eu me aproximei dele bem rápido, garantindo que ele não fosse fugir. Andei até ele, abri um sorriso enorme e, para a surpresa dele, dei-lhe um abraço forte e apertado. "Quero que você saiba que te amo, Leroy", eu disse, como um pai falando a um filho. "Está tudo bem. Todos nós cometemos erros. Isso foi naquele tempo, mas agora é diferente. Perdôo você por tudo o que você me fez."

Leroy ficou tão surpreso que mal conseguia falar. Ele balbuciou umas poucas palavras que não formavam uma frase. Não conseguia entender minha atitude. Ele só tinha me conhecido como um homem cheio de ódio, mas agora estava conhecendo o novo George. Eu não era a mesma pessoa que ele tinha conhecido antes. Embora ele ainda tivesse que ir a julgamento no dia seguinte e ser acusado de vários crimes graves, eu queria que ele soubesse que eu não o odiava mais pelo que ele tinha feito. Quando o abracei, foi um alívio maior para mim do que para ele. Senti pena dele, e em um certo sentido era parcialmente responsável pela sua ruína. Talvez, eu o tenha colocado em uma posição que ele era incapaz de manter; talvez eu devesse ter usado melhores sistemas de contabilidade na nossa equipe. Talvez, se eu tivesse ficado mais de olho nele, ele não teria roubado de mim. Eu sei que todo mundo precisa assumir a responsabilidade de seus próprios atos, por isso, enquanto Leroy assumia a dele, eu queria ter certeza de estar assumindo a minha parte também.

> **Eu era um dos poucos amigos que ele tinha no mundo. Eu tinha dado a ele uma grande chance na vida; em troca, ele me apunhalou pelas costas.**

CONTATANDO MEUS INIMIGOS

Leroy não era a única pessoa que eu precisava perdoar. Eu tinha dezenas de relacionamentos partidos, que precisavam ser reconstruídos. Senti vontade de ligar para cada um dos meus inimigos, pedindo perdão e uma chance de recomeçar. Mesmo se eles nem quisessem falar comigo, eu estava determinado a fazer o possível para endireitar as coisas.

Durante os dois meses seguintes, ligar para essas pessoas tornou-se a minha maior prioridade. Tentei telefonar para todas as pessoas a quem eu havia feito mal, para explicar o que tinha acontecido comigo. Deus tinha me dado uma segunda chance na vida, e esta era minha oportunidade de acertar desta vez.

Algumas das pessoas que eu havia prejudicado tinham se mudado, e foram difíceis de encontrar. Naquele tempo, não existia a internet, onde eu poderia simplesmente ter procurado um endereço ou um número de telefone. Precisei folhear muitas páginas de listas telefônicas, e ligar diversas vezes para o serviço de informações. Às vezes, eu ligava para o número errado, para alguém com o mesmo nome que a pessoa que eu estava procurando, mas não era a pessoa certa.

> **Ele ficou surpreso. Eu não era a mesma pessoa que ele tinha conhecido antes.**

Quando eu finalmente conseguia entrar em contato, a conversa às vezes era constrangedora, o que era compreensível. Eu geralmente começava o diálogo em um tom leve, antes de narrar o que havia acontecido comigo no vestiário em Porto Rico, e como Deus tinha mudado a minha vida. Então eu dizia: "Quero pedir o seu perdão por magoar você. Você não me fez nada. O passado já era, então vamos tocar para a frente. Eu não odeio mais você. Eu amo você."

A maioria deles reagia de modo suspeito, achando que eu tinha segundas intenções. Alguns perguntavam, defensivos: "Por que você está me ligando? Por que você está me dizendo isto?"

Muitos me falaram coisas assim. Eles achavam que eu estava tentando enganá-los, pois minha sugestão de perdoar e esquecer não fazia sentido para eles. Talvez eles nunca tivessem ouvido alguém pedir perdão com sinceridade, por isso não sabiam como reagir.

Algumas pessoas não queriam lidar com essas questões, e isso eu conseguia sentir na hora. Elas diziam: "Por que você está me perturbando de novo? Me deixe em paz!"

Quando alguém se recusava a falar comigo, eu dizia a mim mesmo: *Quem sabe ele ainda não está pronto para conversar. Vou tentar de novo depois.* Essa era *minha* chance de endireitar as coisas. Essas pessoas não me deviam nada. Eu estava em dívida com elas, e não estava esperando nada em troca.

Eu achava que Deus havia apenas adiado a minha morte, que ele estava me concedendo uma extensão da vida, para que eu pudesse me acertar com todo mundo antes de morrer outra vez. Assumi que não iria viver por muito mais tempo. Quando você tem uma chamada "experiência de quase morte" como tive, você não se agarra mais tão firme à vida. Ainda vejo a vida como algo extremamente frágil. É como uma pena flutuando por aí. Eu poderia morrer a qualquer momento. E caso eu morresse, queria que todos os meus inimigos soubessem que me importava sinceramente com eles. Eu não queria que nada de ruim acontecesse com eles. E o que quer que nós tivéssemos feito um ao outro no passado — agora era apenas passado, pelo menos de minha parte.

Levei mais de dois anos para localizar todas as pessoas a quem havia feito mal, e não devo ter encontrado algumas delas. Até hoje, ainda estou endireitando as coisas com as pessoas que feri ou ofendi. De vez em quando me lembro de mais alguém, ou encontro uma pessoa de quem tinha me esquecido. Quando encontro uma dessas pessoas, faço tudo o que posso para pedir desculpas e acertar as coisas. Isso nem sempre é possível, mas tenho um compromisso com essa tentativa de consertar relacionamentos partidos.

Eu precisava me desculpar com uma ex-namorada que me amava de verdade, e achava que iríamos nos casar. Ela era uma garota fantástica, e vinha de uma boa família, mas eu não estava interessado nem pronto para me casar naquele momento. Depois que terminamos, ela falou para minha mãe: "Diga ao George para não jogar fora o que nós tivemos."

Mas eu joguei.

Após minha conversão, pedi que ela me perdoasse pelo modo como a havia tratado.

"Não era nada de errado com você", eu disse. "Eu tinha vários problemas naquela época. Você era uma boa garota. Era *eu* que era tão problemático. Por favor, me perdoe por magoar você." Eu queria garantir que ela entendesse que eu estava falando a verdade, para que nós dois pudéssemos seguir adiante na vida.

Telefonei para muitas pessoas que tinham trabalhado para mim. Eu odiava meu antigo agente, Dick Sadler, por isso liguei para ele para remendar as coisas. Falei com pelo menos dez pessoas com quem eu tinha problemas graves. Até mesmo voltei ao antigo bairro onde eu havia crescido. Sentei-me na sacada com alguns dos meus velhos amigos, e pedi desculpas por ignorá-los depois que fiquei famoso.

"Sinto muito por não ter me lembrado de você, depois de tudo o que você fez para me ajudar na vida", eu dizia. "Obrigado por estar presente quando precisei de você." Ajudei financeiramente alguns deles, para demonstrar minha estima. Às vezes, eu apenas ficava sentado, ouvindo eles falarem. Eu queria que todos soubessem que eu realmente apreciava o fato de que eles estiveram presentes na minha vida. Eu nunca tinha expressado isso a eles antes.

Nem todo mundo queria fazer as pazes comigo. Alguns dos meus inimigos nunca mais quiseram ver a minha cara. Mas tudo bem. Eu não poderia obrigá-los a fazer nada, e se algum dia eles vão decidir me perdoar afinal, isso é entre eles e Deus. Fiz minha parte de tentar consertar o relacionamento, o que me tornou um homem livre. Deus tinha me mostrado o seu perdão, e foi esse mesmo perdão que reparti com os outros.

A SUA OPORTUNIDADE

Talvez você esteja se perguntando por que nós precisamos perdoar. Você está dizendo: "George, você não está entendendo o que essa pessoa fez comigo. Não consigo perdoar porque ainda dói demais."

O que essa pessoa fez com você pode ter sido errado, e sua dor verdadeira é resultado disso. Mas isso é exatamente o que você precisa perdoar. Se ninguém tivesse feito nada de errado, você não precisaria perdoar. Se você não estivesse ferido, não precisaria ser curado. Mas a dor não vai passar enquanto você não perdoar a pessoa e largar mão do sofrimento.

O rancor pode corroer você por dentro e sugar toda a felicidade da sua vida. Sempre que você se senta para tomar um bom café-da-manhã, a pessoa que você odeia surge na sua mente. Você não consegue apreciar a refeição porque fica pensando no que essa pessoa fez a você. Isso estraga o resto do seu dia, pois seu inimigo está vivo dentro da sua mente.

> **Quando você vai dormir, a pessoa invisível se deita com você, mantendo você acordado a noite inteira.**

Se você vai dar um passeio de barco para relaxar, não consegue dar duas remadas sem pensar: *Não consigo acreditar que ela me traiu desse jeito. Nunca vou perdoá-la!* Enquanto isso, a mulher que você odeia nem está ciente do fato. A única pessoa que está sofrendo é você.

Quando você sai de férias, não deixa para trás a pessoa odiada. Você leva essa pessoa consigo, e ela se senta do seu lado durante a viagem inteira. Quando você vai dormir, a pessoa invisível se deita na cama também, mantendo você acordado a noite inteira. Você fica se virando para um lado e para o outro, pois não consegue tirar o inimigo da sua mente. Você não consegue descansar. Não consegue apreciar suas refeições. Não consegue ter prazer em nada. Tudo porque você se recusa a perdoar.

É uma vida miserável, não é? Mesmo assim, milhões de homens e mulheres nunca se deram conta disso. Trancaram outras pessoas em seus presídios mentais, e se recusam a libertá-las. E os prisioneiros estão se rebelando lá dentro! É por isso que algumas pessoas não têm paz de espírito. Preferem viver a vida em constante tormento, em vez de simplesmente libertar os prisioneiros. É assim que eu costumava ser antes de perdoar todas as pessoas que tinham me ofendido.

O SEGREDO DE PERDOAR OS OUTROS

A verdade é que eu não conseguia perdoar meus inimigos antes de encontrar Deus. Eu não tinha dentro de mim a força de vontade para fazer isso. Não era natural, nem lógico, deixar escapar impune alguém que agiu errado comigo. Se ele não tomasse essa atitude através de mim, isso nunca aconteceria. O bom Senhor precisou plantar seu amor sobrenatural dentro do meu coração, antes que eu pudesse expressá-lo através do perdão.

Quando Deus me salvou em Porto Rico, ele removeu todo o ódio do meu coração. Eu não mais sentia a necessidade de contratar um pistoleiro, pois não odiava mais ninguém. O perdão de Deus removeu minha raiva, e sei que ele pode remover o seu ódio também. O perdão irá curar sua ferida e seu coração. Quando você perdoar, vai libertar os prisioneiros da prisão que você mesmo construiu.

> **A dor não vai passar enquanto você não perdoar a pessoa e largar mão do sofrimento.**

O perdão deriva da compaixão, e não do ódio. Para perdoar alguém, você precisa enxergar seu inimigo com compaixão. Você precisa vê-lo através dos olhos da piedade. Jesus contou uma história sobre um escravo que devia milhões a um rei. O rei perdoou essa dívida, mas só depois que *sentiu compaixão* por ele.[1]

Entenda que há uma questão maior do que essa que incomoda você. Talvez o seu inimigo não conheça Deus. Isso é uma questão maior. Quando morri e fui para aquele lugar escuro terrível, a compaixão virou para mim uma questão maior do que todo o sofrimento que eu tinha passado nas mãos de outras pessoas. Eu não queria que meus inimigos fossem parar lá, por isso minha compaixão pesou mais que todas as coisas que eles tinham me feito. Isso me levou a ter pena deles, e pesou mais que toda a dor que eu tinha sentido. Na comparação, o que eles tinham feito comigo era tão banal que já não importava mais.

Se você quer dar início a esse processo, procure pelo menos uma coisa boa na pessoa que ofendeu você. Muitas vezes, vemos apenas os lados ruins dos outros, mas quase sempre será possível encontrar algo de bom na pessoa que ofendeu você, se você procurar com atenção.

Quando vi Leroy Jackson naquele hotel, lembrei-me de uma coisa boa sobre ele. Quando estávamos juntos no Job Corps, ele era o único que tinha carro. Às vezes, ele me dava uma carona para fora da base, para eu poder comprar um san-

> **Eu não conseguia perdoar meus inimigos antes de encontrar Deus.**

duíche de pastrami. Essa foi a única coisa boa que consegui pensar sobre ele, mas deixei esse único pensamento positivo personificar todo o nosso relacionamento. Quando o abracei no saguão, estava abraçando aquele sanduíche de pastrami!

Pare de reviver a ofensa na sua memória. Pare de se agarrar a ela. Quanto mais tempo você guardar o rancor, mais pesado ele vai ficar. Liberte os seus inimigos da prisão que existe dentro da sua mente. Se você não fizer isso, vai continuar pensando sobre o que eles fizeram. Mas se você usar a chave do perdão para destrancar as portas do presídio, vai descobrir — como eu descobri — que você não liberta apenas os seus ofensores, mas liberta a si mesmo também.

DICAS DO GEORGE SOBRE PERDOAR OS OUTROS

- Visualize seu inimigo através dos olhos da compaixão e piedade.
- Encontre e se concentre em pelo menos uma coisa boa do seu inimigo.
- Procure uma questão maior do que aquela que incomoda você.
- Liberte os seus inimigos da prisão que há na sua mente.

O que as pessoas vão pensar de mim?

Não é estranho como o medo funciona? Algumas pessoas têm pavor de voar de avião, enquanto outras adoram o passeio. Algumas pessoas têm medo de levar socos, mas eu não tive medo de entrar no ringue para enfrentar alguns dos boxeadores mais valentes do mundo — Muhammad Ali, Joe Frazier, Ken Norton, entre outros.

Eu, como tantas pessoas, também tinha medo de ser rejeitado pelos outros. Eu queria ser amado e aceito por todos. Mas após minha conversão, descobri que a aprovação unânime nunca chegaria. Alguns amigos começaram a me evitar. Mesmo minha família não entendia o que tinha acontecido comigo. Eles todos acharam que eu tinha enlouquecido.

E não posso culpá-los por isso. A maior parte da minha vida, eu tinha pensado desse mesmo jeito sobre as pessoas que vão à igreja. Eu não queria me envolver com elas — e agora que eu estava seguindo Jesus, poucos dos meus velhos amigos queriam ficar perto de mim!

Conheci bem o gosto amargo da rejeição quando perdi para Muhammad Ali meu título de campeão peso-pesado. Todos amam um vencedor, mas poucos repórteres querem entrevistar a pessoa que perde. Meus amigos em Hollywood pararam de me telefonar. Quando eu era campeão, Bob Hope me chamava para aparecer nos seus shows. Depois que perdi para Ali, ele nunca mais ligou. Uma rejeição após a outra foi como um efeito dominó. Havia menos pessoas pedindo meu autógrafo. As revistas esportivas queriam fotos de Ali, e não de mim. No mundo do esporte, às vezes só a última vitória é a medida da sua popularidade.

Mas agora eu estava sentindo um tipo diferente de rejeição. Não porque eu tinha perdido uma luta, mas porque tinha dedicado minha vida a Deus, e mudado minha atitude. Eu era uma pessoa completamente diferente do antigo George, e todos os meus conhecidos tiveram dificuldade em saber como reagir a mim. Também relutei em fazer ajustes nos meus relacionamentos. Como você diz a alguém que "não faz mais isso" sem sentir uma certa tensão?

Se você é como eu, não quer ser esnobado. Quer que todos amem e aceitem você. Mas no fim das contas, sua crença em Deus encontrará resistência, o que obriga você a ficar quieto ou abrir a boca. Acabei descobrindo que para mim era mais importante dizer a verdade, mesmo sob o risco de ser rechaçado. Eu tinha que superar meu medo das opiniões dos outros, pois propagar meu testemunho era mais importante para mim — e aparentemente mais importante para Deus. Mas não foi fácil aprender a contar ao público o que tinha acontecido comigo.

Contando minha história em público

Mais ou menos um mês após minha conversão, liguei para o Dr. Robert Schuller, pastor de uma grande igreja em Garden Grove, Califórnia, que agora é conhecida como a Catedral de Cristal. Eu tinha falado na igreja dele dois anos antes disso, *antes* de me tornar um fiel. Depois que perdi a luta para Muhammad Ali, meus assessores me disseram que eu precisava limpar minha imagem de "vilão". Ali tinha um enorme séquito de fãs, eles diziam, e alguém sugeriu que eu provavelmente poderia atrair uma congregação respeitável se começasse a falar em igrejas. O Dr. Schuller me convidou a falar em um grupo de oração.

Eu nunca tinha falado em uma igreja antes, nem sabia por onde começar.

"Eu vou falar sobre o quê?", eu perguntei.

"Bem, George", o Dr. Schuller respondeu. "Muhammad Ali sempre fala sobre Alá, então por que você não fala sobre Jesus?"

"Está bem", eu disse. "Combinado."

Embora eu fosse descrente naquela época, fiquei de pé diante daquelas pessoas e dei minha pequena palestra sobre Jesus. Os seguidores de Ali sempre cantavam "Ali! Ali!". Eu estava esperando que as pessoas fossem pular e gritar "Foreman! Foreman! Foreman!"

Mas isso não aconteceu.

Eles aplaudiram meu discurso, mas nada além disso. Não consegui arrebanhar uma massa de seguidores, por isso minha turnê de palestras em igrejas não deu certo. *Que bando de perdedores*, pensei. *Não vou mais perder meu tempo com eles.* Eu estava farto de conversar com os fiéis da igreja. E me aproximar deles não ajudou nem um pouco a remodelar minha imagem.

> **No mundo do esporte, às vezes só a última vitória é a medida da sua popularidade.**

Mas após meu encontro com Deus no vestiário, eu agora tinha uma experiência espiritual legítima para compartilhar. Telefonei para o Dr. Schuller e contei a ele sobre o que tinha acontecido comigo depois da luta contra Jimmy Young.

"Dr. Schuller", expliquei, "não estou mentindo para o senhor. Isso aconteceu de verdade. Eu só estava fingindo da outra vez em que falei na sua igreja, mas agora não estou brincando. Estou lhe dizendo a verdade; *ele está vivo!*"

"Bem, George", ele respondeu com sua voz profunda e ressonante. "Sou psicólogo e pastor, e acredito em você."

Eu não sabia ao certo se ele estava apenas sendo educado, por isso eu disse outra vez: "Dr. Schuller, não estou brincando com o senhor. O que aconteceu comigo foi real."

Ele me reconfortou de novo: "Acredito em você, George."

"Não estou mentindo, Dr. Schuller."

"George", ele assegurou com firmeza, "acredito em você! Quero que me faça um favor. Venha compartilhar essa experiência com a minha congregação. Conte a eles o que aconteceu com você."

> **Todas essas reações negativas tinham me programado para acreditar que "essa gente religiosa" era estranha.**

Quando voltei para a Califórnia, era um homem diferente daquele que era dois anos antes, quando tinha falado na igreja. Desta vez fiquei de pé diante da congregação de três mil pessoas e falei sobre minha experiência com a morte no vestiário, minha visita àquele lugar escuro horrível, o sangue que vi em minhas mãos — a história inteira.

A igreja do Dr. Schuller foi o primeiro lugar público onde dei meu testemunho. Mas por algum motivo, achei que meu sermão seria confidencial — que eu estava apenas falando com *aquela* congregação. Com minha recém-encontrada fé, eu ainda estava um pouco inseguro sobre o melhor jeito de contar aos outros o que tinha descoberto, e escolhia a dedo quem iria ouvir o relato da minha experiência. Eu mal imaginava que em breve o país inteiro estaria vendo isso na televisão.

Umas duas semanas depois que discursei na bela igreja do Dr. Schuller em Garden Grove, Califórnia, abri o jornal em Houston e notei um anúncio do programa de TV do Dr. Schuller, *The Hour of Power*. Levei um susto ao descobrir que eles iam transmitir meu testemunho em cadeia nacional!

Eu não estava pronto para tanta publicidade sobre a minha fé. Uma experiência como a minha pode suscitar aplausos, mas pode também atrair piadas e ridículo. Apesar do que Deus tinha feito por mim, eu não queria que as pessoas caçoassem de mim, e não tinha nenhuma vontade de ser alvo das gracinhas de algum comediante.

Programado para sentir vergonha

Depois que vi aquele anúncio no jornal, dois incidentes do meu passado me vieram à mente na hora. Primeiro, lembrei-me de uma vez em que algumas das minhas amigas tinham ido me ver lutar no Canadá. Uma das garotas mencionou casualmente que tinha falado com um famoso jogador de baseball do Los Angeles Dodgers.

"Adivinhe o que ele me disse?", ela perguntou, com um olhar de desdém. "Ele disse que *renasceu*."

A outra moça começou a rir e respondeu: "Ele que vá com esse papo pra longe de mim!"

Prestei bastante atenção no que aquelas mulheres estavam dizendo. Antes de o jogador encontrar a religião, elas admiravam o sujeito. Agora estavam zombando dele. Eu sabia de qual lado daquela disputa eu queria estar.

"Pois é, ele é um imbecil", concordei. "Ele provavelmente é maluco, também", acrescentei. Eu não queria que ninguém me ridicularizasse por ser religioso, como elas tinham feito com aquele jogador famoso de baseball.

A segunda coisa que abriu meus olhos foi depois que minhas irmãs tinham ido a um show do Al Green. Voltando para casa, uma delas disse: "Fomos ouvir o Al Green, e a música estava ótima. Mas depois ele levantou e começou a falar sobre Deus." Em um gesto de desgosto, ela pôs as mãos no quadril e disse: "Eu não fui ao show para ouvir um sermão! Quando quero ouvir um sermão, eu vou à igreja."

Minhas amigas e minhas irmãs não eram as únicas que caçoavam de pessoas religiosas. Muitos amigos meus faziam a mesma coisa. Depois que renasci, fiquei com vergonha de contar a eles porque não queria que rissem da minha cara. Eu não queria ser alvo de piadas.

Logo após minha conversão, uma das primeiras pessoas a quem falei sobre o que tinha acontecido comigo foi minha irmã Glória. Eu era cauteloso com quem iria ouvir meu testemunho, e pedi que ela não contasse a ninguém. Minha irmã acreditou na minha história, mas não fazia sentido para ela. Ela disse: "Pois é, George, sua experiência parece o livro do Apocalipse. Você precisa ler este livro." Eu nunca tinha ouvido falar do livro do Apocalipse, mas decidi lê-lo em breve.

Embora eu não me desse conta na época, todas essas reações negativas tinham me programado para acreditar que "essa gente religiosa" era estranha. Eu não queria que ninguém achasse que eu era assim. Todos sabiam que eu caçoava de pessoas que iam à igreja, especialmente fazendo piadas sobre os hipócritas, aqueles que não viviam de fato a crença que professavam. Mesmo após minha dinâmica experiência de conversão, essa idéia equivocada ainda estava arraigada na minha mente. Eu acreditava em Cristo, mas não queria ser tachado de maluco religioso, nem ser considerado estranho por causa da minha fé recém-descoberta.

Agora, graças ao Dr. Schuller, meu testemunho seria transmitido pela televisão, para o país inteiro. Eu não estava pronto para passar mais vergonha, por isso me tranquei em casa. Eu não ia ao barbeiro porque eles estavam dizendo: "George está falando sobre Deus. Ele foi derrotado por Jimmy Young, e agora está tentando inventar essa desculpa de Deus." Eu ouvia esse tipo de comentário pela cidade inteira. Eu não queria que as pessoas ficassem rindo da minha cara, como aquelas garotas caçoando do jogador de baseball. Eu não conseguia nem pensar em aparecer na frente de uma câmera e ser ridicularizado, por isso cancelei meu contrato de televisão como comentador de boxe no programa de Howard Cosell. Eu não queria ser visto em público nunca mais.

REPROGRAMANDO MINHA MENTE

Eu estava totalmente confuso sobre o que fazer com a minha vida. Decidi que ficaria na casa da minha mãe e aguardaria novas instruções de Deus. Minha irmã Glória sabia que eu precisava de orientação, por isso trouxe um pastor para casa, para conversar comigo. Eu disse a ele que tinha morrido e visto o sangue nas minhas mãos, mas agora estava confuso sobre o significado de tudo aquilo.

O pastor assentia a cabeça compreensivo, enquanto ouvia o meu relato. Então, abrindo sua Bíblia, ele leu para mim sobre um homem chamado Cornélio, que tinha tido uma visão e visto um anjo. O anjo disse a Cornélio: "Suas orações e suas esmolas subiram até a presença de Deus."[1]

Fiquei interessado. "Isso está na Bíblia?" Eu tinha tido uma visão, mas não sabia que outras pessoas já tiveram experiências parecidas.

"Pois é", disse ele.

O pastor continuou explicando que um homem chamado Pedro teve uma visão de animais em um lençol que descia do céu. Uma voz disse: "Pedro, mate e coma."

"Isso está na Bíblia também?", perguntei.

"Sim", disse ele novamente.

"Há quanto tempo isso está na Bíblia?", perguntei. "Você está me dizendo que outras pessoas já viram coisas como vi?" Eu tinha ouvido falar que Jesus Cristo fizera milagres, mas não sabia que outras pessoas na Bíblia tiveram experiências milagrosas também.

"Algumas pessoas já viram muito mais do que isso", disse o pastor com um sorriso.

De repente, não me sentia mais tão isolado em relação ao que acontecera comigo em Porto Rico. Achei que eu fosse a única pessoa no mundo que tinha tido uma visão tão incomum. Pedi ao pastor que lesse a Escritura para mim novamente, e ele leu. Então pedi que ele lesse mais uma vez.

Fiquei genuinamente aliviado ao saber que experiências incomuns semelhantes à minha tinham acontecido com pessoas da Bíblia. Ri e disse: "Puxa! Acho que não sou tão louco afinal!"

Mesmo assim, achei que as igrejas não estavam prontas para ouvir o que eu tinha a dizer. Freqüentei uma pequena igreja durante seis meses antes de dar meu testemunho. Quando finalmente contei minha história, e cheguei à parte em que gritei no vestiário "Jesus Cristo está renascendo em mim!", toda a congregação aclamou e aplaudiu. Isso me ajudou a superar boa parte dos meus medos e receios na hora de dar meu testemunho. Daquele ponto em diante, comecei a contar para todo mundo.

POR QUE DEUS ME ESCOLHEU?

Muitas vezes perguntei a Deus: *Por que eu? Por que você me escolheu para ter esta experiência? Eu era apenas um garoto brigão e ignorante.* Mas Deus sempre tem um motivo para as coisas que faz.

Acredito que um dos motivos de ele ter me escolhido para essa experiência foi o meu título de campeão mundial de boxe peso-pesado, que me abriu as portas para conhecer diversas celebridades e líderes mundiais. Talvez Deus tenha me escolhido porque ele queria me usar para falar com eles. Talvez seja por isso que ele me deu aquele estranho "passeio de realidade virtual" pela vida daquelas celebridades enquanto eu estava no vestiário.

Durante minha carreira como boxeador, conheci diversas pessoas do entretenimento, como Harry Belafonte, Sammy Davis Jr. e tantos outros. Tive a honra de conhecer políticos famosos e líderes nacionais como o presidente Lyndon Johnson e o presidente Bill Clinton. E, é claro, acabei conhecendo muitos atletas famosos. Apesar de sua fama e fortuna, a maioria dessas celebridades parecia insatisfeita. Então, depois que realmente virei um homem mudado, tentei compartilhar meu testemunho com todos eles, quando surgiam oportunidades.

Embora todos eles tivessem feito grandes conquistas, nenhum deles jamais afirmou ter tido um encontro divino. Nenhum deles podia dizer: "George, eu estava no meu vestiário um dia, e vi sangue nas minhas mãos e na cabeça, e gritei 'Jesus está renascendo em mim!', e então me afastei de tudo o que eu possuía e dei minha vida a Deus. Eu poderia estar morto na cova, ter perdido minha alma, mas agora sei que Jesus está vivo!" Ainda não conheci ninguém que tenha me dito isso.

Quando conto minha história, muitas vezes sou recebido com ceticismo. Se alguém ergue a sobrancelha e me lança aquele olhar de "não acredito em você", simplesmente paro de falar. Se a pessoa não está a fim de ouvir, não adianta continuar. Mas se a pessoa está interessada no que tenho a dizer, continuo narrando a história inteira.

Quando comecei a ler a Bíblia, descobri que o apóstolo Paulo sempre contava aos outros sobre sua impressionante experiência de conversão na estrada para Damasco, onde uma luz mais forte que o sol brilhou ao seu redor, e uma voz celeste falou com ele. Quando Paulo foi a julgamento diante do rei Agrippa, descreveu todos os detalhes de seu testemunho. Agrippa deve ter ficado impressionado com a história de Paulo, pois disse a ele: "Paulo, você quase me convence a ser um cristão." Essa mesma reação foi a forma como muitas pessoas reagiram à minha história — quase convencidas. Muitas pessoas a quem contei não queriam acreditar em mim porque achavam que tinham muito a perder.

Eu consigo entender essa desconfiança quando elas ouvem minha história. Eu agiria com ceticismo também. Se alguém tivesse me contado que morreu, renasceu, teve uma visão e começou a citar Escrituras que nunca tinha lido, eu também não teria acreditado! Isso soa tão bizarro, que entendo a relutância delas em acreditar em mim. Mas aquilo realmente aconteceu comigo e, só porque elas não acreditam, isso não muda o que ocorreu de fato.

Agora, não importa o que as pessoas dizem sobre mim; sei que o que Deus diz é verdadeiro. E essa foi a chave para superar meu medo da opinião dos outros — deixar que a verdade me guie. Precisei reprogramar minha mente, trocando idéias falsas por verdadeiras.

Encontrar Jesus Cristo foi a melhor coisa que jamais aconteceu comigo, e minha vida melhora a cada dia. Não vou deixar que ninguém destrua meu testemunho e o magnífico contato com Deus que tive. Vou continuar contando minha história enquanto for capaz.

Depois que superei meu medo de rejeição, telefonei para aquelas duas garotas que tinham zombado do jogador de baseball, e contei a elas o que tinha acontecido comigo. Fiquei surpreso quando uma delas disse: "Eu tenho tentado dar um jeito na minha vida, e era isso que eu precisava ouvir." Era como se ela estivesse pensando: *Se o George pode mudar, talvez eu possa também.* Agora, elas tinham ouvido histórias de renascimento de um jogador profissional de baseball e de um boxeador profissional. E elas sabiam como eu era antes da conversão, por isso tinham vários motivos para acreditar que Deus também podia mudá-las.

Liguei para Archie Moore, o grande boxeador, e contei minha história a ele. Ele disse: "Acredito em você. Talvez eu mesmo precise me aproximar de Deus." Era como se todo mundo estivesse esperando que eu abrisse caminho para que eles também pudessem encontrar Deus.

> **Eu consigo entender a desconfiança quando as pessoas ouvem minha história... Mas aquilo realmente aconteceu comigo.**

Durante várias semanas, passei dias e noites inteiras procurando números na lista e fazendo telefonemas. Liguei para Muhammad Ali, Jimmy Young e Joe Frazier, contando a cada um deles sobre minha conversão. Então liguei para meu amigo Sammy Davis Jr. quando ele estava se apresentando na Austrália, e expliquei para ele que tinha encontrado Deus. Ele era uma das pessoas que eu tinha visto naquela visão de realidade virtual. Eu disse a ele que Jesus Cristo era capaz de ajudá-lo de verdade.

"É mesmo?", Sammy respondeu.

Eu disse: "Sim, você precisa dar uma chance a Jesus."

Depois de falar por um tempo, ele me cortou. "Que ótimo, George. Bom, preciso ir agora."

Não muito tempo depois desse telefonema, Sammy morreu. Não sei se ele chegou a confiar sua vida a Jesus, mas sei que apontei a direção certa para ele. Foi só isso o que pude fazer, e é só isso que Deus pede que façamos — louvar Jesus e apontar as pessoas na direção dele.

Em outra ocasião, recebi um telefonema, e uma voz estranha do outro lado disse: "Preciso falar com o Sr. George Foreman." Achei que alguém estava me passando um trote, disfarçando a voz como um repórter querendo me entrevistar.

"Quem?", perguntei, tentando identificar a voz.

"Preciso falar com o Sr. George Foreman."

Fiquei imaginando como a pessoa teria conseguido o meu número. "Quem é?", perguntei com insistência.

Ele caiu na gargalhada. "Aqui é Marvin Gaye, George."

"Marvin! Como você está?" Depois de falar por um tempo com o grande cantor, desviei o assunto para falar sobre o que tinha acontecido comigo naquele vestiário. Eu disse a Marvin que tinha morrido, passado para o outro lado, voltado para o meu corpo, e visto o sangue no lugar onde Jesus havia sido crucificado. Expliquei que tinha encontrado Jesus Cristo, e descrevi a diferença que ele tinha feito na minha vida.

"Marvin", supliquei, "talvez seja hora de você entrar na linha."

"Por que eu, George?", ele perguntou, como se estivesse ofendido. "Por que você está vindo falar isso para mim?"

Depois disso, ele não quis mais falar comigo. Menos de um ano depois, Marvin também faleceu.

Eram pessoas excelentes, mas ninguém me ligava querendo saber como encontrar Deus. Então entrei em contato com elas para contar-lhes minha história. É triste, mas a maioria não quis ouvir a verdade. Elas mudavam de assunto ou diziam: "Que bom para você, George."

Hoje eu viajo para vários lugares, falando com todo mundo que esteja disposto a ouvir. Sou grato a Deus por ter me salvado. As pessoas que não são celebridades — pessoas comuns — querem ouvir meu testemunho mais do que os ricos e famosos. Estou convencido de que Deus dá a todos nós uma chance de conhecê-lo. Ele nos dá a oportunidade, e se dissermos sim a ele, ele nos escolherá. Mas ele não vai se impor a ninguém.

SUPERANDO O MAL COM O BEM

Quando eu me aposentei do boxe, nem todos ficaram contentes com a minha decisão. Uma vez, eu fui para San Francisco, onde um dos meus amigos me contatou dizendo que seu irmão — um homem muito inteligente — precisava falar comigo sobre um assunto urgente. Assumi que ele estava passando por um período difícil e talvez precisasse da minha ajuda. Concordei em entrar em contato com ele, e marcar um horário para conversarmos.

Telefonei para ele, me apresentei e perguntei o que podia fazer para ajudá-lo.

"Oi, George", ele disse. "Fiquei sabendo que você encontrou Deus. Ouça, ainda bem que você me ligou, porque tenho uma coisa importante para dizer. Sabe o que você precisa fazer?"

"O quê?"

"Você deveria ir até a ponte Golden Gate", ele disse em um tom casual, "andar até o meio da ponte, e saltar!"

Não acreditei no que estava ouvindo, e fiquei chocado com a agressividade dele. As pessoas já tinham me mandado fazer muitas coisas, mas saltar da Golden Gate era a primeira vez!

Ele ainda não tinha terminado, e continuou com sua agressão verbal. "Você tem noção do que você tinha? Você pegou uma incrível carreira de boxe, jogou pela janela, e fugiu de todo o dinheiro que podia ter ganho. Quando as minorias têm uma oportunidade como a sua, nunca deveriam abrir mão." Ele disse que eu era um bobo por acreditar que servir ao Senhor era mais importante que ganhar dinheiro.

A voz hostil continuou: "Agora levante daí, e vá pular daquela ponte!"

Talvez o homem estivesse me testando, para ver se eu tinha mudado de fato. O antigo George teria localizado esse homem e derrubado ele na lona, mas o novo George sabia que ele era uma alma perdida. Eu tinha reservado um horário para conversar com ele, a pedido dele, e seu "assunto urgente" era me humilhar. Mas ele me fez perceber que muitas outras pessoas provavelmente estavam pensando a mesma coisa de mim.

Eu queria que ele se tornasse um homem melhor do que o que tinha falado comigo agora há pouco. Eu não ia permitir que o ódio dele me atingisse, por isso retribuí em gentileza. Disse a ele que podia me contatar se algum dia precisasse conversar.

"Mantenha contato comigo, está bem?", eu disse enquanto me preparava para desligar o telefone.

"Pois é", ele cuspiu. "Vou manter contato mesmo, seu grandes-síssimo..." Ele ainda estava me xingando quando desliguei.

Embora muitas pessoas tenham ficado contentes por eu ter encontrado o Senhor, outras deixaram de gostar de mim por causa disso. Não fiquei surpreso quando perdi alguns amigos. Ligava para eles e deixava mensagens, mas eles nunca ligavam de volta. Eles não queriam falar comigo. Mas tudo bem. Eu sabia que tinha um amigo que nunca vai me faltar, e sempre atende ao meu chamado.

Talvez você esteja intimidado pelas opiniões dos outros. Como você acabou de ler, não é só você que se sente assim. Precisei dominar sozinho esse gigante.

Então, como você pode superar essa sede de aprovação das pessoas? A resposta no fundo é muito simples. A verdade irá libertar você. O seu desejo de agradar a Deus deve ser maior que sua necessidade de contentar os outros. Você precisa encontrar sua aceitação em Deus, não nas outras pessoas.

Deus aceita você e perdoa você no instante em que você confia sua vida a ele. Ele dará a você a força interior para viver do jeito certo e fazer a coisa certa, mesmo quando outras pessoas riem ou ficam bravas com você. É sua decisão colocar a força dele em prática na sua vida.

DICAS DO GEORGE SOBRE COMO SUPERAR A REJEIÇÃO

- Acredite no que Deus diz sobre você, em vez do que as pessoas dizem.
- Agrade primeiro a Deus e depois aos outros.
- Quando alguém lhe disser alguma coisa maldosa, retribua com gentileza e um comentário do bem.

Capítulo 5

Um pastor lutador

Depois que encontrei Jesus Cristo, não fazia idéia de que um dia me tornaria um pastor e um evangelista. Não fiz nenhum curso formal sobre a Bíblia, não freqüentei curso de teologia nem seminário, mas Deus me fez um chamado.

Cerca de um mês após minha conversão, quando o Dr. Robert Schuller me convidou a dar testemunho em sua igreja na Califórnia, vi o filho do Dr. Schuller lendo sua Bíblia. Olhei por cima do ombro dele e li: "Se, pois, renascestes com Cristo, procurai as coisas do alto, onde Cristo está, sentado à direita de Deus".[1]

Estas palavras pareciam saltar fora das páginas, como se estivessem falando diretamente comigo. "Deixe eu ver isso", disse para ele. "É assim que me sinto! Será que você pode anotar isso para mim?" Eu era um novo fiel, e nem mesmo sabia se aquele verso era do Antigo ou do Novo Testamento, mas queria me lembrar dele. Quando voltei para o hotel, pedi que um amigo comprasse uma Bíblia para mim.

"Está bem", ele respondeu. "Que tipo?"

"Não sei. O mesmo tipo que a sua mãe tem, eu acho."

Ele ligou para a mãe dele no Alabama e descobriu que ela tinha uma versão do rei James. Ele foi, comprou uma Bíblia e me trouxe. A primeira Escritura que procurei foi aquele verso na Epístola aos Colossenses: "Se, pois, renascestes com Cristo, procurai as coisas do alto, onde Cristo está, sentado à direita de Deus."

Li aquilo diversas vezes. "É assim que me sinto, renascido com Cristo!"

Foi assim que comecei a aprender a ler a Bíblia, um verso por vez. Então comecei a ler passagens inteiras e, em pouco tempo, estava tão fascinado com a Palavra Divina que tinha dificuldade em largar o livro. O próximo passo era encontrar uma igreja na minha cidade, onde eu pudesse aprender mais sobre Deus.

FAZENDO PARTE DA FAMÍLIA DE DEUS LOCAL

Pouco após voltar para Houston, ouvi falar de uma igreja chamada Church of the Lord Jesus Christ. Peguei o endereço e fui procurar. Subi e desci a rua várias vezes, procurando uma catedral imensa. Mas não havia catedral nenhuma naquela área de Houston. A igreja na verdade era um prédio pequeno, parecido com uma loja de conveniência. Estacionei meu Sutz Blackhawk com uma roda de raios montada na traseira, e saí do carro vestindo meu impecável terno vermelho. Entrei de mansinho e me sentei em um banco do fundo, achando que ninguém ia me ver. (É claro que, com meu carro chique e minha roupa chamativa, como seria possível que os fiéis daquela igreja *não* me vissem?)

Ao final do sermão, o pastor convidou as pessoas a vir até a frente da igreja e orar. Alguns membros da congregação levantaram-se dos bancos, andaram até a frente, e se ajoelharam. Decidi fazer o mesmo. Caí de joelhos e confessei a Deus todos os meus pecados, dúvidas e medos. Eu achava que tinha estado vivendo além do tempo que me havia sido designado, e esperava morrer a qualquer instante. Conforme continuei orando naquela noite, a sensação de êxtase que havia sentido no vestiário em Porto Rico ressurgiu para mim. Deus me revigorou com outro toque, o que me fez querer ir de novo à igreja.

Na semana seguinte, voltei à igreja. Depois do sermão, andei até a frente e caí de joelhos, esperando sentir as mesmas sensações que sentira antes. Desta vez, no entanto, eu não senti nada. Mesmo não sendo tão emocionante quanto havia sido minha primeira visita, continuei freqüentando a igreja para ouvir os sermões. Após cerca de três meses, alguém me convidou a freqüentar os serviços de domingo de manhã. Eu nem sabia que

> Conforme continuei orando, a sensação de êxtase que havia sentido no vestiário em Porto Rico ressurgiu para mim.

eles abriam de manhã. Achava que era uma igreja noturna!

Só após seis meses freqüentando a igreja, tomei a coragem de dar meu testemunho diante da congregação. Eu não falava em uma igreja desde a ocasião do Dr. Schuller, pois de vez em quando ainda enfrentava o medo do que as pessoas pensariam de mim. Eu não queria que as pessoas achassem que eu era louco. No entanto, meus medos dissiparam-se rapidamente conforme eu comecei a compartilhar minha experiência com os fiéis. Quando contei a eles que estava no vestiário e gritei "Jesus Cristo está renascendo em mim!", a congregação inteira rompeu em aplausos e aclamações.

JEJUANDO POR VINTE E UM DIAS

Não muito tempo depois de ter dado meu testemunho na igreja, fui visitar minha tia em Houston. Enquanto estava hospedado lá, tive um sonho em que eu via um enorme livro aberto. Todas as linhas que cobriam a página repetiam as mesmas palavras: "Evangelista 21". Eu nunca tinha ouvido a palavra "evangelista", por isso não entendi o que aquilo significava.

Perguntei à minha tia se ela entendia o sentido do sonho. Ela respondeu: "Quem sabe Deus está tentando lhe dizer alguma coisa."

Fui até meu amigo pastor, o Irmão Masters, para ver se ele era capaz de interpretar meu sonho.

"Vinte e um é o número de um jejum", ele explicou. "Deus está chamando você para ser um evangelista, e você precisa jejuar por vinte e um dias. Não deve ingerir alimento algum, durante três semanas."

"Vinte e um dias sem comer? Isso não é possível!"

"Bem, uma vez jejuei por quarenta dias, como Jesus e Moisés fizeram", ele respondeu. "Não vai ser fácil, mas você consegue. Mas você precisa beber muita água."

Imaginei que, se Deus queria que ficasse todo aquele tempo sem comer, ele teria que me ajudar a conseguir. "Está bem", eu disse. "Vou fazer o jejum. Vou jejuar por vinte e um dias e noites."

No começo foi difícil ficar sem comida, evitar as guloseimas que minha mãe sabia preparar. Após a primeira semana, fiquei assustado, pois meu sistema físico parecia estar mudando. Eu não precisava ir ao banheiro depois do quarto dia. No décimo primeiro dia, eu já tinha perdido mais de dez quilos. Eu não tinha comido nada, mas bebia bastante água. Minha mãe achou que eu estava louco, e disse que eu ia acabar morrendo de fome.

No décimo quarto dia de jejum, Deus começou a me revelar verdades conforme eu lia a Bíblia. Era como se ele estivesse iluminando certos versos que eu precisava entender. No décimo sétimo dia, comecei a prestar atenção em todos as propagandas de comida. Eu conhecia todos os restaurantes, lanchonetes, mercados e botecos da cidade. Por onde quer que eu fosse, os arcos dourados pareciam se multiplicar. Eu estava com tanta fome que estava disposto a comer qualquer coisa — ou tudo!

No vigésimo primeiro dia, eu tinha perdido cerca de vinte quilos. Na manhã seguinte ao fim do jejum, tomei um grande café-da-manhã e bebi três litros de leite, o que me deixou soluçando durante vários dias. Nunca tinha apreciado tanto a comida na minha vida inteira!

Então, o que ganhei com isso? O jejum concentrou minha atenção em Deus e na Palavra dele (quer dizer, depois que parei de pensar na fome que eu sentia). Ele permitiu que eu revisasse e revivesse algumas das minhas experiências negativas, e expurgou de mim algumas más lembranças. Porém, mais que qualquer outra coisa, desenvolvi um apetite incrível de ler a Palavra Divina e me aproximar do Senhor. Durante os dois anos seguintes, passei várias horas por dia estudando a Bíblia, junto com comentários, dicionários bíblicos e outros livros de referência.

Embora algumas pessoas provavelmente tenham pensando que minha experiência religiosa não ia durar, eu estava falando sério quando disse que viveria para Deus. Depois desse jejum, meus amigos e familiares entenderam que eu estava falando sério. Eles sabiam que eu adorava comer, e nunca iria querer nem conseguir ficar tanto tempo em jejum sem a assistência divina.

Deus glorificou meu jejum de um outro modo inesperado. Em breve ele estaria abrindo muitas portas para que eu usasse meu dom de evangelismo. Mas primeiro eu tinha que aprender a pregar.

PREGANDO NAS RUAS E NO MUNDO INTEIRO

Um dia, depois que eu havia falado na minha igreja, um adolescente chamado Dexter Wilson me abordou. "George, você gosta tanto de contar a sua história, por que não vamos juntos às ruas para pregar?"

"Pregar nas esquinas?", perguntei. Nunca tinha ouvido falar naquilo.

"Pois é, já vi fazerem isso."

Dexter era apenas um adolescente, porém me ensinou como pregar nas ruas. Compramos um amplificador e um microfone, e fomos de carro até Shreveport, Louisiana. Montamos nosso aparelho de som perto de uns prédios residenciais, e Dexter começou a falar no microfone: "Glória ao Senhor, irmãos e irmãs. Não estou aqui para falar de mim. Estou aqui para falar de Jesus..."

Depois que ele pregou por um tempo, chegou minha vez. Dexter não estava com medo, mas eu sim! Minhas mãos estavam suando de tanto nervoso. Eu não fazia idéia do que ia dizer quando ele me entregou o microfone.

Deu um branco na minha mente, por isso apenas repeti o que Dexter tinha dito: "Glória ao Senhor, irmãos e irmãs. Não estou aqui para falar de mim. Estou aqui para falar de Jesus..."

Ninguém sabia quem eu era. Eu estava usando um macacão e uma camisa de flanela, e não parecia com o George Foreman que eles tinham visto na televisão. Dexter tentou me convencer a me identificar, mas a princípio resisti. Mas quando vi que as pessoas simplesmente passavam adiante e me ignoravam, decidi ir em frente e contar a elas quem eu era.

Conforme as pessoas passavam, fui anunciando: "Pois é, amigos, quem está falando é George Foreman. Isso mesmo, sou o ex-campeão mundial de peso-pesado. Aquele que enfrentou o grande Muhammad Ali".

As pessoas pararam imediatamente, e juntou-se uma multidão. Vi que havia pessoas apontando para mim e falando com as outras. Ouvi alguém dizer: "Ei, esse é George Foreman. Ele derrotou Joe Frazier."

Agora que eu tinha atraído a atenção das pessoas, continuei meu sermão. "Sim, Deus salvou a mim, George Foreman. Eu estava perdido em pecado, mas agora estou salvo..."

De Shreveport, nós fomos para Tyler, Texas, onde continuamos a pregar nas ruas. Dexter e eu pregamos em diversas cidades no Texas e na Louisiana. Pregamos até em Los Angeles. Tudo o que precisava dizer era: "Sim, amigos, eu sou George Foreman...", e as pessoas se aproximavam para ouvir.

> "Está bem, vou fazer o jejum. Vou jejuar por vinte e um dias e noites."

Espalhou-se a notícia da minha conversão, e logo recebi convites do país inteiro para dar meu testemunho. Deus abriu portas para que falasse em diversas escolas e faculdades na Califórnia. Viajei por todo o Canadá, falando em igrejas grandes e pequenas. Vários produtores de programas de TV me convidaram a compartilhar com a Cristandade a história da minha conversão, e eu compartilhei de bom grado.

Voltei ao Zaire, na África, em uma missão evangélica e dei meu testemunho diante de 60 mil pessoas na mesma arena onde lutei contra Muhammad Ali. Muitos lembravam da famosa luta de boxe, por isso vieram pessoas de todos os lugares, querendo ouvir o que eu tinha a dizer. Quase todo mundo na África tinha torcido para que Ali me derrotasse. Mas nessa visita, eles ficaram contentes ao me ver.

Na África, em todos os lugares aonde eu ia, as pessoas apontavam para mim e diziam: "É ele! É ele!" Deus usou minha fama para atrair a atenção deles, para que eu pudesse transmitir a eles a Palavra Divina. Fiquei muito feliz em voltar ao Zaire como um homem diferente do que era da primeira vez que estive lá.

ORDENADO PARA PREGAR

Mesmo tendo pregado bastante, eu ainda não tinha sido ordenado pastor. Um dia, recebi um pedido urgente de visitar um hospital em Houston, para orar por um garoto em estado crítico. O garoto tinha levado quatro tiros, e estava no limite entre a vida e a morte. Ao chegar ao hospital, fui proibido de entrar, pois o regulamento deles só permitia que pastores ordenados visitassem pacientes em tratamento intensivo.

Até então, eu havia ministrado como leigo sem problema algum. Mas percebi que não conseguiria entrar em hospitais e presídios sem ser ordenado. Eu não queria encontrar mais obstáculos que me impedissem de ministrar às pessoas. Pouco depois disso, a Church of the Lord Jesus Christ me ordenou como evangelista, para que pudesse continuar a exercer meu ministério. Minha ordenação permitiu que eu visitasse hospitais e presídios para dar meu testemunho.

O Senhor abriu portas para que eu falasse em diversos presídios. Quando falei em San Quentin, alguns dos criminosos mais empedernidos deram ouvidos ao meu testemunho, e entregaram sua vida ao Senhor. Depois, eles fizeram uma fila comprida, para que eu pudesse batizá-los em uma grande banheira.

Eu tinha paixão por visitar presídios e pregar para os internos, e gostava de fazer isso. Mas concluí que os guardas, carcereiros e outros oficiais precisavam de tanto apoio moral quanto os homens e mulheres encarcerados. Eles trabalham em um dos ambientes mais árduos, o que pode ser extremamente degradante e desestimulante. Às vezes, eles libertam um prisioneiro que acham que foi reformado, só para vê-lo retornar ao presídio alguns anos depois. Por isso quando visito presídios, ministro para os presos e para os funcionários também.

A maior emoção da minha vida é ver vidas serem mudadas. Se Deus pode mudar uma pessoa dura como eu costumava ser, ele pode mudar qualquer um. É isso que acredito, e é isso que prego.

PASTOR DE UMA IGREJA PEQUENA

A realidade fez um furo nas minhas noções idealistas sobre a vida cristã, quando meu pastor e mentor espiritual envolveu-se no que às vezes chamamos de "indiscrições morais" — um jeito educado de dizer que a pessoa cometeu adultério. Fiquei muito decepcionado ao saber que um homem que eu tinha amado e respeitado tanto podia ser infiel a sua esposa e filhos, mas fiquei ainda mais desgostado quando descobri que muitas pessoas na igreja relevaram os atos do pastor, e arranjaram desculpas para a conduta dele. Quando expressei em público minha opinião a respeito do assunto, logo me vi em minoria e fui convidado a deixar a igreja.

Eu me senti traído e magoado, mas foi uma boa lição: percebi que tinha que manter meus olhos em Jesus, não em alguém que afirma acreditar nele. Eu tinha pregado ocasionalmente na igreja, e adorava pregar, por isso comprei trinta minutos diários de tempo em uma estação de rádio em Houston, e continuei pregando. No meu programa, eu falava um pouco sobre boxe e bastante sobre o bom Deus. Eu estava morando em Humble, um subúrbio de Houston, por isso, quando eu ia à cidade para gravar meu programa de rádio, às vezes vários amigos da minha antiga igreja pediam que eu liderasse um estudo bíblico ou orasse junto com eles. Éramos três ou quatro pessoas e nos encontrávamos em diversos lares. Logo éramos seis ou oito, depois dez pessoas reunidas.

Não passou muito tempo, e alguém perguntou: "George, você acha que podemos fazer um culto na minha casa?"

"Acho que sim. Por que não? Nos seus primórdios, a igreja se encontrava nas casas das pessoas. Acho que podemos fazer isso também."

Começamos a nos reunir em caráter informal, em várias casas em Houston, e em pouco tempo o grupo de pessoas ficou grande demais para caber na maioria das casas. Acabamos comprando um terreno e um velho edifício dilapidado na parte nordeste de Houston. Eu possuía uma barraca enorme, que pretendia usar em serviços de "evangelização" ao ar livre, por isso montamos a barraca no terreno ao lado do prédio, e fazíamos cultos ali enquanto reformávamos a velha estrutura. Eu não pretendia de fato fundar uma nova igreja, mas acabamos achando que seria benéfico nos organizarmos.

Tenho sido o pastor da Church of the Lord Jesus Christ em Houston desde 1980. Embora tenha falado como evangelista para imensas multidões no mundo todo, apenas cinqüenta ou sessenta pessoas freqüentam minha igreja em um domingo típico. Para mim, é um mistério por que a igreja continua pequena.

Nossa igreja acomoda cerca de duzentas pessoas, e raramente está cheia. Mas, se sou convidado a falar em um seminário motivacional, vêm pessoas de toda parte para me ouvir. Multidões de pessoas pagavam 50 ou 100 dólares para me ver lutar boxe em *pay-per-view*, mas na minha igreja talvez tenhamos três ou quatro fiéis no domingo de manhã, e a entrada é grátis. Talvez as pessoas achem o boxe mais interessante que a Palavra Divina porque não se dão conta de qual dos dois irá durar para sempre. Mesmo assim, não permito que o tamanho da congregação afete minha decisão de dar o melhor de mim. O Senhor me preparou com antecedência para meu ministério simples.

No final de 1978, um pastor convidado falou na nossa igreja durante várias noites. Vesti meu macacão e uma camisa xadrez, e fui ouvi-lo. Quando ele estava pregando, apontou para mim e disse: "Fique de pé, meu jovem."

Eu fiquei.

"Está vendo esse macacão que você está usando?"

"Sim, senhor", respondi.

"Está vendo essa camisa xadrez?"

"Sim."

"O Senhor quer que você saiba que essa é uma imagem do ministério que você vai ter. Será um ministério muito simples. Será assim como as suas roupas, muito simples."

Um ministério simples? Isso não fazia sentido algum para mim. Eu já era famoso naquela época, pois já tinha sido medalha de ouro olímpica e campeão mundial de boxe peso-pesado. E agora ele estava me dizendo que eu teria apenas um ministério simples, como o macacão que eu estava vestindo?

> **Quando falei em San Quentin, alguns dos criminosos mais empedernidos deram ouvidos ao meu testemunho, e entregaram sua vida ao Senhor.**

Mesmo assim, as palavras proféticas daquele pastor revelaram-se verdadeiras. Meu ministério ao longo dos anos tem sido bem como ele descreveu — uma mensagem simples para as pessoas comuns. Acredito que Deus usa o número pequeno de fiéis na igreja para ajudar a manter minha humildade. Mas descobri que não é o tamanho da igreja que impressiona o Senhor. É o tamanho do coração da pessoa.

DICAS DO GEORGE SOBRE MINISTÉRIO

- Sirva fielmente no ministério que você recebeu de Deus.
- Use seu dom espiritual para erguer e fortalecer sua igreja.
- Preocupe-se em agradar a Deus, e não com o número de pessoas que vêem você servindo.

CAPÍTULO 6

Sendo otimista em um mundo de pessimismo

Quando eu era criança, uma das coisas que mais ouvia minha mãe dizendo era "Ai, meu Deus!" isto ou "Ai, meu Deus!" aquilo. Minha mãe vivia em estado constante de tensão e estresse, trabalhando noite e dia para cuidar da família.

Muitas vezes eu dizia para mim mesmo: *Um dia vou ser rico, e vou ganhar tanto dinheiro que a mãe nunca mais vai ter que dizer "Ai, meu Deus"*. Eu tinha grandes sonhos e planos. Infelizmente, estudar não fazia parte desses planos.

A escola e eu nunca combinamos. Não importava em qual escola eu estudasse — e estudei em várias já antes da adolescência — eu era reprovado em quase todas as matérias. Depois de um tempo, decidi que não era na escola que queria estar. Eu sentia o cheiro de matemática a quilômetros de distância, e fazia o possível para evitar qualquer coisa que parecesse ciências ou história. Eu odiava a escola, e não via nenhum motivo para ir lá todo dia. Só não consegui convencer minha mãe desse fato.

No entanto, virei um expert em cabular aula. Eu saía para a aula todo dia de manhã, assim como meus irmãos, mas por algum motivo eu nunca chegava à escola. Esperava um tempo para garantir que minha mãe já tinha saído para trabalhar, então eu dava meia-volta e ia para casa. Eu sabia que as portas estariam trancadas, por isso toda manhã eu deixava uma janela aberta. Eu subia pela janela, me enfiava na cama e voltava a dormir.

Depois, à tarde, eu sempre voltava para a escola antes do horário de dispensa, para parecer que eu estava saindo da escola junto com os meus amigos e irmãos.

> **Sua atitude frente às circunstâncias determina sua felicidade.**

Meu plano tinha dado certo, até um dia em que eu estava entrando de mansinho pela janela, e minha prima Rita me pegou no flagra. Rita estava hospedada com a gente enquanto procurava emprego, e normalmente não estava em casa durante o dia. Quando ela me viu subir pela janela, gritou: "George! O que você está fazendo aí?"

Fiquei tão surpreso em vê-la quanto ela estava em me ver, por isso imediatamente comecei a gaguejar, tentando inventar uma desculpa para estar entrando pela janela quando na verdade eu deveria estar na escola.

"Oh, oh! Oi, Rita. Não sabia que você estava aqui, senão teria entrado pela porta. Esqueci uma coisa... e precisei voltar para pegar."

Rita ficou parada com as mãos no quadril, olhando para mim com cara de "George Foreman, você não me engana". Após uns instantes, ela disse "Pode entrar e ir dormir, George. Não se preocupe, não vou contar para ninguém."

"Eu disse que esqueci uma coisa."

"Você sabe que você não ia para a escola", disse Rita.

"Ia sim, ora!"

"George, vá dormir. Ninguém nesta família nunca vai ser alguém na vida. Nem seus irmãos e irmãs, nem eu, e nem você também. Volte para a cama."

Eu fiquei tão furioso com Rita por ela ter lançado essa profecia agourenta de fracasso na nossa família, que saí do quarto pisando duro, e bati a porta quando saí da casa. Estava tão bravo que quase voltei para a escola!

Eu não conseguia acreditar que Rita estava desistindo de mim, e me dispensando sem nem menos uma bronca. As palavras de Rita me atormentaram durante anos, mas também me motivaram. Eu estava decidido a fazer alguma coisa da minha vida, fazer com que cada dia contasse.

Quando finalmente venci o título mundial de boxe peso-pesado, Rita estava bem ali, dizendo "Eu sempre soube que você era capaz, George!"

> Na minha mente, esse pouquinho de felicidade precisa ficar maior que a situação em que estou.

No entanto, não culpo Rita por não ter acreditado em mim naquela época, quando éramos mais jovens. A verdade é que meu relacionamento com Deus é o motivo de eu ter uma visão tão positiva da vida. Antes de encontrar Cristo, era cego. Era como um homem perambulando em um deserto, com areia soprando nos olhos. Não enxergava nada. Mas quando Jesus entrou na minha vida, ele abriu meus olhos e começou a me mostrar todas as coisas boas que eu tinha visto antes. Deus mudou meu coração e alterou o modo como eu via tudo.

Com certeza, é possível pensar positivo sem ter Jesus no coração. Mas sem ele, você nunca terá a perspectiva duradoura que ele tem sobre as questões com as quais você está lidando ou enfrentando. Para aqueles que o amam, ele prometeu transformar em algo de bom tudo o que acontecer conosco. É exatamente esse o motivo pelo qual posso ter uma atitude positiva em todas as situações.

Desde que recebi meu toque de despertar, tenho sido um eterno otimista. Quando alguma coisa ruim acontece comigo, basta lembrar daquele poço escuro — e imediatamente me dou conta de como minha vida é boa! Mesmo o pior dia na Terra é ainda muito melhor do que aquele lugar. Por mais escuras que sejam as nuvens, procuro um raio de sol em cada circunstância.

As pessoas ao meu redor até sentem minha felicidade. Quando falo de como gosto de viver, não é como se estivesse dando uma palestra. É real. Às vezes, quando me empolgo, meus filhos dizem: "Cai na real, pai."

Eu respondo: "Isto é real! A vida é um privilégio." Admito que não é fácil ser um otimista em um mundo cheio de pessimistas. Mas com certeza é divertido!

Estou convencido de que minha atitude tem tudo a ver com minha felicidade. Não são as circunstâncias que determinam nossa felicidade, mas sim nossas *atitudes* frente a essas circunstâncias. Os pessimistas só vêem as coisas ruins que acontecem, nunca as boas. Quando eles olham uma roseira, vêem os espinhos em vez das rosas. Eles reclamam daquilo que eles não têm, enquanto ignoram aquilo que têm. Eles dão mais ênfase ao que perderam, em vez de prestar atenção no que sobrou. Estão sempre falando sobre o que eles *não podem* fazer, em vez de falar no que *podem*. É por isso que eles sempre estão estressados, e nunca felizes.

ACENTUE O POSITIVO

Há uma velha canção que diz: "Você precisa acentuar o positivo e eliminar o negativo." Essa é a chave para ter um bom relacionamento com alguém. Sempre que olho para uma pessoa, acentuo o positivo que há nela, e elimino o negativo. Eu me concentro em todos os pontos positivos, e relevo os defeitos. É por isso que consigo ter bons sentimentos mesmo em relação aos meus inimigos, e parei de odiá-los. Não importa quem seja a pessoa — você geralmente pode encontrar algum motivo para dizer "Eu amo você por *isso*".

O segredo de uma atitude positiva é igual ao segredo de bons relacionamentos: acentue o positivo e elimine o negativo. Assim como busco o melhor nos outros, também aprendi a buscar o melhor nas minhas circunstâncias. O que quer que aconteça, escolho me focar no positivo e não no negativo.

Disciplinei minha mente para nem mesmo permitir que os pensamentos negativos penetrem. Se tenho algum dom especial, é o dom de não ouvir nada de negativo. Por exemplo, se meu treinador me dizia: "George, seu *jab* esquerdo está lento demais", eu não escutava aquilo. É claro que eu escutava com os ouvidos, mas meu coração e minha mente recusavam-se a deixar que aquele comentário pousasse. Mas se meu treinador vinha para mim e dizia: "George, posso mostrar um jeito de deixar seu *jab* esquerdo mais rápido", isso sim eu escutava bem! "Mostre esse jeito." Sempre ouço a frase positiva, mas treinei minha mente para rejeitar a negativa.

> Cinco milhões de dólares podiam comprar qualquer coisa — exceto a felicidade.

Por pior que seja a vida, sempre é possível achar um motivo para sorrir. Pensar negativamente não exige esforço nenhum. Parece quase uma coisa natural. Em vez de me prender a pensamentos que me entristecem, escolho pensar em coisas que me alegram. Isso não vai acontecer automaticamente, por isso faço um esforço para manter uma atitude positiva. Procuro algo em cada situação que me traga um pouco de felicidade. Depois que encontrei essa coisa que me deixa feliz, ela então precisa tornar-se maior na minha mente do que a situação em que estou. Quando olho desse modo para as circunstâncias, o positivo supera o negativo.

Não estou falando sobre negar a realidade ou viver em um mundo imaginário onde só acontecem coisas boas. Não, estou falando sobre viver neste mundo real, mas encontrando o lado bom dele. Cada situação contém um misto de bom e ruim. Assim como uma pilha tem um lado positivo e um negativo, toda situação tem um lado mais e um lado menos. Sou eu quem decide em qual parte vou me concentrar. Posso escolher se vou devotar minha atenção ao lado positivo ou ao lado negativo. As coisas que focalizo e penso vão determinar a atitude que terei naquela situação.

Todo dia, quer você perceba ou não, você está espionando o país onde vive e trabalha, procurando pelo melhor ou o pior. Sua atitude nessa hora será determinada pelo que você vê. Se você só está olhando para os problemas, vai ficar irritado, deprimido e ingrato. Mas se você procurar e encontrar algo de bom em cada situação, vai descobrir um segredo que poucas pessoas conhecem — a felicidade sempre depende de ver o lado bom das circunstâncias.

Um milionário infeliz

Antes de conhecer Deus, minha atitude era sempre a pior possível. Mesmo quando tudo estava dando certo para mim, eu não enxergava isso. E não dava valor. Quando Muhammad Ali lutou comigo pelo campeonato de peso-pesado, recebi um cheque de 5 milhões de dólares. Nenhum lutador jamais tinha sido tão bem pago na história do boxe. Era de se esperar que ser um multimilionário traria alegria instantânea à minha alma.

Mas não trouxe. Perdi aquela luta, por isso não consegui desfrutar o meu dinheiro. Eu tinha 5 milhões de dólares no banco, mas não conseguia encontrar prazer em um único centavo desse dinheiro! Eu tinha uma atitude tão negativa que não conseguia ver nada de bom na minha vida. Eu era como os espiões que Moisés enviou a Canaã para conferir a Terra Prometida, depois que o povo de Deus havia sido miraculosamente libertado da escravidão no Egito. Dez em cada doze espiões voltaram com um relatório negativo, falando sobre os gigantes que havia na terra, os obstáculos que eles teriam de enfrentar, e como eles não tinham a mínima chance. Como esses pessimistas, eu escolhia ver o pior lado da minha situação, por isso meu estômago ficava embrulhado. Minha atitude azeda me fez cair em profunda depressão, mesmo com toda a minha fortuna. Cinco milhões de dólares podiam comprar qualquer coisa — exceto a felicidade.

Toda noite eu acordava suando, revivendo o pesadelo de perder aquela luta para Ali. Em minha imaginação descontrolada, visualizava pessoas zombando de mim pelas minhas costas. Esses pensamentos infelizes torturaram minha mente durante os dois anos e meio seguintes, e não pararam até que encontrei Cristo naquele vestiário. De forma surpreendente, todos esses pesadelos e pensamentos negativos pararam de me perseguir. Ele entrou no meu coração, e trouxe paz à minha mente.

A felicidade é sempre uma questão mental. É uma perspectiva, o modo como percebo tudo o que acontece comigo. Já fui pobre com milhões de dólares. E já fui rico quando estava falido. O dinheiro não me fez feliz. É o meu relacionamento com Deus que traz a verdadeira felicidade.

Minha mãe valia mais para mim do que um milhão de dólares no banco. Eu conseguiria viver sem dinheiro, mas não conseguiria substituir minha mãe. Eu me considerava rico quando minha mãe, tias e tios ainda estavam vivos. Quando eu era menino, minha família morava em uma casa alugada, pequena e mal conservada. Quando meus primos vinham nos visitar, todo mundo tinha que dormir no chão. Na hora do jantar, as porções eram tão pequenas que nós roubá-vamos comida dos pratos uns dos outros — mas nós nos amávamos tanto. Nessa época, eu era rico de verdade e não sabia!

> **A felicidade é sempre uma questão mental.**

Quando tinha sete anos de idade, minha mãe ia me dar umas palmadas por ter desobedecido a ela. Decidi correr para escapar do castigo. Achei que pudesse correr mais que ela, e ela nunca me alcançaria.

Mas minha mãe estava bem atrás de mim, gritando: "George, vou pegar você!" Eu não sabia que ela corria tão rápido, por isso subi em uma árvore, o mais alto que consegui. Minha mãe começou a sacudir a árvore.

"Pare, mãe", implorei. "Eu vou cair!"

"George, desça daí", ela disse, continuando a sacudir a árvore.

Eu tinha muito medo de despencar daquela árvore. "Se eu cair, eu vou morrer!"

"Desça daí agora mesmo!", ela berrou, e a árvore continuou a balançar.

Desci da árvore e recebi minhas palmadas de castigo, e foi menos doloroso do que teria sido cair da árvore.

Sou rico quando penso nessas lembranças, que guardo com carinho. Ainda dou risada quando penso na minha mãe correndo atrás de mim, gritando e sacudindo a árvore. Prezo muito essa lembrança da minha mãe. (Mas não naquela época!) Quando me lembro da minha infância, vejo nossa pobre casa alugada como se fosse uma mansão. Mesmo sendo pobres financeiramente, éramos ricos em relacionamentos.

Então, se você acha que uma montanha de dinheiro vai fazer você feliz, precisa repensar essa idéia. Ouça o conselho de alguém que já foi milionário e também já foi pobre. Se Deus abençoou você financeiramente, então seja agradecido, ajude os outros, e gaste com sabedoria. Mas lembre que o dinheiro não faz a riqueza. Se a única coisa que você tem é dinheiro no banco, talvez você seja uma pessoa pobre. Por outro lado, se você conhece o amor de Deus e tem o amor da sua família e seus amigos, você é mesmo um ricaço!

NÃO DEIXE AS PESSOAS TIRAREM VOCÊ DO SÉRIO

Mais cedo ou mais tarde, você vai conhecer alguém que vai magoar você. Esse alguém vai fazer coisas para ferir você, mas não se deixe ofender. Essas pessoas geralmente não sabem o que estão fazendo. Apenas espante o pensamento ruim, mantenha uma atitude positiva, e siga em frente.

Crio cavalos no meu rancho. Às vezes, quando estou tentando ajudá-los, eles me dão coices ou pisam no meu pé. Eles não se dão conta de que eu sou a única pessoa que vai alimentá-los e tomar conta deles. Sou eu quem liga para o veterinário. Uma vez um macho me mordeu, causando um ferimento grave. Eu poderia ter vendido o cavalo depois disso. Mas percebi que ele não tinha mais ninguém para tomar conta dele.

Embora os meus cavalos sejam totalmente dependentes de mim, eles são ignorantes, não sabem que estão me machucando. Então, quando um deles tenta me dar um coice, finjo que nem percebi e continuo dando comida. Se eles realmente entendessem que aquilo me machucava, nunca mais iam querer me dar coices.

É assim que lido com pessoas que agem como meus cavalos. Podem me chutar ou pisar no meu pé, mas relevo. Muitas vezes, os filhos tratam seus pais assim. Eles não entendem que estão machucando as pessoas que os sustentam.

Quando Jesus estava sendo crucificado, ele orou: "Pai, perdoalhes, pois não sabem o que fazem."[1] O que ele quis dizer com isso? Será que as pessoas que o crucificaram não sabiam o que estavam fazendo? Em certo sentido, sim. Mas em outro sentido, não. Se eles realmente tivessem entendido que ele era o Filho de Deus (e um dia eles prestarão contas por esse ato terrível), teriam imediatamente largado os martelos e ajudado Jesus.

> Talvez, se formos gentis o bastante com os outros, eles vão escolher a direção certa e servir a Deus.

Jesus não buscou retaliação, chamando doze legiões de anjos para fulminá-los. Ele não permitiu que eles alterassem sua atitude de amor, nem interferissem na missão que ele foi mandado à Terra para cumprir. Quando estiver sendo "crucificado" por comentários ou atitudes cruéis dos outros, lembre que ele edificou um exemplo para seguirmos. Quem sabe se nós retribuirmos o mal com o bem, o ódio com o amor, se formos gentis o bastante com os outros, eles vão escolher a direção certa e servir a Deus.

COMPARE O SEU PROBLEMA COM UMA SITUAÇÃO MAIS CRÍTICA

Se você quer mudar sua atitude, pode encontrar um jeito de fazer isso, basta tentar. Uma tática que me ajuda a manter a perspectiva na vida é comparar meus problemas com os de outra pessoa. Quando comparo o meu problema com o de alguém, me lembro de como é boa minha situação. Por pior que a sua situação seja, sempre tem alguém ainda pior que você. Comparar sua situação não é para deixar você feliz com o infortúnio do outro, mas para gerar compaixão por ele, e manter os seus próprios problemas em perspectiva. Você também pode comparar sua dificuldade com uma crise do passado que você já superou na sua própria vida.

Vários anos depois de ter me aposentado do boxe pela primeira vez, perdi tudo o que tinha em maus investimentos. Quando estava próximo à falência, falei com meus contadores, que me disseram que a coisa estava preta. Eu sabia que precisava encontrar um jeito de manter minha atitude nos eixos.

Senti um impulso de ir de carro até meu antigo bairro em Houston. Nós mudávamos de casa com freqüência quando eu era criança, por isso fui a todas as casas onde já tinha morado. Fiquei sentado ali, vestindo meu terno chique, olhando cada uma das casas e rememorando a pobreza em que fui criado.

Lembro-me de ter mudado para uma casa onde os inquilinos anteriores não tinham mandado desligar a eletricidade. Quando mexemos no interruptor, ficamos assustados com a luz que se acendeu. Fiquei muito empolgado por haver luz na nossa casa, pois em várias épocas nossa família viveu sem eletricidade.

Fascinado, fiquei ligando e desligando a lâmpada até ela queimar. Éramos tão pobres que nem tínhamos outra lâmpada para substituir. Quando conseguimos arranjar uma lâmpada emprestada, a eletricidade tinha sido cortada, e ainda não tínhamos luz. Isso sim é pobreza!

Nós éramos tão pobres que minha mãe tinha que decidir o que era mais necessário — gás ou eletricidade. Ela não tinha dinheiro para ter os dois ao mesmo tempo. No inverno, ela pagava o gás, por isso não tínhamos eletricidade. No verão, ela mandava ligar a eletricidade, por isso não tínhamos gás. Às vezes, não tínhamos gás nem eletricidade. Tendo isso em mente, imagine ficar deprimido porque você perdeu o seu milhão de dólares!

Mesmo tendo perdido todos os investimentos, eu ainda não tinha caído àquele estágio de pobreza. Eu ainda possuía minha casa em Humble, Texas. Eu ainda tinha eletricidade e gás, e várias lâmpadas. De repente, meu espírito recebeu uma injeção de ânimo. Retomei a perspectiva das coisas, comparando minha crise atual com uma situação mais crítica. Lembrar que minha mãe não tinha dinheiro nem para comprar uma lâmpada me fez perceber que minha situação atual não era tão ruim, afinal. Eu superaria essa crise, assim como tinha sobrevivido à minha infância.

Você pode fazer o mesmo. Faça uma pausa para pensar em um problema maior. Compare o seu dilema com uma situação pior, e você vai se dar conta de como a sua situação é boa. A atitude é determinada pelo modo como você mede as coisas, e sempre vai melhorar se você olhar com atenção as boas coisas que tem.

PUXE OS OUTROS PARA CIMA

Quando você tiver percebido como o otimismo levanta o seu espírito, vai querer que os outros também vejam as situações deles sob uma luz positiva. Conheço muitas pessoas que acham que o mundo é um lugar ruim. Elas se vêem como vítimas, e culpam todo mundo por causar os problemas delas. É difícil ajudar pessoas que não estão dispostas a mudar de idéia.

Mas muitas outras foram derrubadas em tempos difíceis, e precisam de alguém para apontar a saída. Algumas caíram em um poço de depressão. Estão desmotivadas, e precisam desesperadamente de alguém que as incentive. Elas não conseguem enxergar todas as bênçãos que têm, mas você consegue. Aponte as coisas boas que elas não estão vendo. Use sua força para ajudar os mais fracos.

> Compare o seu dilema com um problema maior, e você vai se dar conta de como sua situação é boa.

Se um homem está em um buraco, preciso estar *acima* da situação para puxá-lo para fora. Não preciso pular dentro do poço com ele, mas posso jogar uma corda. Posso gritar: "Ei! Olhe aqui em cima!" Quando ele olha para cima, pode ter esperança de sair do poço. As pessoas precisam saber que, se estiverem dispostas a "olhar para cima" e ver Deus, ele pode mudar o modo como elas vêem a vida.

Quando minha mãe faleceu, fui ao cemitério sozinho, e lá me debulhei em lágrimas. Minha mulher, que estava sentada no carro a centenas de metros de distância, gritou para mim: "George, você está bem?"

Eu queria dizer: "Escute o meu choro. Você não está vendo que estou sentindo dor?" Mas eu sabia que minha mulher e filhos estavam prestes a cair no poço da tristeza, junto com meus irmãos e irmãs. Quem iria puxá-los para fora?

Naquele instante, tomei a decisão de deixar o choro e a tristeza para trás. Quando minha esposa veio até mim, não fazia idéia do quanto eu tinha sofrido. Foi um desafio manter a compostura quando eu sentia vontade de desmoronar, querendo que todos tivessem pena de mim e me dessem tapinhas nas costas dizendo: "Vai ficar tudo bem, George." Mas eu sabia que, se eu caísse no buraco da tristeza, provavelmente puxaria o resto da família para dentro junto comigo.

> **Conduza os seus pensamentos, em vez de deixar que eles conduzam você.**

Quem nos puxaria para fora? Não seria o diretor do funeral. Eu queria ser a pessoa que jogaria a corda para resgatar minha família.

Em vez de deixar que o funeral fosse uma sessão deprimente de luto, decidi mudar o clima e fazer dele uma celebração da vida da minha mãe. Por um ato de vontade, mudei minha mentalidade para enfocar o lado positivo. Os funerais têm um lado negativo e um positivo para nós que somos fiéis. O lado negativo é que nosso ente querido não está mais conosco. O lado positivo? A pessoa que partiu para estar com o Senhor estará finalmente em casa, na presença de Deus, e faremos uma grande reunião quando nos encontrarmos um dia. Ministrei uma mensagem no funeral da minha mãe, para que todos pudessem ver o lado positivo da morte da minha mãe, e não o negativo.

"Vamos contar boas histórias sobre a mãe", eu disse. "Vamos rir juntos e lembrar os tempos felizes que passamos com ela. A mãe está no céu, e ia querer que comemorássemos!"

Quando tive minha experiência com a morte em 1977, meu maior arrependimento foi não ter dito adeus a minha mãe. Depois que Deus devolveu minha vida para mim, passei muitos anos mostrando meu amor e apreciação pela mulher que me trouxe a este mundo, e que me alimentou e incentivou incondicionalmente. Quando me tornei um pastor, minha mãe juntou-se à minha igreja e aproximou-se do Senhor. Ela não me via apenas como filho, mas também como seu pastor. Ela dizia: "Você é meu pastor agora. Você foi um filho tão bom para mim." Quando chegou a hora dela, ela foi estar com o Senhor.

Deus tinha me concedido o desejo do meu coração — ter mais tempo para apreciar minha mãe e dizer adeus a ela. Pensei: *Agora, como eu devo reagir a isto? Devo cair no buraco ou celebrar a vida dela?* Conduzi o funeral com alegria, e o sentimento caloroso se espalhou entre todos. Nós sentiríamos sua falta, mas saber que ela estava com o Senhor permitiu que celebrássemos a vida dela.

CONTROLE SEUS PENSAMENTOS

Ouvi uma história sobre uma garotinha que um dia chorava e reclamava de tudo. No dia seguinte, ela estava alegre e gentil com todo mundo.

A mãe dela disse: "Ontem você tinha uma atitude tão ruim. Hoje está tão feliz. O que aconteceu?"

A garotinha respondeu: "Ontem meus pensamentos me carregaram. Hoje sou eu que estou carregando eles!"

Gosto dessa atitude! Esse é o segredo do otimismo — conduza os seus pensamentos, em vez de deixar que eles conduzam você. Tome a decisão de pensar sobre o que é bom. Assuma o controle dos seus pensamentos, e decida que, aconteça o que acontecer, você irá manter a alegria. É você quem decide. Se você quer ser feliz, pode ser feliz.

Um homem queria tirar uma foto comigo. Quando eu estava fazendo pose, a pessoa que estava com a câmera disse: "Vamos, George. Ponha um sorriso *verdadeiro* no rosto."

O fotógrafo achou que eu estava apenas fingindo meu grande sorriso para a foto.

Meu filho ouviu o comentário e respondeu: "Ponha um sorriso no rosto? Mas o que ele não sabe é justamente parar de sorrir!"

Se você tem alegria no seu coração, isso irá transparecer no seu rosto. Você também pode fazer um "levantamento facial", só precisa se concentrar nos pensamentos que deixam você feliz.

Isso dá muito o que pensar.

DICAS DE GEORGE SOBRE O OTIMISMO

- Acentue o positivo e elimine o negativo.
- Procure em cada situação alguma coisa que traga um pouco de felicidade.
- Compare o seu problema com uma situação mais crítica.
- Ajude os outros a saírem do poço.
- Conduza os seus pensamentos, em vez de deixar que eles conduzam você.

Aprecie
o hoje

Floresça no lugar onde você foi plantado. Jogue com as cartas que você tirou. Nenhum momento é melhor que agora! Hoje é o melhor dia que existe. Todas essas frases estão dizendo basicamente a mesma coisa: *Aprecie o hoje.* Esse é um dos segredos mais importantes para o meu sucesso e felicidade pessoal; aprecio um dia de cada vez. Percebo que não poderei recuperar esses dias depois que eles passarem, por isso não mais sonho em estar em outra época ou em um lugar diferente. Satisfação, contentamento, paz e alegria não são uma coisa que vou ter no futuro, mas o que tenho agora mesmo. O segredo é aprender a apreciar.

Embora saibamos que o único momento em que realmente podemos viver é o presente, nossa mente pode tender a divagar para outras épocas. Talvez você fique sempre lembrando algo que aconteceu com você dez anos atrás. Ou está o tempo todo preocupado com o que *pode* acontecer com você daqui a cinco anos. Ficar preocupado com o passado ou o futuro pode nos fazer perder a emocionante aventura de aproveitar o hoje.

Quando eu lutava boxe, viajava para diversos países. A maioria das pessoas teria adorado visitar todos os lugares aonde fui. Mas estava tão obcecado em conseguir um nocaute no ringue, que não prestava atenção à maioria dos lugares e paisagens fascinantes que havia nesses países que visitei.

A Jamaica, por exemplo, tem algumas das paisagens, águas e praias mais belas do mundo. Por mais estranho que pareça, quando eu fui lá, nem soube que a água era azul. Nunca vi. A água caribenha ao redor da Jamaica é tão fascinante, quentinha e convidativa, e eu nem mesmo coloquei o pé! Minha mente estava em outro mundo, por isso eu deixava passar o mundo onde vivia.

Então, depois que a luta de boxe acabava, eu simplesmente entrava em um avião e voltava para os Estados Unidos. Não me dei ao trabalho de passear na ilha, conhecer as pessoas bonitas e charmosas que fazem da Jamaica um lugar tão especial. Eu mal olhei ao redor enquanto estive ali, muito menos desacelerei o passo por tempo suficiente para aproveitar o lugar onde eu estava trabalhando. Anos depois, eu estava falando com um amigo e mencionei casualmente para ele que eu tinha lutado na Jamaica.

"Oh, adoro as praias da Jamaica", ele disse. "É a água mais bonita do mundo."

"É mesmo?", eu perguntei.

Ele me encarou descrente, achando que estava de brincadeira.

Eu me arrependi de não ter visto a água. Eu estava lá, e nem prestei atenção. *Por que eu não aproveitei a Jamaica enquanto estava lá?* Porque eu ainda não tinha aprendido o segredo de aproveitar cada dia pelo que ele é.

Do mesmo modo, já comi em alguns dos restaurantes mais fabulosos do mundo, com chefs gourmets preparando refeições fantásticas. E mesmo assim, muitas vezes quando eu ia jantar em um restaurante chique, deixava de aproveitar o prazer da refeição ou a companhia agradável dos meus amigos, porque ficava me preocupando com a luta da semana que vem. A comida deliciosa passava direto pelas minhas papilas gustativas sem que eu conscientemente sentisse o sabor. Já aconteceu de você terminar uma refeição e mal conseguir lembrar o que acabou de comer? Sua mente estava em outro lugar. Foi assim que eu fiz minhas refeições durante anos.

Meu modo de pensar mudou completamente depois que conheci Deus. Ele me mostrou que, se eu quisesse aproveitar meu tempo na Terra, eu precisava viver de uma maneira diferente. Decidi que não ia mais cometer os mesmos erros que tinha cometido na minha primeira existência. Agora eu ia extrair o máximo de cada dia, um dia de cada vez.

> Aprecie um dia de cada vez. Você não poderá recuperar estes dias depois que eles passarem.

Quando estava retornando ao boxe, tive uma oportunidade de lutar em Las Vegas. Eu já tinha lutado lá, quando não estava vivendo na luz, e tinha ficado obcecado demais com o boxe para aproveitar qualquer coisa que estivesse fora da avenida Las Vegas Strip. Durante todos os meus anos de boxe, nunca tinha ido ver as paisagens, em nenhum dos lugares onde lutava. Aprendi a lição. Desta vez, decidi que sairia da cidade para explorar a paisagem incrível da região.

Eu dirigi até a Represa Hoover, e vi os carneiros nas colinas. Fiquei parado ali, por tempo suficiente para me deleitar com a vista desses animais na escarpa da montanha. Era um mundo que nunca tinha visto antes. Quando finalmente cheguei à Represa Hoover, fiquei impressionado com aquela estrutura massiva que levou 21 mil homens e cinco anos para construir. Aproveitei cada instante daquele dia. Prazeres tão simples, mas que eu sempre tinha deixado passar.

Aquela viagem foi um ponto decisivo para mim. Decidi que iria aproveitar cada instante de cada dia. Não ia ficar tão alucinado por causa de uma luta de boxe, nem por causa de mais nada, aliás, que me fizesse deixar de aproveitar a vida. Daquele dia em diante, eu estava determinado a viver um dia por vez, pois tinha aprendido minha lição: Hoje é o melhor dia que existe. Nenhum momento será melhor que agora, por isso quero apreciar o hoje.

VIVENDO NO PASSADO

Ontem não existe mais, exceto na memória. É ótimo rememorar *boas* memórias do passado. Mas o principal motivo de ser uma boa memória é porque foi agradável quando era "hoje". Por isso, aprender a apreciar o hoje tem duas vantagens: gera felicidade agora, e vira uma boa memória depois.

Embora seja divertido revistar lembranças, nunca esqueço que o passado é o que é — só passado! Recuso-me a ficar aprisionado lá. Nostalgia é pensar que ontem era melhor que hoje. Mas se eu ficar muito tempo relembrando os "bons e velhos tempos", não vou aproveitar a alegria de hoje. Não quero ficar sentado pensando sobre como a vida era boa. Gosto de pensar sobre como a vida é boa agora.

Muitas pessoas têm memórias ruins do passado, que elas deixam envenenar os relacionamentos presentes e futuros. Já me sentei ao lado de várias pessoas e ouvi elas contarem suas histórias, e notei uma tendência comum: a maioria delas odeia alguma coisa ou alguém no passado. Estão bravas com o que aconteceu, ou se arrependem de deixar passar uma oportunidade. Algumas ainda estão bravas com uma pessoa que está morta há décadas. Viver no passado as impede de aproveitar o presente.

Se há um exercício que aprendi a praticar, é a arte de largar mão. Decidi que o único momento em que posso aproveitar a vida é agora. Logo meus filhos serão adultos, por isso preciso apreciá-los todo dia, agora, enquanto posso. Hoje é o único dia em que posso sentir o perfume das flores e ouvir o canto dos pássaros. O único tempo em que posso tomar a decisão certa ou fazer algo de bom para alguém é o presente.

Uma vez, levei minha família a nossa casa de campo. Acordei minhas filhas cedo e disse: "É hora de ver o sol nascer."

Ela disseram: "Ai, pai. Por quê? É um dia que nem qualquer outro."

Mas eu estava irredutível. Elas saíram da cama ainda meio adormecidas, e fomos lá fora ver o sol nascer. Eu queria ensinar a elas uma

lição importante sobre como viver, e esperava que elas lembrassem para o resto
de sua vida. Quando o sol despontou por
cima do horizonte, eu disse a elas: "Esta
é uma alvorada novinha em folha. Você
nunca viu isto antes. Quero que vocês en-
tendam que todo dia é *novo*. É cheio de
oportunidades. Vocês não estão presas no

> **Apreciar o hoje
> tem duas vantagens:
> gera felicidade
> agora, e torna-se
> uma boa
> memória depois.**

ontem. Apreciem o hoje e aproveitem o melhor possível."

Elas bocejaram e voltaram para a cama, mas hoje elas ainda se
lembram da minha mensagem.

Deus é misericordioso, e sempre nos concederá um recomeço se
estivermos realmente dispostos a mudar. Quero aprender com meus
erros, e não cometê-los de novo. Mas quando já aprendi o que o bom
Senhor quer que eu faça com essas experiências passadas, coloco todas
elas no passado. Cada novo dia traz um recomeço, e é nisso que quero
centrar minha atenção. Não quero perder o novo amanhecer.

FAST-FORWARD PARA O FUTURO

Algumas pessoas evitam viver no passado, mas se atrapalham tentando viver no futuro, talvez vivendo em uma fantasia que criaram ou
em um sonho ao qual se prendem, mas não estão fazendo nada para
realizar. Essas pessoas estão pensando para a frente e não para trás,
sempre vivendo em "algum dia" em vez de hoje. Todos precisamos
fazer planos para o futuro, mas ninguém precisa morar lá. Hoje é o
único dia que temos na verdade. Pessoas mais jovens muitas vezes
ficam ansiosas demais para que chegue o futuro. Elas anseiam pelo
dia em que vão tirar habilitação de motorista, se formar na escola, ou
casar. Elas não podem esperar para atingir suas metas de carreira, e
enquanto isso, deixam passar as oportunidades e experiências valiosas
que só estão disponíveis hoje.

Talvez sua mente esteja emperrada em modo *fast-forward*. Você
não gosta do seu trabalho, e todo dia sonha com as férias, quando

você finalmente poderá relaxar. Mas então, quando chega o grande dia, você não consegue aproveitar. Durante todas as suas férias, você fica pensando sobre todo o trabalho que vai ter que fazer quando voltar! Sua mente está presa em *fast-forward*.

Enquanto a ansiedade não consegue esperar o futuro e quer que o tempo se apresse, a preocupação espera que aconteça o pior, e teme o futuro. Ambas as atitudes vão impedir que você aproveite a vida agora. Hoje é o melhor dia que existe, não amanhã. Enumere as coisas boas que você tem agora. A vida é feita para ser vivida no presente.

Para mim, preocupar-se com o futuro é na verdade uma questão de confiança. Se não estou confiando meu amanhã a Deus, vou ficar preocupado. O Salmo 23 diz que o Senhor é meu pastor, e nada me faltará. Se o Senhor é meu pastor, não preciso me preocupar com o futuro e com os resultados de tudo.

> **Deus é misericordioso, e sempre nos concederá um recomeço.**

O salmo continua: "Felicidade e amor me seguirão todos os dias da minha vida."[1] Deus promete que o bem e o perdão *me seguirão* durante minha vida inteira. Quando eu era adolescente, era a polícia que sempre me seguia! Mas agora o bem e o perdão me seguem; isso significa que tudo dará certo, e não preciso me preocupar.

Em vez de me preocupar, entrego meus receios ao Senhor em oração. Deus me convida a depositar nele todas as minhas preocupações, pois ele se importa com aquilo que estou enfrentando. Como transfiro meus problemas para Deus? Do mesmo modo como jogo uma bola para alguém preciso soltá-la. Solto minha preocupação, e a arremesso nas mãos de Deus.

O amanhã chegará em breve e, quando chegar, vou chamá-lo de "hoje". Se eu ficar ansiando pelo amanhã com impaciência, vou estragar a felicidade de hoje.

Se estou planejando umas férias, tento aproveitar todos os momentos da viagem — os preparativos, o caminho, e o tempo que passo no lugar quando a oportunidade chega, mas não deixo minha mente ficar presa em *fast-forward*. Quando chegar o dia de me aposentar, vou apreciar esse dia — embora não tenha planos de jamais me aposentar de verdade — mas não planejo parar de trabalhar até esse dia. Tento viver um dia por vez, aproveitando cada instante, sabendo que nunca posso recuperar esse instante. É por isso que vou aproveitar agora.

PÃO DE CADA DIA, NÃO PÃO DE CADA ANO

Você já se perguntou por que Jesus nos ensinou a orar: "O pão nosso de cada dia nos dai hoje"?[2] É chamado pão de cada *dia* porque Deus quer que vivamos um dia por vez. Ele não nos instruiu a orar pelo pão de cada ano.

> **É chamado pão de cada dia porque Deus quer que vivamos um dia por vez.**

Os israelitas caminharam pelo deserto durante quarenta anos. Eles sobreviveram porque todo dia Deus lhes enviava um pão chamado maná. Todo dia esse pão granuloso aparecia milagrosamente, parecendo uma espécie de geada no chão. Deus instruiu seu povo a coletar apenas o suficiente para um dia. Se eles tentassem pegar mais, o pão iria estragar e não seria mais comestível.

Para mim, a lição é que Deus quer que eu confie *nele* diariamente. O pão representa o que ele oferece, tudo aquilo de que precisamos para viver hoje. Quando tentamos viver mais de um dia por vez, a vida fica dura, porque estamos carregando as preocupações e os pesos do passado ou do futuro, enquanto tentamos lidar com o presente.

Em 24 horas, hoje será ontem, e não há nada a ser feito para impedir. Amanhã nem mesmo existe, por isso de nada vale se preocupar com ele. Mas posso fazer alguma coisa hoje, agora. Decidi que vou aproveitar! Vou usar o dia em honra de Deus; vou vivê-lo plenamente! Posso *aprender* com o ontem, e posso *visar* ao amanhã. Mas posso apenas *viver* no hoje.

É assim que aproveito a vida ao máximo, apreciando cada momento que Deus me deu hoje.

Dicas de George sobre aproveitar o hoje

- Não fique preocupado com o passado nem com o futuro.
- Peça a Deus que perdoe os seus pecados, e confie que ele perdoou.
- Aprecie e desfrute cada instante.
- Celebre e alegre-se hoje.

Capítulo 8

Deus irá guiar os seus passos

Imagine tentar encontrar a casa do Bob em Nova York, mas sem mapa nem endereço. Você ficaria muito frustrado se tivesse que ir batendo de porta em porta na cidade inteira, perguntando se o Bob mora lá. Seria muito mais fácil se você tivesse um endereço e um mapa para poder descobrir como chegar à casa dele.

Muitas pessoas caminham à deriva na vida, sem saber que Deus já mapeou o melhor caminho para elas. Elas não têm um propósito na vida, por isso não sabem por que estão aqui na Terra. Sem um destino em mente, elas não sabem aonde estão indo. Por conseqüência, elas vêem a vida como um passeio, onde o único objetivo é se divertir até que elas acabem se arrebentando ou entrem em pane. Mas o passeio nunca é tão divertido quanto elas pensam.

Acredito que Deus tenha um plano para todos nós, incluindo você e eu. Ele colocou você na Terra por um motivo, mas você não irá descobri-lo enquanto não voltar os olhos para ele. Eu agora percebo que ele sempre teve um plano para minha vida, mesmo antes de eu saber que ele existia. Passei meus anos de juventude evitando Deus. Eu não estava pronto para aceitar o que ele queria fazer com a minha vida. Eu queria ser o campeão mundial de boxe e ganhar um montão de dinheiro. Então ele me deixou continuar o meu passeio descompromissado, até que finalmente me acidentei aos 28 anos de idade.

Quando cheguei ao topo do mundo do boxe, cheguei ao fundo do poço ao mesmo tempo. Tinha tudo, mas não tinha nada. A vida não fazia sentido para mim. Estava totalmente vazio. Desesperado, gritei: "Deus, se você é real, talvez possa me usar para alguma coisa maior que ser um boxeador." Foi a oração que ele estava esperando para ouvir.

> **Como um cavalo que foi domesticado, o bom Senhor pôde me guiar para onde ele queria que eu fosse.**

Era como se Deus tivesse dito: "George, você está pronto para ver meu plano agora?" Jesus entrou na minha vida naquele vestiário em Porto Rico, e minha vida nunca mais foi a mesma. O plano de Deus de me usar para algo maior que um boxeador superou os meus sonhos mais incríveis.

Desde aquela época, já fui marido, pai, pastor, evangelista, campeão peso-pesado pela segunda vez, ator, escritor, comentador televisivo, garoto-propaganda, porta-voz empresarial e empresário. E estou só começando!

Deus também quer usar você de maneiras que você nem pode imaginar. Embora talvez você não seja chamado para fazer todas as coisas que eu estou fazendo, tenha certeza de que Deus tem um plano maravilhoso para você, que lhe trará paz e satisfação. No entanto, você não pode ao mesmo tempo seguir o seu caminho e o caminho dele. Para descobrir o plano dele, você precisa entregar sua vida a ele e deixar que ele assuma o controle da direção.

ESTEJA DISPOSTO A SEGUIR

A princípio, eu não queria nada com o plano que Deus tinha para minha vida. Antes de eu conhecer Deus, achava que sabia o melhor jeito de tocar minha vida, por isso fazia o que me agradava. Era como um cavalo selvagem sendo amansado — dando pinotes e coices, tentando derrubar o cavaleiro e gritando: "Quero fazer do *meu* jeito."

Então Deus permitiu que eu fizesse do meu jeito, enquanto pacientemente esperava que eu chegasse ao ponto de desespero. Ele esperou que eu dissesse: "Senhor, não posso mais. Arruinei minha vida porque tenho vivido sem nenhuma prudência. Será que o Senhor pode por favor tomar as rédeas?" Eu tive que chegar ao ponto onde eu estava farto do jeito como tinha vivido.

Eu tinha que chegar ao lugar onde parei de dar coices em Deus, e acabei me rendendo ao que ele quisesse fazer comigo. E então, assim como um cavalo que foi domesticado, o bom Senhor pôde me guiar para aonde ele queria que eu fosse, pois finalmente parei de resistir.

Esse é o lugar chamado de "mansidão". Quando cheguei ao ponto de redenção, estava pronto para que o Grande Treinador operasse sobre mim e me ajudasse a chegar ao meu novo destino. Eu era como aquele garanhão selvagem que, com firmeza porém com amor, foi amansado por um treinador experiente. Eu agora responderia de bom grado à voz do Mestre, seguindo a orientação dele.

Após minha conversão, eu poderia ter continuado a lutar boxe. Isso teria sido fácil, pois lutar no ringue era só o que eu sabia fazer. Qualquer outro trabalho me fazia sentir como um peixe fora d'água. Eu era bom em lutar boxe, e aquele era o lugar mais coerente onde eu parecia me encaixar.

Recebi vários telefonemas de pessoas que queriam agendar lutas muito bem pagas para mim. Alguns meses após minha derrota para Jimmy Young, Ken Norton tinha vencido Young, por isso Gil Clancy me ligou e propôs que eu enfrentasse Norton. Recusei.

"Gil, não vou mais lutar boxe."

"O quê?", ele disse, incrédulo. "E se a mídia ficar sabendo disso?"

"Pode contar isso à mídia. Para mim, chega de boxe."

Telefonei para Ralph Cooper, um jornalista esportivo e apresentador de rádio em Houston. Contei a ele o que tinha acontecido comigo no vestiário. "Quero fazer um anúncio no seu programa de rádio.

Não vou mais lutar boxe. Estou me aposentando." Levei a público a notícia da minha aposentadoria, para que os promotores parassem de me telefonar.

O boxe não era o que Deus queria que eu fizesse naquela época. Eu não entendia por que mas, de algum modo, no fundo sabia que tinha que estar disposto a abrir mão de meu plano para receber o plano dele. Quando entreguei minha vida ao Senhor, ele expurgou toda a minha vontade de lutar. Eu era incapaz até mesmo de fechar o punho para acertar um saco de areia.

Depois que larguei o boxe, não fazia a mínima idéia do que ia fazer agora. O que faz um boxeador depois da vida no ringue? A única coisa que eu sabia era que estava disposto a seguir o plano de Deus, aonde quer que ele me levasse. Para minha surpresa, dez anos depois, Deus me guiaria de volta para o boxe, e eu seria campeão mundial outra vez! Depois conto mais sobre isso, mas, por enquanto, meu maior desafio era dar o próximo passo de obediência que o Senhor exigia de mim, e isso significava me afastar do boxe.

A MAIOR CHAMA NO SEU CORAÇÃO

A vida é uma jornada para um lugar aonde nunca fomos antes. Nem sempre veremos o dedo de Deus apontando na direção em que precisamos ir. Talvez não vejamos uma placa de trânsito dizendo "Parabéns. Você está na estrada certa!" Nós não sabemos o que o futuro reserva, por isso como podemos avançar com a certeza de que estamos indo no caminho certo? E como vamos saber que Deus está nos guiando de acordo com o plano dele? Só o que podemos fazer é obedecer à Palavra Divina e à voz dele falando ao nosso coração, mente e consciência.

Desde o primeiro momento em que depositei minha confiança em Deus, ele me guiou, colocando os desejos dele no meu coração. Estou rodeado pela vontade de Deus, por isso ele põe o "fogo no meu coração", para que eu queira o que ele quer. Sempre sei a direção certa porque sigo a maior chama dentro do meu coração. Com certeza, eu também tenho diversas chamas pequenas queimando dentro de mim, mas aprendi a seguir a chama maior. É a paixão de Deus dentro de mim, me atraindo a descobrir o que ele deseja.

Uma pequena tremulação da chama no meu coração dizia: "Vá ganhar dinheiro com boxe." Outras chamas diziam: "E a sua fama? E suas viagens? E sua carreira na televisão?" Todas essas eram chamas pequenas. Mas a maior chama que ardia no meu coração era servir a Deus. Como? Eu ainda não sabia. Ironicamente, a maior chama era a mais incerta de todas!

Um verso do hino *His Eye is on the Sparrow* diz: "Embora ele guie meu caminho, *só um passo eu posso ver.*"[1] Eu só tinha luz suficiente para dar um passo. Já que não sabia aonde estava indo, tinha que dar o primeiro passo na fé. Aquele pequeno passo foi também o maior passo que já dei na minha vida. Era em uma nova direção, mas era a maior chama dentro do meu coração, por isso a segui. Eu tinha que dar um passo por vez na direção para onde meu coração me puxava. O que brilhar com mais ardor no meu coração — essa é a luz que sigo. Essa é a estrada que tomo.

Quando as coisas estão confusas, sei que Deus nunca me levará a fazer nada que contradiga a Bíblia, que é meu mapa rodoviário na jornada da vida. Admito que nunca tive verdadeiro interesse em ler a Palavra de Deus antes de encontrar Jesus. Quando era menino, minha mãe mandava ler a Bíblia porque faria de mim uma pessoa melhor. Eu só olhava as figuras e fechava o livro. Palavras como "louvai" e "estivésseis" não faziam sentido para mim.

Em 1974, antes de eu ir à África para enfrentar Muhammad Ali, um amigo me deu uma Bíblia para levar junto na viagem. Ele disse: "George, guarde isto com você para dar sorte." Eu achava que a Bíblia era apenas um manual de pastores de ovelha, provavelmente porque o único verso que eu sabia era "o Senhor é meu pastor". Mas sorte era algo que eu queria sempre, por isso carreguei aquela Bíblia comigo. Eu tinha moedas da sorte e amuletos, e acrescentei a Bíblia "da sorte" à minha coleção de objetos supersticiosos. Depois que perdi a luta, joguei a Bíblia fora. Nunca nem abri o livro. Pensei: *A Bíblia não me ajudou a vencer, então por que preciso dela?* Achei que a simples posse da Bíblia já me daria poder; não percebi que precisava ler aquelas páginas e acreditar no que diziam.

Desde então, passei a ver a Bíblia como meu mapa rodoviário, não um amuleto da sorte. É como uma luz que brilha no caminho certo, e nunca me levou pela estrada errada. Ela me ajudou a tomar decisões, principalmente depois que li os livros de Salmos e Provérbios, que são guias extremamente práticos. Quando li os ensinamentos de Jesus, aprendi o jeito certo de tratar as pessoas. Às vezes encontro exemplos na Bíblia de pessoas que têm de enfrentar decisões semelhantes às que precisei tomar.

Ao seguir as instruções de Deus, consegui tomar decisões sábias. As portas da oportunidade que ele quer que eu atravesse sempre se abriram de acordo com o tempo dele. Mas também aprendi a não atravessar qualquer porta só porque está aberta. Nem toda oportunidade vem de Deus. Mas se eu estiver na pista certa, ele abrirá algumas portas para mim e fechará outras. Se eu estiver em sintonia com Deus, vou ouvir a voz dele na minha mente e consciência, e lá no fundo vou saber qual oportunidade é a certa.

A vontade de Deus para a minha vida geralmente se confirma por três fatores: o desejo do meu coração, a concordância com a Palavra de Deus, e uma porta aberta de oportunidade. Se essas três coisas estão em harmonia, vejo isso como uma boa confirmação de que estou indo na direção certa. A Bíblia também me incentiva a buscar conselheiros sábios. Se eu andar junto com os sábios, me tornarei sábio também.

ESCOLHA OS CONSELHEIROS CERTOS

Muitas vezes, Deus me guia através do conselho de pessoas sábias. Por mais que eu mantenha a mente aberta, me recuso a receber qualquer conselho, de qualquer pessoa, que vá contra a Palavra de Deus. Analiso cuidadosamente o conselho que recebo, então o descarto se ele não está em concordância com a Bíblia. Nunca sigo uma sugestão que aponte no caminho errado. Uma das minhas passagens favoritas das Escrituras é o Salmo 1. O primeiro verso do livro dos Salmos diz: "Feliz é o homem que não vai ao conselho dos ímpios, nem pára no caminho dos pecadores, nem se assenta na roda dos zombadores."[2] Descobri que Deus me abençoa quando dou ouvidos aos conselhos dos justos, e ignoro os que não são.

Antes de me tornar um fiel, segui alguns maus conselhos espirituais. Nos anos 1960, a capa da revista *Time* fazia a seguinte pergunta: "Deus está morto?" Eu não tinha lido a Bíblia, mas li aquele artigo de revista; pior ainda, acreditei nele.

Eu concluí: *Hmmm. Então foi isso que aconteceu com Deus. Ele morreu!*

Aceitei aquela conclusão, por isso me convenci de que Deus não mais podia atender às orações. Afinal, ele estava morto! Não é de se surpreender que, quando orei para meu sobrinho em dezembro de 1976, eu disse: "Se existe um Deus, e se você realmente está aí em cima como eles dizem, e se você pode ajudar as pessoas...." Aquela foi a única vez em que tentei entrar em contato com ele em todos aqueles anos. Afinal, por que alguém iria querer orar para um Deus morto?

> A maior chama que ardia no meu coração era servir a Deus.

Além disso, meus amigos me disseram para ficar longe da religião. Um dos homens que viajavam comigo disse: "George, você precisa tomar cuidado com a religião. Essas pessoas de igreja são do mal. Você pode acabar se envolvendo com umas loucuras." Anteriormente ele tinha trabalhado para o cantor conhecido como Little Richard.

"Little Richard está maluco", ele disse. "Ele falou para todo mundo que encontrou a religião. Ele rompeu todos os contratos de gravação, e entrou para a religião. Ele perdeu tudo. Esses religiosos vão mandar você fazer isso."

Embora meus amigos provavelmente tivessem boas intenções, o conselho deles me afastou ainda mais de Deus. Esse foi meu grande erro, e eu não deveria ter permitido que ele acontecesse, mas permiti. Sempre haverá charlatães e hipócritas envolvidos na religião, mas isso não significa que Jesus não é real. Além disso, eu não precisava de religião; eu precisava de Deus.

Mais tarde, escolhi os conselheiros financeiros errados para investir meu dinheiro, e foi por isso que perdi tudo. Ganhei muito dinheiro durante minha carreira de boxe. Mas infelizmente perdi a maior parte, porque tomei decisões pouco sábias a respeito do meu dinheiro, e dei atenção aos conselhos errados na questão financeira. Quase todos os jovens atletas confiam em seus agentes ou assessores financeiros. Já que a mãe e o pai não estão mais ali para ajudá-los a tomar decisões, eles assumem: *O agente e os promotores vão tomar conta de mim.* Eu também pensava assim.

Um dos meus assessores financeiros disse: "Ei, George, temos este rancho de gado no Colorado, como oportunidade de investimento para você. Você aplica 800 mil dólares, e vai estar garantido para a vida inteira." Outro disse: "Você não pode lutar boxe para sempre, George. Este investimento nos poços de gás na Louisiana vai sustentar você depois que a sua carreira estiver no fim."

Pouco tempo depois de ter investido meu dinheiro, descobri que o rancho de gado no Colorado e os poços de gás na Louisiana não existiam. Um dos meus agentes roubou dinheiro da minha conta bancária. Foi uma coisa atrás da outra. Confiei em todas essas pessoas, e todos os negócios em que eles me mandaram investir foram à falência ou eram fraudulentos.

Alguns anos mais tarde, depois de já ter me tornado pastor, um contador que tinha arruinado parte dos meus investimentos veio me visitar para pedir desculpas por ter perdido meu dinheiro. Ele trouxe um grandalhão junto com ele para se proteger, imaginando que eu iria querer lhe dar uma surra. Já fazia alguns anos que eu era pastor, mas ele ainda pensava que eu era o antigo George, e tinha medo de mim. O que mais me magoou, mais do que ter perdido o dinheiro, foi que ele não acreditou que eu de fato tinha mudado, e estava realmente servindo ao Senhor.

Eu o perdoei por tudo, e dei como águas passadas. Mas se tivesse que fazer isso tudo de novo, nunca teria dado ouvidos ao conselho dele, nem deixado que ele investisse meu dinheiro. É por isso que agora, quando procuro aconselhamento, me certifico de que venha de pessoas justas e sábias.

Minha mãe me ensinou diversas pérolas de sabedoria. Inúmeras vezes ela me disse: "Quem mente acaba roubando." Minha mãe tinha razão! Se uma pessoa diz inverdades, vai ser desonesta em outras áreas também. Acho que ela aprendeu isso por experiência pessoal. Outra de suas frases favoritas era: "Deus pode não responder no momento em que você o chamar, mas ele sempre chega a tempo." Ela queria dizer que o tempo de Deus é diferente do nosso; ele sabe exatamente aquilo de que precisamos, quando precisamos, e ele nunca se atrasa.

> A vontade de Deus para a minha vida geralmente se confirma por três fatores: o desejo do meu coração, a concordância com a Palavra de Deus, e uma porta aberta de oportunidade.

Quando eu era criança, minha mãe me disse que era melhor fugir de uma briga de rua do que acabar sendo morto. Ela sempre dizia: "É melhor dizer 'Lá vai ele' do que 'Aqui jaz ele'." Embora fosse um bom conselho, eu nunca tinha fugido de uma briga e não planejava fazer isso nunca.

Um dia, ouvi dizer que um amigo meu tinha sido espancado com um soco-inglês por um valentão do bairro, chamado Murdoch. Cruel e violento, Murdoch era sabidamente um assassino, e sempre carregava uma faca com um gancho na ponta, parecida com aquela ferramenta usada por instaladores de carpete. Ele trabalhava junto com outro sujeito, que chegava de mansinho por trás da vítima e batia na cabeça dela com uma tábua antes de Murdoch passar a lâmina.

Decidi encontrar Murdoch, e me vingar por ele ter batido no meu amigo. Perguntei pelas ruas, mas nunca conseguia achá-lo. Certa noite, eu estava em uma festa e decidi andar até o lado de fora para tomar um ar fresco. No que eu estava sentado sozinho na entrada, Murdoch e seu comparsa surgiram das sombras, onde tinham ficado à espreita. Todos dentro da casa estavam dançando, e não prestavam atenção ao que estava acontecendo do lado de fora da casa.

Murdoch puxou sua faca e disse: "Amigo, fiquei sabendo que você estava me procurando." O comparsa dele agitava nervoso um bastão, pronto para me acertar. Eu não poderia enfrentar os dois ao mesmo tempo.

Ele disse outra vez: "Você estava me procurando?"

Quando eu estava prestes a dar um murro nele, ouvi na mente a voz da minha mãe. "É melhor dizer 'Lá vai ele' que 'Aqui jaz ele'". Eu soube imediatamente que precisava recuar.

Murdoch perguntou de novo, rangendo os dentes: "Você está me procurando, amigo?"

"Não", respondi. "Não estou procurando você." Eu me sentia um covarde por fugir da briga, mas se eu não tivesse feito isso, provavelmente ele teria me matado. Dou graças à sábia frase da minha mãe, por ter salvo a minha vida naquela noite.

Murdoch e seu amigo deram as costas e foram embora. Murdoch nunca tinha liberado ninguém antes. Agora percebo que Deus poupou minha vida através do fato de eu ter dado ouvidos ao sábio conselho.

Às vezes, Deus nos encaminha por circunstâncias que envolvem outras pessoas. Foi isso que aconteceu comigo cerca de seis anos depois que me aposentei do boxe. Eu estava bem satisfeito com minha nova vida, servindo a Deus junto com uma pequena congregação em Houston, e não queria mais nada com o boxe. Eu tinha encontrado paz trabalhando junto à igreja, e estava feliz em pregar e falar aos outros sobre o bom Senhor.

Então, um dia, visitei meu irmão Roy, que estava trabalhando com crianças em um ginásio de boxe em Houston. Durante o auge da minha carreira de pugilista, Roy tinha trabalhado comigo, cuidando dos meus negócios. Em troca, eu dava a ele uma porcentagem das minhas bolsas no boxe, o que naquela época era uma quantia considerável. Mas assim como eu, Roy não tinha investido seus ganhos com sabedoria, e no começo dos anos 1980 ele estava falido. Ele tinha voltado a morar na casa da nossa mãe, prestando serviços ocasionais, e fazendo trabalho voluntário ensinando crianças a lutar boxe em um ginásio decrépito pertencente a uma igreja local. Ironicamente, Roy nunca tinha sido boxeador, mas tinha trabalhado junto comigo ao longo dos anos, ouvindo meus treinadores e estudando outros boxeadores além de mim. E ele tinha aprendido o suficiente sobre boxe para ser um bom professor, principalmente para os jovens iniciantes. Sem dúvida, eles respeitavam a opinião de Roy, pois ele era irmão do ex-campeão mundial de peso-pesado.

Quando parei para incentivar Roy, ele estava se preparando para treinar no ringue com alguns garotos. Diversas mães estavam inscrevendo seus filhos no programa, por isso dei um breve aceno. Ouvi alguém dizer: "Vejam, é o George Foreman. Se você inscrever o seu filho, George pode ajudá-lo." Quando elas me viram, uma das mães me lançou um olhar que parecia dizer: "George Foreman realmente poderia ajudar meu filho a ficar livre de encrenca."

> Quando procuro aconselhamento, me certifico de que venha de pessoas justas e sábias.

Mas eu não queria ouvir aquela conversa. Sabia que minha congregação ficaria contrariada se soubesse que eu estava envolvido com o boxe novamente, por isso respondi ao olhar da mulher com uma expressão que dizia: "Sou um pastor, e se você quer ajuda para o seu filho, mande ele para a igreja." Saí do ginásio, pensando que nunca voltaria.

Algum tempo depois, eu estava novamente com Roy quando me lembrei daquele menino e sua mãe. "O que aconteceu com aquele menino afinal?", perguntei a Roy após descrever o olhar que a mãe dele me havia lançado.

"Oh, George, aquele menino foi preso", Roy disse, balançando a cabeça.

"O quê? Preso?" Eu estava realmente chocado. Ainda via o garoto de pé ao meu lado no ginásio. "Você só pode estar brincando."

"Não, ele assaltou uma loja de conveniência junto com um amigo", Roy disse com tristeza. "O balconista atirou no amigo do garoto, por isso o menino do ginásio atirou no balconista."

"E o matou?", quase não tive coragem de perguntar.

"Não, mas machucou bastante."

Fiquei estarrecido com essa notícia. Para piorar as coisas, descobri que a loja que o jovem boxeador tinha assaltado ficava situada em
Humble, Texas, quase na própria rua da minha casa.

Fiquei me torturando por causa dessa oportunidade perdida.
Talvez tivesse tido uma chance de transformar a vida daquele rapaz,
mas fiquei tão preocupado com o que meus bons membros da congregação pensariam de mim se eu ajudasse um menino a aprender a lutar
boxe, que ignorei a necessidade que estava bem ali diante de mim.
Agora todas essas vidas estão arruinadas — pelo menos em parte porque eu estava mais preocupado com a minha reputação que em ajudar
aquele rapaz. Fiquei extremamente perturbado e envergonhado.

Eu disse a Roy: "Precisamos fazer alguma coisa para ajudar esses
meninos. Se pelo menos tivéssemos um lugar onde eles pudessem
vir..." Lembrei-me de um grande galpão que ficava na rua da minha
igreja. A construção tinha sido abandonada pela empreiteira antes
de ter sido concluída. Custaria uma grande quantia de dinheiro para
comprar, reformar e mobiliar o local. Mas nessa época, graças a meus
investimentos ruins e uma série de relacionamentos problemáticos,
eu mesmo estava lutando para segurar as pontas financeiramente, e
não seria capaz de contribuir com uma grande quantia para ajudar
uns garotos que nem conhecia.

Decidi que só havia uma coisa a fazer. Eu tinha um fundo de
aposentadoria, as economias da minha vida, nas quais eu já tinha mexido um pouco. Então peguei aquele dinheiro e, com a ajuda de Roy,
fundei uma instituição de caridade que comprou o galpão, reformou
o local, e o mobiliou com pesos, luvas de boxe, uma quadra de basquete e o ringue de boxe que trouxemos de meu rancho em Marshall.
Batizamos o lugar de George Foreman Youth and Community Center,
o Centro de Juventude e Comunidade de George Foreman.

Desde o dia da inauguração, os jovens começaram a aparecer.
Como acredito que eles precisam entender que tudo tem um custo,

que nada é de graça na vida, nós cobrávamos um dólar para cada ano de idade — um garoto de dez anos pagava dez dólares ao ano; um de treze pagava treze dólares ao ano. Roy e eu trabalhávamos com os garotos, mas, acima de tudo, nós os amávamos e aceitávamos. Eu não queria que nosso centro de juventude fosse sobrecarregado de regras e normas; nosso regulamento básico era lutar limpo e demonstrar bom espírito esportivo.

Eu me lembrei de alguns dos esforços da comunidade no meu próprio bairro para auxiliar crianças que eu próprio tinha rejeitado quando era menino. Muitos desses esforços eram resultado de cristãos sinceramente preocupados, e outras pessoas com senso de cidadania que realmente queriam ajudar. Mas eles passavam sua mensagem com mão tão pesada que afugentavam os jovens antes que os adultos chegassem a conquistar o direito de serem ouvidos e construírem um bom relacionamento. Eu evitava esses lugares, assim como a maioria dos meus amigos.

> Não posso obedecer a Deus a não ser que realmente o ame.

Eu queria que o George Foreman Youth and Community Center fosse diferente. Decidi que nunca pregaria aos garotos; lhes mostraria minha fé através do meu trabalho. Eles veriam Deus na minha vida como resultado de como eu agia e como eu reagia aos atos dos outros, não apenas pelo que eu falava. Minha função era simplesmente estar presente para os garotos, estar disponível para conversar com eles, para assistir enquanto eles jogavam basquete ou levantavam pesos ou lutavam boxe. Eu passeava pelo centro e tentava incentivar os meninos de todas as maneiras possíveis. "Bom arremesso!" "É assim que se bate no saco de areia." "Você está indo bem."

Fundar o centro de juventude foi um problema imenso. Pagar a hipoteca já foi bastante difícil, para não falar na manutenção do lugar, as contas de todo tipo, e a compra do equipamento necessário. Continuei tirando dinheiro da minha poupança, até que sobrou bem pouco. Eu ficava torcendo para que acontecesse alguma coisa que resolvesse nossos problemas financeiros, mas não acontecia nada.

Às vezes, a realidade faz um furo no balão do nosso idealismo. Isso aconteceu comigo quando meu advogado, que tinha organizado as minhas finanças, visitou o centro e deu um alerta. "George, sei que você quer ajudar esses meninos, mas você não tem condições de manter esse centro. Se você não fizer algumas mudanças em breve, vai acabar como Joe Louis, falido e morando nas ruas, apertando as mãos das pessoas, tentando ganhar um dólar. Você vai ter que recuar."

Eu me recusava a desistir do centro de jovens. Aceitei diversos convites para dar palestras, e usei os honorários para ajudar a pagar as despesas do centro. Essas palestras e as minhas economias cada vez menores eram tudo o que eu tinha para manter abertas as portas do centro de jovens. Eu não queria pedir dinheiro para o governo, e com certeza não queria sair por aí implorando ao público por doações.

Falei em uma conferência cristã na Geórgia, após a qual o organizador da conferência levantou e fez um pedido encarecido por dinheiro para ajudar o George Foreman Youth and Community Center. Fiquei sentado no tablado dos palestrantes durante toda a arrecadação, e quanto mais aquele sujeito falava, mais envergonhado me sentia. Eu não tinha vindo à conferência para pedir dinheiro, nem para tentar extrair doações dos participantes que já tinham pago caro para comparecer ao evento. Naquele instante, decidi que encontraria outro meio de levantar os fundos necessários. Foi então que pensei: *Já sei como posso conseguir o dinheiro de que precisamos. Vou ser campeão mundial de peso-pesado — de novo — e desta vez, vou fazer as coisas do jeito certo.*

Em outra ocasião, eu fui a Nova York para receber um prêmio e encontrei Art Linkletter. Eu estava passando por algumas dificuldades, e precisava de um bom conselho. Art me olhou no olho e disse: "George, ouvi falar de como você está ajudando todos aqueles garotos no George Foreman Youth Center em Houston. Continue fazendo o bem, e o bem virá até você."

Eu precisava ouvir estas palavras: *Continue fazendo o bem, e o bem virá até você.* A boa coisa geralmente é a coisa certa. Não é difícil distinguir. Se eu fizer o bem, receberei coisas boas também. Deus cuidará disso.

O que eu semear, vou colher. Se eu plantar uma boa semente, vou ter uma boa colheita. Assim aprendi que, se eu tomar as decisões corretas todo dia, sempre ficarei contente com os resultados depois.

CONFIE E OBEDEÇA

Sempre tento dar bons conselhos aos meus filhos, mas eles nem sempre entendem. É nesse momento que eles precisam confiar em mim. Eles têm de depositar sua fé em mim e acreditar que, sendo pai deles, só quero o melhor para eles. Eles me obedecem — mesmo quando não entendem — porque me amam.

O mesmo conceito se aplica ao meu relacionamento com Deus. Ele me ama e sempre quer o melhor para mim. Mas preciso confiar nele, mesmo quando não entendo totalmente. Se eu sempre soubesse o desfecho de cada uma das minhas situações, nunca precisaria confiar em Deus. Confiança significa que acredito no caráter do bom Senhor e estou confiante de que ele irá fazer o que é certo, mesmo quando as circunstâncias não fizerem sentido para mim.

> **Às vezes, as respostas de que eu preciso simplesmente surgem na minha mente.**

Às vezes, Deus dá instruções que vão contra a sabedoria convencional, como, por exemplo, tratar bem as pessoas mesmo quando elas são cruéis. Quem quer fazer isso de fato? Instruções como essa talvez nem sempre façam sentido, e é por isso que preciso confiar e obedecer Àquele que as inspirou. Obediência é simplesmente confiar em Deus. O rei Salomão disse: "Confia no Senhor com todo o teu coração, e não te apóies em tua própria inteligência; em todos os teus caminhos, reconhece-o, e ele irá guiar seus caminhos."[3]

Não posso de fato gostar de obedecer a Deus a não ser que realmente o ame. Se sou obediente apenas por senso de dever ou obrigação, sem amor, a obediência vira um terrível fardo. Mas quando obedeço de coração, e me aplico totalmente nessa obediência, estou obedecendo ao amor. E é assim que Deus quer que eu sirva a ele — como um ato de amor.

ORE PEDINDO ORIENTAÇÃO

Quando alguém me pergunta: "Onde você ouve bons conselhos?", respondo: "Quando estou de joelhos!" Orar é simplesmente falar com Deus e dar a ele a oportunidade de se comunicar comigo. Se eu não sei o que fazer em uma situação, apenas lembro que o Senhor tem todas as respostas de que preciso. Ele ouve minhas orações e enviará as mensagens dele como pensamentos na minha mente e impressões no meu coração. Muitas vezes, ele me recorda de algo que li na Palavra dele. Às vezes, ele pode usar uma música, um sermão, ou algo da natureza — uma flor, uma montanha ou um rio — para falar ao meu coração, mente e consciência.

Tento encontrar um lugar reservado para ficar sozinho todo dia e falar com Deus durante uma hora. A duração da oração não é tão importante quanto a atitude do meu coração. Sempre me certifico de estar sendo sincero quando oro, e não apenas dizer as palavras mecanicamente. Se estou orando por sabedoria, às vezes as respostas de que eu preciso simplesmente surgem na minha mente. Essa é uma maneira de Deus falar comigo.

Um dia, minha esposa, Mary, estava orando sozinha quando o Senhor falou com ela: "Peça o que quiser."

Ela disse: "Senhor, quero que George seja campeão mundial de peso-pesado de novo, e por favor restitua a coleção de carros dele, e todas as outras coisas que os investidores perderam."

Deus falou ao coração dela: "Ele terá tudo isto."

Essa foi a confirmação de que eu precisava. O Senhor me guiou de volta ao boxe novamente em 1987, ou seja, dez anos depois que eu tinha me aposentado. Por que Deus me levaria de volta ao boxe? Porque através desse caminho ele não apenas cuidaria de minhas necessidades financeiras, mas também abriria muitas novas portas para ajudar as pessoas. Desta vez, aprendi a lutar boxe por esporte, sem odiar meus adversários, o que era diferente do modo como eu tinha lutado antes de confiar minha vida ao Senhor.

Enquanto retomava minha carreira de boxe, continuei a ser pastor da minha igreja em Houston. Você já ouviu falar de algum pastor que lutasse boxe? Bem, era eu. O Senhor certamente age por vias misteriosas!

Eu tinha apenas começado meu retorno ao boxe, e mal estávamos conseguindo agüentar as pontas financeiramente, por causa daqueles meus investimentos ruins. Mary me disse: "Eu estava orando, e o Senhor me disse que você seria campeão mundial outra vez, e ele devolveria tudo o que você já teve."

Quando ela disse isso, duas coisas me impressionaram. Primeiro, fiquei comovido com o fato de que a oração dela fosse para mim e não para ela própria. Ela sentia que eu tinha perdido todas as coisas que já possuíra. Segundo, ela acreditava piamente que Deus havia feito a ela uma promessa, e nada a convenceria do contrário. Eu precisava ouvir aquela palavra de Deus, por isso guardei na mente aquela promessa, para impedir que eu perdesse o incentivo.

> **Após lutar na noite de sábado, eu pegava um vôo noturno de volta para Houston, para ir à igreja pregar.**

Em 1991, parecia que minha hora tinha chegado. Após quatro anos de boxe, eu enfrentaria Evander Holyfield pelo campeonato mundial de peso-pesado. Eu tinha certeza de que venceria a luta e seria o novo campeão, assim concretizando a promessa que Deus havia feito a Mary. Eu tinha agora 42 anos de idade, e parecia que esta seria minha única oportunidade de reconquistar o título.

Lutei durante doze rounds contra um homem sólido como pedra, treze anos mais jovem que eu, mas perdi a luta na decisão dos juízes. Eu não conseguia entender. Por que perdi? Será que Deus realmente tinha falado com a minha mulher, ou ela apenas *pensou* que tinha ouvido a voz de Deus? Eu apreciava sua fé em Deus e sua confiança em mim, mas era eu quem estava levando socos no ringue!

Mesmo após a derrota, a fé de Mary não se abalou. Ela disse: "George, eu só sei aquilo que Deus me disse. Você vai ser campeão de peso-pesado outra vez."

"Está bem, Mary. Vou continuar treinando."

Em 1993, tive outra oportunidade de lutar pelo título de peso-pesado contra Tommy Morrison. Eu estava convencido de que esta *tinha* de ser a realização da promessa. Eu agora tinha 44 anos de idade, lutando contra um rapaz de 25. Novamente eu perdi na decisão dos juízes. Fiquei decepcionado, mas tinha acabado de assinar um contrato para participar de uma série de comédias na televisão, por isso não fiquei sentado me debulhando em lágrimas. Eu me mantive ocupado.

Mary, no entanto, continuava firme. "George, você vai ser campeão outra vez."

Em 1994, recebi mais uma chance de vencer o título, contra Michael Moorer. Eu tinha agora 45 anos; nenhum pugilista profissional jamais tinha vencido o título de peso-pesado da World Boxing Association na minha idade. Mas desta vez seria diferente. Vou dar todos os detalhes em um capítulo mais adiante, mas, por enquanto, basta dizer que venci a luta e reconquistei o título de campeão mundial de boxe peso-pesado. Deus tinha falado com Mary afinal!

Depois que venci, ela veio para mim com um enorme sorriso no rosto e disse: "Falei o que Deus tinha dito, não falei?" Além disso, o Senhor também restituiu minha coleção de carros — um dos meus hobbies favoritos — como lembrete de que, quando Deus dá de volta, ele dá o dobro do que foi perdido! E de quebra, ganhamos dinheiro suficiente para pagar a hipoteca do George Foreman Youth and Community Center e montar um fundo de doações para financiar a manutenção e a reforma do centro por um bom tempo.

Deus talvez esteja pedindo que você faça coisas que parecem impossíveis, assim como ele pediu a mim. Você também é capaz, se continuar acreditando nas promessas dele e sendo fiel. E quando finalmente acontecer, não se esqueça de dar o crédito a ele.

MANTENHA A SUA FÉ

Quando eu retornei ao boxe, minha igreja ainda era minha maior prioridade. Eu não negligenciaria minhas responsabilidades como pastor, mesmo com minha agenda cheia. Após cada luta, as pessoas suplicavam para que eu ficasse para certos eventos que aconteciam depois. Eu dizia a elas: "Sinto muito, mas não posso ficar. Preciso sair correndo e chegar à minha igreja!"

Eu não dormia muito nas noites em que lutava. Após lutar na noite de sábado, eu pegava um vôo noturno de volta para Houston, chegando bem a tempo de ir à igreja pregar. Eu queria que minha congregação soubesse que, embora eu tivesse lutado diante de milhões de pessoas na televisão na noite anterior, eles eram minha audiência mais importante.

Às vezes, eu tinha uma aparência um tanto engraçada, quando pregava usando óculos escuros para cobrir meus olhos inchados. Certo domingo, depois da igreja, umas crianças vieram me pedir: "A gente pode ver? A gente pode ver? Tira os óculos para a gente ver os seus olhos!"

"Vocês têm certeza que querem ver?", perguntei.

"Siiiim!", elas gritaram juntas.

Quando tirei os óculos, revelando a pele inchada e roxa ao redor dos meus olhos, elas gritaram e ficaram alucinadas. Disseram: "Você parece o leão covarde de *O Mágico de Oz!*"

Não importa o que Deus me leve a fazer, vou ser fiel ao meu chamado. Não me preocupo com o que os outros falam de mim. Talvez para eles eu pareça o leão covarde. Mas aos olhos de Deus, sou o campeão de peso-pesado. E se Deus está do seu lado, você também é campeão.

DICAS DO GEORGE SOBRE SEGUIR DEUS

- Entregue sua vontade a Deus, para que ele possa guiar você aos lugares certos.
- Leia a Bíblia; é seu mapa rodoviário nos caminhos da vida.
- Siga a maior chama que arde no seu coração.
- Escolha pessoas sábias e justas para aconselhar você.
- Confie no Senhor e obedeça as que ele instrui você a fazer.

CAPÍTULO 9

A pior coisa pode ser a melhor coisa

Às vezes me pergunto: *O que teria acontecido se tivesse vencido as lutas contra Jimmy Young e Muhammad Ali?* Consigo me imaginar levantando as mãos com orgulho para comemorar a vitória, os repórteres enfiando microfones na frente do meu rosto, querendo algum depoimento que seria a próxima chamada ou manchete. Consigo me ouvir dizendo de peito estufado: "Estão vendo? *Eu* sou o maior boxeador de todos os tempos, não é o Ali!" E então eu teria continuado a avançar no caminho da destruição.

Mas relembrando agora, posso afirmar sinceramente que fico feliz por ter perdido essas lutas. Elas não eram o que queria nem o que teria escolhido se me fosse dada a opção, mas essas perdas eram parte do plano de Deus para a minha vida. O que parecia ser a pior coisa que poderia ter acontecido comigo acabou sendo a melhor. Eu precisava sofrer essas derrotas para atingir o fundo e olhar para cima.

Quando reflito sobre minha vida, já notei uma simples verdade que sempre surge de novo: o que parece o pior desastre pode se transformar na maior bênção — se você estiver disposto a pôr Deus em primeiro lugar na sua vida. É um paradoxo espiritual; a derrota pode, no fundo, ser uma vitória. No entanto, você não será capaz de enxergar isso na hora da dificuldade. Apenas depois — às vezes muito depois — quando você olha para trás e junta os pontos, é que você pode ver a marca da mão de Deus.

Por que Deus iria querer que você perdesse? Talvez porque ele está tentando direcionar você para alguma coisa mais importante. Quem sabe ele queira que você reavalie sua vida. Talvez ele esteja mudando a sua direção. Talvez ele tenha algum plano melhor para você, mas que agora está oculto, ou talvez você ainda não esteja totalmente pronto para receber o que ele tem para você.

> **Uma derrota pode na verdade ser uma vitória, mas você não irá enxergar isso enquanto não olhar para trás e juntar os pontos.**

Se você ama Deus, ele promete extrair algo de bom de tudo o que acontece com você. A Bíblia diz: "E sabemos que tudo coopera para o bem daqueles que amam a Deus, daqueles que são chamados segundo o seu desígnio."[1] Esse verso não promete que apenas coisas boas vão acontecer com você. Isso não significa que você sempre escapará dos problemas, que você nunca perderá uma luta (ou um emprego, ou um relacionamento), ou que ninguém nunca irá trair você. Isso significa que Deus está no controle; ele pode reverter qualquer situação e fazê-la cooperar para o seu bem. Nem tudo o que acontece com você vai *ser* bom, mas Deus pode *transformar* esse acontecimento em uma coisa boa.

Entenda, ele não irá retirar o livre arbítrio de ninguém, e isso é um motivo pelo qual tantas coisas ruins acabam acontecendo. Não culpe Deus quando as pessoas optam por fazer o mal. Mesmo assim, o Senhor vê seus infortúnios antes que eles aconteçam, e *planeja o futuro* para fazer com que algo de bom surja deles. Ele reverte as más intenções dos seus inimigos para os propósitos dele, e cria um grande desfecho para a sua situação. Embora você possa não entender como ele faz isso, dê a ele o crédito de ser mais esperto que você! Ele é mais sábio que os seus inimigos, e mais poderoso que as suas circunstâncias.

Para mim, um dos exemplos bíblicos mais claros é demonstrado na vida de José. Quando ele tinha dezessete anos de idade, seus cruéis irmãos o jogaram em um poço cavado no chão. Quando passaram alguns mercadores ismaelitas, os irmãos de José o puxaram para fora e o venderam por dinheiro vivo. Os mercadores transportaram José para o Egito, onde o venderam como escravo para um homem chamado Potifar, que era eunuco do faraó. José serviu no palácio com obediência, mas mesmo assim a mulher de Potifar o acusou falsamente de atacá-la. Sem julgamento, José foi declarado culpado e trancafiado na prisão.

Embora parecesse que as circunstâncias de José estavam fora do controle, a Bíblia nos diz que "o Senhor estava com ele".[2] Após interpretar um sonho para o faraó, José foi libertado da prisão e, de forma surpreendente, promovido a administrador no Egito. Através de sua posição como governante, Deus usou José para salvar a nação de Israel durante um período de fome.

Quando ele se reuniu com seus irmãos muitos anos depois, ele disse: "Vocês pretendiam me fazer o mal, mas *Deus o mudou em bem*, para cumprir o que se realiza hoje, salvar a vida de muitas pessoas."[3] Deus usou todos os ataques a José como degrau para elevá-lo a uma posição mais alta.

Assim como Deus reverteu coisas más em coisas boas na vida de José, ele pode fazer o mesmo por você. Tive quatro perdas significativas na minha vida, que pareciam ser as piores coisas que poderiam ter acontecido comigo, mas todas elas acabaram sendo degraus para um maior sucesso, influência e contentamento. Reflita sobre estas quatro derrotas que Deus transformou em vitórias na minha vida.

1. A derrota para Muhammad Ali

Quando perdi a luta para Muhammad Ali, fiquei arrasado, pois já não era mais o campeão mundial. Imagine perder em dez segundos tudo o que você considera importante. Achei que minha vida tinha acabado, por isso mergulhei na depressão. Nada me satisfazia; nada conseguia me puxar da espiral descendente que sentia tomar conta da minha vida.

Mas depois que encontrei Cristo, consegui olhar novamente para aquela luta de boxe e na verdade agradecer a Deus. Embora eu não soubesse naquela época, o que parecia ser a pior coisa era na verdade a melhor. Por quê? Porque aquela derrota me iniciou na minha busca por Deus.

Em 1978, eu estava trabalhando no campo no meu rancho em Marshall, Texas, quando um repórter esportivo parou para uma entrevista. Ele estava indo para New Orleans, para ver Muhammad Ali lutar pelo título pela terceira vez.

> **Nem tudo o que acontece com você vai ser bom, mas Deus pode transformar esse acontecimento em uma coisa boa.**

"O que aconteceu durante a sua luta contra Ali na África?", ele perguntou, esperando que eu inventasse uma desculpa para ter perdido.

"Eu perdi", respondi sem hesitar. "Tenho uma foto minha na lona, que prova que fui derrotado."

O repórter perguntou: "Mas e quanto às cordas frouxas no ringue, em que Ali ficou se jogando?"

Muhammad Ali tinha apelidado nossa luta de "Rope-a-Dope", porque ele se jogava nas cordas frouxas muitas vezes para evitar meus socos. Continuei atacando Ali até atingir o ponto de exaustão. Eu era o "dope", ou seja, o panaca — e isso em vários sentidos, afinal também tinha sido dopado. Dei-me conta disso ao lembrar o episódio estranho com o copo d'água que bebi antes da luta. (Eu agora acreditava que tinha sido drogado pela água com gosto de remédio logo antes da luta).

"O melhor homem venceu, e eu perdi", eu disse. "Mas quero lhe dizer uma coisa. Aquela foi uma luta em que Deus estava comigo, e o demônio estava tentando me acertar. Foi o bem contra o mal, e Deus venceu."

Eu estava tentando explicar a ele sobre a *batalha espiritual* que eu estava travando dentro da minha alma, e que perder a luta foi um passo importante no processo de George Foreman encontrar Deus. Mas o repórter entendeu mal o que eu estava tentando dizer.

Quando o artigo foi publicado, fiquei chocado ao ler: "George disse que, quando lutou com Ali, foi uma luta de Deus contra o demônio." Isso não foi o que eu disse, nem o que eu quis dizer, mas foi assim que ele escreveu.

Um dos treinadores de Ali, que leu esse artigo, respondeu: "Sim, foi Deus contra o demônio, e Deus venceu" (referindo-se a Ali).

Ele não sabia do que estava falando. Deus realmente venceu, pois aquela derrota me levou a encontrar Jesus Cristo. Se eu tivesse vencido aquela luta de boxe contra Ali, não tenho certeza de que um dia teria encontrado Jesus e recebido a vida eterna.

É claro, Deus poderia ter me fulminado no vestiário depois da luta contra Ali e não depois da luta contra Jimmy Young. Mas ainda não era hora. Eu primeiro precisava atravessar meu período de tristeza e depressão. Precisava eu ver que não tinha motivo para viver, para assim chegar ao fim de mim mesmo. Descobri, pela primeira vez, que a riqueza não resolvia os meus problemas. Nenhum pastor poderia ter me dito isso naquela época e esperado que eu compreendesse. Eu tinha que descobrir isso. Deus precisava me mostrar que nenhuma de minhas posses poderia espantar minha depressão ou trazer paz ao meu espírito.

Era a primeira derrota na minha carreira de boxe profissional, e nada no mundo poderia preencher esse vazio. Eu sabia que havia algo faltando na minha vida. Antes de poder encontrar o "algo" que estava procurando, tinha que morrer para minha antiga vida. Eu era como um grão de trigo que precisava morrer no chão antes que vida nova pudesse surgir dele.

Todas as peças do quebra-cabeça tinham que se encaixar. Não consegui encontrar a vida sem primeiro atingir um ponto de desespero. E é por isso que perder para Ali foi uma das melhores coisas que jamais aconteceram comigo.

2. A DERROTA PARA JIMMY YOUNG

Depois de perder para Ali, venci as cinco lutas seguintes, todas por nocaute.

Vencer a próxima luta, contra Jimmy Young, abriria caminho para que eu enfrentasse Ali novamente. Embora eu fosse o favorito para a vitória, perdi a luta. E assim como da outra vez, pensei que minha derrota era a pior coisa que poderia ter acontecido comigo. Mas novamente acabou sendo a melhor coisa.

Foi poucos minutos após essa derrota que morri no vestiário e tive minha visão de Jesus Cristo sendo crucificado. Deus queria que eu perdesse aquela luta para que pudesse perder minha vida. Isso não é uma desculpa; é a verdade! Perder minha vida acabou sendo a melhor coisa que aconteceu comigo, porque foi nessa hora que encontrei Deus.

> **Deus queria que eu perdesse aquela luta, para que eu pudesse perder minha vida.**

Se fosse possível voltar no tempo e reverter essas derrotas em vitórias, eu diria: "De jeito nenhum!" Eu nunca mudaria esses desfechos. Se tivesse vencido Ali e Young, nunca teria atingido o fundo e encontrado Jesus por conseqüência. Eu tinha que perder na Terra para conseguir ganhar no céu.

Quando eu estava fora do meu corpo naquele lugar escuro, parecia uma dimensão fora do tempo. Mas fiquei ali por tempo suficiente para saber que era um lugar real — um lugar onde não havia esperança. Então Deus me devolveu minha vida, e se revelou para mim. Quando vi a visão do sangue nas minhas mãos e na testa, não tive dúvida de que Jesus Cristo era o filho de Deus; ele era aquele por quem eu tinha procurado a minha vida inteira, e eu nem mesmo tinha percebido antes dessa experiência.

Saí daquele vestiário com paz de espírito pela primeira vez na vida. Nunca tinha me sentido tão maravilhoso! De repente, o dinheiro não mais importava. Fama e *status* não significavam nada para mim.

Todo mundo precisa chegar a esse lugar onde morre para si mesmo e para seus próprios caminhos. É só nessa hora que encontramos aquilo de que precisamos de verdade.

Contei meu testemunho sobre minha experiência com a morte no mundo inteiro. Falei sobre isso para dezenas de milhares de pessoas uma vez. Se apenas uma delas vier a conhecer Jesus como resultado do meu vislumbre de completa escuridão, já terá valido minha visita terrível àquele lugar.

3. A PERDA DOS MEUS INVESTIMENTOS

Antes de me aposentar do boxe, eu tinha acumulado milhões de dólares. Mas uns poucos anos depois, não restava mais nada. Um amigo de minha confiança vendeu minha casa e tudo o que havia dentro, e isso sem que eu soubesse. Além disso, um contador roubou meu dinheiro, e outras pessoas em quem eu confiava fizeram investimentos duvidosos. Fui tolo. Pus tudo o que possuía nas mãos deles, e fiquei olhando tudo desaparecer.

Toda vez que eu pensava sobre o modo como eles me roubaram, me lembrava: *Eles podem ter meu dinheiro, mas tenho a graça de Deus, e isso é suficiente para mim.* Não fiquei deprimido por perder o dinheiro, porque na verdade eu nunca "possuí" esse dinheiro afinal. Tudo o que tenho pertence a Deus.

Que bem poderia resultar de eu ter perdido meus investimentos? Isso me forçou a retornar ao boxe, o que abriu muito mais portas para ministério e negócios do que eu jamais tinha esperado. Se eu não tivesse perdido meu dinheiro, não teria retornado ao boxe e teria perdido todas as oportunidades e missões que Deus havia planejado para mim.

4. A DERROTA PARA EVANDER HOLYFIELD

Minha quarta grande derrota foi a da luta contra Evander Holyfield pelo título de peso-pesado. Em 1991, eu estava voltando ao boxe e iria enfrentar Holyfield por 12,5 milhões de dólares. Todos diziam que eu era velho demais para estar lutando aos 42 anos de idade; os repórteres insinuaram que eu deveria estar em um asilo e não em um ringue de boxe. Apesar das piadas, estava determinado a vencer a luta. O embate durou os doze rounds, e perdi na decisão dos juízes.

Na coletiva de imprensa após a luta, um repórter me perguntou se eu estava chateado por ter perdido nos pontos. Eu respondi: "Eu perdi por uns pontinhos, mas um ponto eu deixei claro. *Quarenta anos não é uma sentença de morte!*"

Quando eu disse aquilo, o mundo inteiro se abriu para mim. Quase da noite para o dia, parecia que todos os anunciantes da televisão queriam me contratar para fazer comerciais. Interessante, não é? Eles não convidaram o vencedor para aparecer nos comerciais — convidaram o perdedor! Recebi convites para *talk shows*. Até estrelei meu próprio programa de tevê, chamado *George*.

> **Eu também passei uma mensagem mais importante — que Deus pode transformar qualquer derrota em uma vitória.**

Acredito que minha mensagem tenha mexido com o público — ninguém nunca é velho demais para aceitar um novo desafio. Não venci a luta de boxe, mas ganhei o respeito do mundo ao mostrar que a maioria das limitações que restringem o sucesso na nossa sociedade são auto-impostas. A única pessoa que poderia ter me impedido de competir pelo campeonato que eu sentia que Deus queria que eu vencesse era eu! Eu não iria limitar Deus, e com certeza não queria limitar a mim mesmo.

Mas também passei uma mensagem mais importante — que Deus pode transformar qualquer derrota em uma vitória. Se o Senhor estiver com você, ele pode pegar qualquer derrota que você tenha sofrido e transformá-la em uma situação onde você se beneficiará.

Embora você provavelmente nunca tenha perdido uma luta de boxe, você talvez tenha passado por um outro tipo de derrota. Talvez você tenha sido demitido de um emprego. Talvez seu cônjuge tenha abandonado você, deixando você com filhos para criar e contas para pagar. Quem sabe você perdeu dinheiro nos seus investimentos. Não importa quem você é, mais cedo ou mais tarde, você acabará enfrentando uma derrota.

Na Bíblia, Jó era um homem honrado em todos os aspectos, mas perdeu quase tudo o que tinha em uma série de horríveis tragédias. Porém no fim, Deus transformou o pior no melhor, e restituiu e duplicou tudo o que Jó havia perdido.

Lembra como José foi vendido como escravo por seus irmãos invejosos? No caso de José, Deus o levou do poço para o palácio; ele transformou o pior no melhor; ele transformou o prisioneiro e escravo em um poderoso governante. E ele pode transformar o pior no melhor na sua situação também.

Não deixe que as dúvidas sobre o desfecho do seu problema acabem com os seus nervos. Continue confiando, acreditando, e tomando o próximo passo de obediência que o bom Senhor mostrar a você. Deus geralmente não quer que saibamos muito sobre o que está acontecendo nos bastidores ou como ele planeja fazer com que as coisas se voltem para o nosso bem. Ele quer que confiemos nele. Se você soubesse tudo o que o futuro lhe reserva, não precisaria de fé. Apenas dê um passo por vez, confiando que Deus ainda tem um plano para você, e ele fazer o melhor da sua situação.

SEU PIOR INIMIGO PODE VIRAR SEU MELHOR AMIGO

Você já sabe o quanto eu odiava Muhammad Ali depois de perder para ele. Mas você não sabe o resto da história. Cerca de dois meses após minha conversão, telefonei para Muhammad Ali para contar a ele o que havia acontecido comigo no vestiário. Durante a nossa conversa, ele me fez uma proposta.

"George, vou lhe dar outra chance de reconquistar o título, mas sob uma condição. Você primeiro precisa enfrentar Ken Norton e vencer."

Agradeci a ele pela oportunidade, mas disse que não estava interessado. "Obrigado, Muhammad, mas eu não quero outra chance de reconquistar o título. Encontrei Jesus Cristo, e vou viver para Deus e confiar meu futuro a ele."

Ele achava que eu deveria continuar lutando, pois ele lutava em nome de sua religião. "Viver para Deus?", ele perguntou. "Mas e quanto a Sansão? Ele não era o homem mais forte da Bíblia?"

"Sinto muito, Muhammad; estou pendurando as luvas. Mas quero que você saiba que estou aqui se você algum dia precisar de mim."

Até esse instante, nós tínhamos sido inimigos. Mas ele retribuiu minha gentileza e me ligou de volta. Conforme nós fomos nos conhecendo, uma amizade surgiu entre nós. O homem que tinha sido meu pior inimigo estava me telefonando quase todos os dias!

Ele escrevia cartas para mim, e assinava brincando: "Com amor, Muhammad Ali."

Eu respondia dizendo: "Com amor, George."

Ali nem conseguia acreditar no quanto minha atitude tinha mudado depois que encontrei Cristo. Quando conversávamos sobre Deus, ele perguntava: "Mas e isso? E aquilo?" Ele me ouvia professar minha crença, e sempre vinha com uma pergunta difícil sobre a Bíblia. Ele sabia que algo tinha mudado minha vida, e finalmente reconheceu que eu devia realmente ter encontrado o Senhor.

Na minha estante de troféus, tenho uma fotografia tirada durante nossa luta na África. A foto mostra eu sendo derrubado, e Ali de pé ao meu lado enquanto o árbitro se prepara para contar. Essa foto está disposta de modo que todos possam vê-la primeiro, antes de ver os outros prêmios. Por quê? Foi o momento que deu início a minha busca por Deus.

Contemplando a fotografia que registrava minha primeira derrota profissional, me apaixonei por aquele momento. E aprendi a amar aquele homem — o homem que eu tanto odiava. Agora entendo que na verdade não foi apenas Muhammad Ali que me derrubou afinal. Deus orquestrou minha derrocada para me levar aonde estou hoje.

A pior coisa tinha se tornado a melhor coisa. E Muhammad Ali, que tinha sido meu pior inimigo, na verdade virou um dos meus melhores amigos.

Não importa qual seja o seu "pior". Pode ser a pior decisão que você já tomou. O pior inimigo que você já teve. O pior desastre pelo qual você já passou.

O que importa é você entregar o seu pior nas mãos do Senhor, e deixar que ele transforme no melhor.

DICAS DO GEORGE SOBRE TRANSFORMAR O PIOR NO MELHOR

- Não se amargure com as derrotas que você já teve.
- Procure o propósito de Deus nas suas circunstâncias.
- Confie no Senhor, ele irá transformar sua situação em algo de bom.

CAPÍTULO 10

Inspirando excelência nos outros

Um dos meus objetivos é inspirar todo mundo que conheço a se tornar uma pessoa melhor. Você ficaria surpreso com como umas poucas palavras de incentivo podem revolucionar a maneira como uma pessoa pensa sobre si mesma. Um homem chamado Carl Hempe fez um discurso de trinta minutos em 1965 que mudou o modo como eu me via e me inspirou rumo à excelência. Antes de eu contar o que ele disse, você primeiro precisa entender um pouco sobre a origem de Carl.

O pai de Carl Hempe, Frederick, era um oficial alemão de alto escalão, que foi capturado por tropas americanas durante a Primeira Guerra Mundial. Frederick foi trazido aos Estados Unidos e colocado em um acampamento para prisioneiros de guerra em Nova York. Após a guerra, ele ficou tão impressionado com a América que imigrou para os Estados Unidos. Ele se tornou um cidadão americano, se casou, e começou uma família.

Quando estourou a Segunda Guerra Mundial, o filho de Frederick, Carl, alistou-se no Exército americano e serviu sob o General George Patton. Ironicamente, o filho do antigo oficial alemão estava lutando como americano contra o regime de Adolf Hitler. Apesar de sua ascendência alemã, a aliança de Carl era com os Estados Unidos.

Em 1965, me inscrevi no programa Job Corps para receber treinamento profissionalizante. A maioria dos adolescentes nos Corps tinham vindo das ruas e estavam tentando encontrar sua identidade. Carl veio ao centro para nos dizer umas palavras de incentivo. Ele explicou que o pai dele tinha lutado para a Alemanha, mas depois abandonou o país para se tornar um cidadão americano. Então Carl me olhou bem no olho e disse: "Você está arranjando encrenca porque as pessoas chamam você de várias coisas. Você é *um americano*. Esse é o seu nome, e nunca se esqueça disso!"

Eu já tinha sido chamado de várias coisas, mas ninguém nunca tinha me chamado de americano. Nos anos 1960, muitas pessoas estavam protestando contra o nosso país e, por um tempo, parecia que o orgulho nacional estava em baixa. Mas as palavras de Carl penetraram no meu coração e, pela primeira vez na vida, senti orgulho de ser americano.

Três anos depois, representei os Estados Unidos como boxeador na Olimpíada de 1968. Diversos atletas americanos haviam boicotado os jogos como forma de protesto político, e a tensão preenchia o ar. Mas nunca esqueci aquele discurso que ouvi enquanto estava no Job Corps.

Minha luta de peso-pesado pela medalha de ouro foi contra um representante do inimigo mais sombrio dos Estados Unidos naquela época: a Rússia. Venci o boxeador russo e realizei meu maior sonho naquela fase da vida — ganhar uma medalha de ouro olímpica. Depois da luta, fiz uma coisa que surpreendeu os telespectadores que assistiram em casa. Em vez de protestar, dei a volta no ringue, sacudindo uma pequena bandeira americana para o mundo inteiro ver. Agitei a bandeira com orgulho quando não era popular fazer aquilo, porque Carl Hempe me disse: "Você é americano, e nunca se esqueça disso!"

Anos depois, em maio de 2006, falei em uma formatura de colegial em Nacogdoches, Texas. Como eu já tinha feito tantas vezes ao longo dos últimos quarenta anos, contei a história de como o discurso de Carl Hempe tinha mudado minha vida. Após a cerimônia, um repórter de jornal me entrevistou e escreveu uma história sobre Carl que acabou sendo postada na internet.[1]

Alguém leu o artigo e informou Carl Hempe, então com 85 anos, do enorme impacto que o discurso dele havia tido na minha vida. Ele não fazia idéia de que sua conversa com um pequeno grupo de adolescentes em 1965 seria repetida inúmeras vezes para milhares de pessoas no mundo inteiro. Foi apenas quarenta anos depois que ele soube da colheita da semente que ele plantou em um adolescente problemático.

Carl Hempe me inspirou a ser uma pessoa melhor, e estou determinado a passar esse favor adiante. Mas antes de eu poder ajudar os outros, primeiro eu próprio precisava aprender uma lição.

Minha lição na IHOP

Mesmo sendo um pastor, também preciso que preguem para mim de vez em quando. Não enxergo meus próprios defeitos, e preciso de alguém que os aponte para mim. Um dos melhores sermões que já ouvi foi pregado em uma lanchonete, a International House of Pancakes (IHOP).

Enquanto eu estava treinando pelo título de peso-pesado contra Evander Holyfield, parei de comer minhas comidas calóricas favoritas para reduzir meu peso para a luta. Eu estava sempre com fome durante o treinamento, e ansiava pelo momento de poder me recompensar com uma grande refeição após a luta.

Eu disse a minha esposa: "Depois da luta, vamos fazer na IHOP, e vou pedir tudo o que me der vontade — panquecas com xarope, bacon, ovos, lingüiças, suco de laranja..." Eu ansiava tanto por comer essa refeição que até marquei no meu calendário.

Depois da luta, fomos ao restaurante como tínhamos planejado. Enquanto eu estava devorando minha refeição, um fã me reconheceu e veio andando até nossa mesa.

"George Foreman! Você pode me dar um autógrafo?"

Eu não queria ser interrompido. Só queria comer minha comida.

"Você pode esperar? Assim que eu acabar de comer, eu dou."

"Está bem", ele respondeu, e foi embora decepcionado.

Mary soltou o garfo e me encarou descrente. Então ela pregou a mensagem que eu nunca esquecerei.

"Veja, George. Todo mundo acha que você é o cara mais legal do mundo porque você aparece sorrindo em todos aqueles comerciais. Mas você não quis parar de comer por quinze segundos para dar um autógrafo para aquele homem. Você não pode tratar as pessoas assim. Então seja o cara mais legal, ou não seja! Mas não finja ser uma pessoa e aja como outra!"

> **Ninguém nunca tinha me chamado de americano.**

As palavras dela me atingiram com mais força do que um soco de Holyfield. Eu não tinha me dado conta de como devo ter parecido esnobe. Aquele foi um dos melhores sermões que jamais ouvi, e eu me arrependi na hora!

Imediatamente, chamei o sujeito: "Ei! Volte aqui!"

O homem voltou à nossa mesa, e conversei com ele enquanto dava meu autógrafo. Eu queria que ele soubesse que ele não era um incômodo, como eu talvez tenha feito que ele se sentisse antes. Eu tinha aprendido minha lição sobre tratar todos com dignidade.

Desde esse dia, tento fazer com que todos se sintam importantes. Quando estou atravessando o aeroporto, muitas vezes sou interceptado por pessoas que querem falar comigo. Às vezes, estou procurando meu portão de embarque e ouço alguém gritar: "Ei, George Foreman!" Mesmo se estou com pressa, paro para falar com estranhos como se fôssemos velhos amigos. Pergunto sobre a família deles e se eles estão bem. Demonstro o quanto aprecio o apoio e as orações deles.

Se me atrasar e perder o avião, posso pegar outro vôo. Mas não quero perder a oportunidade de inspirar alguém a ser uma pessoa melhor.

Veja todos como importantes

Anos atrás, fui a uma luta de boxe onde um ator famoso estava na platéia. Mike Tyson estava lutando pelo campeonato, e diversas celebridades estavam assistindo naquela noite. Quando o ator veio descendo pelo corredor, pessoas começaram a gritar seu nome e tentaram apertar sua mão. Ele simplesmente deu um "gelo", e nem mesmo olhou na direção delas. É triste, mas algumas celebridades agem de forma rude com seus fãs, pois os vêem como estorvos. Quando vi aquele ator empinando o nariz para a multidão, pensei: *Senhor, por favor, nunca deixe que eu trate as pessoas assim.*

Já fui a outros eventos esportivos onde vi fãs abordarem atletas famosos e pedir autógrafos. Muitas vezes, os *superstars* respondem com uma atitude "sai da minha frente". Eles tratam os fãs que os adoram como intrusos, que estão invadindo o seu espaço.

Isso não é jeito de tratar as pessoas. A maioria dos fãs está apenas tentando demonstrar respeito. Alguns atletas não sabem como interagir direito com as pessoas, por isso tento dar um exemplo para eles seguirem.

Quando entro em uma arena de boxe para trabalhar como comentador televisivo, ouço pessoas gritando "George! George! George!" Sempre que é possível, passo um tempo com os espectadores para dar autógrafos, dar abraços, e tirar fotos com eles.

Às vezes, outros atletas me vêem sendo simpático com meus fãs, e percebem que é assim que eles querem tratar seus admiradores também. Logo ouço eles dizendo: "Claro, dou um autógrafo para você." E então sorrio, porque meu comportamento contaminou a eles. Ser gentil com os outros faz isso. É contagioso.

Todas as pessoas na Terra têm valor igual aos olhos de Deus. Ninguém é melhor que ninguém. A pessoa sem-teto na rua é tão valiosa quanto o mais admirado atleta, músico, empresário ou artista de cinema. No entanto, na nossa sociedade, os atletas e atores parecem ser mais importantes aos olhos de algumas pessoas, simplesmente porque são vistos por milhões de pessoas na tevê, no cinema, ou em revistas e jornais. É difícil continuar humilde quando tantas pessoas põem as celebridades em um pedestal. Depois de ser idolatrado por um tempo, torna-se "normal" as celebridades pensarem que estão um degrau acima do resto do povo. E é por isso que elas espantam os fãs que as incomodam.

Mas um fato não muda: somos todos iguais. Talvez você não seja uma pessoa famosa, mas qualquer um pode acabar se contagiando com a síndrome das celebridades. Você vê os outros como desimportantes ou ocupando o seu espaço? Se sim, você nunca será capaz de ajudá-los. A Bíblia diz: "Com humildade, que cada um julgue os outros superiores a si mesmo."[2] Embora nenhuma pessoa seja melhor que as outras, devemos considerar os outros como mais importantes. Em vez de ver os outros como seus criados, precisamos ver a nós mesmos como criados deles.

Quero tratar com dignidade todas as pessoas que conheço — pois os seres humanos são a coisa mais valiosa da criação de Deus.

NUNCA DESISTA DAS PESSOAS

Eu me recuso a desistir das pessoas. Em vez disso, continuo orando por elas. Tento sempre lembrar que Deus pode transformar qualquer um — se a pessoa estiver disposta a procurar por ele. Certa época, parecia que eu não tinha mais salvação. Mas se Deus conseguiu me salvar, então ele pode salvar qualquer um. Enquanto uma pessoa estiver viva, ainda há uma chance de que ela veja a luz e encontre o caminho.

Meu pai era alcoólatra, por isso minha mãe foi obrigada a trabalhar em dois empregos para nos sustentar. O dinheiro que meu pai ganhava trabalhando na ferrovia servia para comprar bebida em vez de comida para a família. Quando eu era rapaz, lembro-me de estar andando pela rua um dia, junto com meus amigos, quando vi meu pai andando bêbado. Ele avançou um pouco, cambaleou para um lado, depois para o outro, e então perdeu a consciência e caiu em uma vala.

Fiquei envergonhado que meus amigos vissem meu pai naquela condição. Meus amigos não o tinham visto, por isso rapidamente desviei a atenção deles em outra direção.

Depois que chegamos aonde estávamos indo, fiz uma saída apressada. Eu disse a meus amigos: "Ei, preciso ir. Até depois." Imediatamente voltei correndo e puxei meu pai para fora da vala. Nossa família já tinha pedido mil vezes para ele parar de beber, mas ele não conseguia. Como muitos alcoólatras, ele parecia não ter mais salvação, e minha mãe se separou dele por causa do problema da bebida.

> Às vezes, as pessoas só precisam de mais uma oportunidade para provar que são capazes.

Anos depois, após encontrar Deus, muitas vezes eu saía nas ruas e pregava para pedestres que estivessem passando. Um dia, preguei em uma esquina perto do lugar onde meu pai vivia. Ele ficou chocado ao me ouvir dando um sermão, mas ouviu com atenção o que eu estava dizendo a todos.

Alguns dias depois, ele disse a minha mãe: "Aconteceu alguma coisa com o George. Não sei o que é, mas quero descobrir." Uma semana depois, ele começou a freqüentar a igreja onde eu estava pregando. Meu pai acabou confiando em Deus para salvá-lo, e o Senhor milagrosamente o libertou de seu vício em álcool. Ele nunca mais bebeu, durante os últimos vinte e poucos anos de sua vida. Quando penso sobre como o bom Senhor libertou meu pai, fico convencido de que todo mundo ainda tem salvação.

Após sua conversão, meu pai freqüentava a igreja fielmente, toda semana. Ele até me ajudava quando eu ia pregar nas ruas. Eu o chamava de "Irmão Foreman", e ele se referia a mim como "Pastor". Ficamos tão íntimos que minha mãe ficou até com ciúme, por isso ela começou a freqüentar a igreja também. Em pouco tempo, outras pessoas da família também começaram a vir à igreja. O amor de Deus é contagioso!

Graças ao Senhor, meus pais viraram amigos de novo. Antes de morrer, meu pai me disse: "Sua mãe é a única mulher que amei." Ela disse uma coisa parecida sobre ele.

Nunca desista das pessoas. Enquanto elas estiverem vivas, ainda há esperança de mudança. Se o Senhor pode transformar um alcoólatra como o meu pai e uma pessoa odiosa como eu, ele pode transformar qualquer um. Quem sabe? Talvez você seja a pessoa que Deus quer usar para iniciar a mudança dentro da sua família.

Dê aos outros uma segunda chance

Algumas pessoas só precisam de uma chance para recomeçar. Meu antigo treinador, Charley Snipes, teve problemas com a lei e passou um tempo na prisão. Ele era um dos homens no vestiário que haviam testemunhado meu encontro com Deus. Agora ele precisava que eu apoiasse a liberdade condicional dele.

Isso foi complicado para mim, porque eu nunca tinha ajudado ninguém nesse tipo de situação. Mas os oficiais da condicional vieram à minha casa e me perguntaram se eu estaria disposto a garantir que Charley me prestasse contas de forma regular. Eles deram a entender que eu seria responsável se ele fugisse da condicional.

Eu sabia que estaria correndo um risco se me responsabilizasse por Charley. Enquanto eu estava cogitando sobre a situação, pedi o conselho da minha mãe. Ela geralmente suspeitava das motivações dos outros quando eles pediam minha ajuda. Mas desta vez, ela me surpreendeu e apoiou a idéia.

"Conheço Charley", ela disse. "Ele só precisa de uma segunda chance."

Eu nunca tinha ouvido ela falar isso sobre ninguém. Geralmente ela batia o martelo do julgamento em todos — bum! Mas era de que Charley precisava: outra chance para endireitar sua vida, outra chance para provar que era capaz. Concordei em ajudá-lo.

Sempre que Charley saía da cidade, ele informava o oficial de justiça. Ele sempre ficava na linha e respeitava as leis. Ele acabou saindo da condicional e provou ser um cidadão-modelo. Na verdade, depois ele virou milionário!

A crença de minha mãe em Charley foi o empurrão de que eu precisava para ajudá-lo a dar certo na vida.

Talvez você conheça alguém que pisou na bola. Você tem medo de dar uma segunda chance a essa pessoa, pois acha que ela vai se aproveitar de você. Não necessariamente. Se essa pessoa realmente quer mudar, vale a pena correr o risco. Às vezes, as pessoas só precisam de mais uma oportunidade para provar que são capazes.

E é assim que vejo as pessoas. Deus me deu outra chance de viver, por isso agora faz parte da minha natureza dar aos outros uma segunda chance também. Às vezes, é só depois que vejo a recompensa de ajudar uma pessoa.

Anos atrás, um estudante universitário me telefonou, chorando porque tinha perdido sua bolsa na UCLA. Ele perguntou se eu poderia ajudá-lo, por isso lhe enviei mil dólares. Quinze anos depois, ele veio à minha casa e pagou os mil dólares. Ele tinha começado seu próprio negócio, e queria me entregar o dinheiro pessoalmente. Ele disse: "Nunca vou esquecer o que você fez por mim!"

Em 1983, um dos garotos do George Foreman Youth Center em Houston precisava de faixas para as mãos para lutar boxe. As faixas custam 5 dólares, mas ele não tinha dinheiro nenhum. Eu disse a ele: "Vou lhe dar as faixas, mas assim que você conseguir o dinheiro, precisa me pagar os cinco dólares. Quero que você entenda que nada na vida é grátis. Tudo tem um custo."

Todo mundo tem salvação!

Ele continuou no programa por um tempo, porém não me pagou o dinheiro. Acabei perdendo o garoto de vista.

Cerca de dez anos depois, parei em um posto de gasolina em Houston. O frentista me cumprimentou com entusiasmo, colocou gasolina, limpou as janelas e então disse: "Espere um minuto. Já volto."

Ele veio correndo e me entregou uma nota de cinco dólares.

Eu não consegui entender por que ele estava me pagando por ter limpado as janelas do meu carro. "Que é isso?"

"Lembra as faixas que você comprou para mim no centro de jovens, muito tempo atrás?", ele perguntou. "Estou devolvendo o dinheiro, como você pediu."

Aceitei o dinheiro dele. Isso fez com que ele se sentisse bem, mas eu me senti ainda melhor. Aqueles cinco dólares eram mais importantes para mim do que os milhões que já faturei no ringue. É uma das minhas memórias favoritas de ajuda às pessoas.

Por quê? Porque eu inspirei o garoto a virar uma pessoa melhor.

SEJA A PESSOA MAIS SIMPÁTICA

Eu disse a meus filhos: "Talvez você não seja a pessoa mais alta da sua escola. Talvez você não seja a mais esperta, nem a mais bonita, nem a mais atlética. Mas você pode ser a pessoa mais *simpática* da sua escola."

Quero ser conhecido como o ser humano mais gentil no planeta. Se alguém me disser: "Conheci alguém mais gentil que George Foreman", então vou encontrar essa pessoa e imitar o que quer que ela esteja fazendo. Essa pessoa será meu modelo de comportamento. Quero tratar todo mundo como Jesus trataria. Mesmo se alguém é cruel ou rude comigo, continuo sendo simpático. Se estou ajudando alguém que tenta se aproveitar de mim, continuo ajudando e pergunto: "Tem mais alguma coisa que eu possa fazer por você?" Não vou ser ingênuo, mas quero ajudar os outros da melhor forma possível.

Um homem que estava trabalhando para um dos meus vizinhos — um homem que eu nunca tinha visto — entrou no meu quintal um dia quando deixei o portão aberto por acaso. Eu estava na garagem, e não sabia que ele estava na minha propriedade até que ele apareceu. Eu não sabia direito quais eram as intenções dele.

"Ei, George", ele anunciou, "como vai você? Tenho uns chapéus que queria que você autografasse."

Eu podia ter reagido com irritação, e mandado ele sair do meu quintal. Eu podia ter dito: "Você é muito atrevido de vir aqui! O que você está fazendo invadindo minha propriedade? Não conheço você, por isso saia daqui antes que chame a polícia!"

Mas ele não estava machucando ninguém. Ele não estava ali tentando me roubar. Ele só queria que eu autografasse umas coisas para a família dele. Por isso, em vez de me enfurecer, apertei a mão dele e me apresentei. "Oi, sou George Foreman. Prazer em conhecer você." Eu queria que ele se sentisse amado e aceito. Não queria que ele pensasse que o estava rejeitando nem que ele era desimportante.

Ele me entregou uma pilha de chapéus, que autografei de bom grado para ele. Conversamos por um tempo, e ele me deu seu cartão de visita. Não tinha sido correto entrar na minha garagem sem ser convidado, mas mesmo assim decidi ser a pessoa mais simpática que ele já tinha conhecido.

> **Os pais precisam corrigir os filhos, mas também precisam dedicar uma quantia igual de tempo para incentivá-los.**

Essa é minha vocação na vida — investir minha vida nos outros. Quase todo mundo passa por algum tipo de dificuldade todo dia. Uma boa dose de incentivo pode ser o melhor remédio. Às vezes, a melhor maneira de incentivar os outros é simplesmente passar tempo com eles e fazer com que se sintam valorizados.

Fundei o George Foreman Youth Center para investir em gerações futuras. Os jovens vêm ao centro para se encontrar e jogar basquete. Eles adoram quando me sento e assisto eles jogarem. Faz com que se sintam especiais, mesmo se for apenas durante aquele dia. Então tento incentivá-los a voltar. Eu digo: "Se você vier na semana que vem, eu assisto você jogar de novo." Muitos jovens realmente voltam para que eu os assista jogar. Eles só precisam de alguém que lhes dê atenção.

Na semana seguinte, eles voltam e trazem um amigo junto. O amigo diz: "Você tinha razão. Você disse que George estaria aqui para nos assistir." Os jovens precisam de alguém que se interesse por eles, que preste atenção neles, que os ajude a sentir que eles têm valor. Esse é o incentivo de que precisam. Então, anos depois, quando eles próprios tiverem filhos, quem sabe vão se lembrar de dar atenção a eles, também. Talvez se eu tratar os outros com cortesia, eles se sentirão inspirados a dar continuidade a essa cortesia.

PLANTE SEMENTES DE GRANDEZA

Quando eu era um garotinho, meu pai plantou uma semente de grandeza no meu futuro. Quando brincávamos, ele muitas vezes levantava minhas mãos acima da cabeça como se eu tivesse acabado de vencer uma luta de boxe, e gritava: "George Foreman, campeão mundial de peso-pesado! Mais forte que Jack Johnson. Bate como Jack Dempsey!" Mesmo sem eu entender o que significava "campeão mundial de peso-pesado", ele plantou uma idéia na minha mente que acabou se tornando realidade.

É incrível ele ter declarado essas coisas sobre mim, quase como uma profecia sobre o meu futuro. É ainda mais surpreendente que não apenas me tornaria campeão de peso-pesado, mas também retornaria da minha aposentadoria e venceria uma segunda vez, vinte anos depois. Meu pai começou a proclamar meu destino quando eu tinha apenas quatro anos de idade, e continuou dizendo aquilo até minha adolescência.

As palavras de um pai ou uma mãe podem ter uma influência poderosa na vida de uma criança. Você pode moldar o destino dos seus filhos dizendo palavras de incentivo sobre eles, sobre quem eles são, não apenas sobre o que eles sabem fazer. Os pais que viviam nos tempos do Velho Testamento abençoavam os futuros de seus filhos. Eles acreditavam que suas palavras proféticas se concretizariam um dia.

Assim como os patriarcas do Velho Testamento abençoavam seus filhos, você pode dizer palavras de bênção para os seus filhos também. Diga palavras de incentivo. Diga a eles: "Você vai se dar bem na vida. Deus tem planos para você. Você é um campeão!"

Isso não significa que você não deva dizer palavras de correção. Tenho filhos também, e parece que todo dia tem alguma coisa que é preciso corrigir. Quando as crianças fazem algo de errado, os pais têm a responsabilidade de corrigi-los. Se os seus filhos não vão bem na escola, ou precisam arrumar o quarto, ou ficam muito tempo no telefone — é aqui que você precisa mostrar quem é que manda.

Mas lembre-se sempre de dedicar uma quantia igual de tempo para incentivar os seus filhos. Eles podem se lembrar do lar como um lugar onde "eles brigavam comigo por qualquer coisa", ou podem lembrar que "eles sempre me incentivavam". Filhos que são incentivados pelos pais geralmente acabam incentivando os outros.

Quero garantir que meus filhos se lembrem do nosso lar como um lugar de incentivo. Sim, as crianças precisam ser corrigidas e às vezes disciplinadas. Mas a correção não deve ser a coisa mais predominante que elas lembram da infância. Elas precisam ter memória de seus pais lhes dando apoio. E precisam ter uma relação positiva com os pais, para que a correção e o incentivo façam efeito.

Plante uma semente de grandeza nos seus filhos. Fale uma palavra de incentivo para alguém que precisa ouvir. Inspire alguém a ser uma pessoa melhor. Um dia você irá colher, e seu mundo se tornará um lugar melhor para morar.

DICAS DO GEORGE SOBRE INSPIRAR OS OUTROS

- Trate todos com dignidade.
- Dê uma segunda chance a alguém que fracassou.
- Incentive alguém que está passando por uma época difícil.
- Plante uma semente de grandeza em cada um dos seus filhos.

CAPÍTULO 11

Atravessando a tempestade

Poucas pessoas fizeram na vida um percurso tão maluco quanto o meu. Eu provavelmente sou uma das poucas pessoas no mundo que passaram da pobreza à riqueza, e novamente à pobreza e depois à riqueza outra vez. Cresci na pobreza extrema, me tornei um milionário, e então fui à falência. Agora estou em melhor situação do que nunca.

A casa onde nasci não tinha nem banheiro. Em 1957, ainda usávamos uma cabaninha. Meu almoço na escola consistia em um sanduíche de maionese e água do bebedouro. Então, depois que alcancei o sucesso, morei em casas no mundo inteiro, comi as melhores comidas nos restaurantes mais finos, e dirigi carros caros. Ganhei mais de 10 milhões de dólares na primeira fase da minha carreira de boxe. Mas eu não conhecia Deus naquela época.

Mesmo após me tornar um crente, meus problemas não desapareceram por completo. Em 1985, quando descobri que meus investidores tinham perdido a maior parte do meu dinheiro e um sócio tinha esvaziado minha conta pessoal no banco, fiquei chocado! Eu estivera vivendo sob a ilusão de que estava financeiramente garantido pelo resto da vida, eu de repente cheguei à dura conclusão de que estava falido.

Depois de ouvir a má notícia, lembrei o que a Bíblia dizia sobre Jó quando ele perdeu tudo. Ele disse: "Nu saí do ventre da minha mãe, e nu voltarei para lá. O Senhor deu e o Senhor tirou, bendito seja o nome do Senhor."[1] Eu disse a Deus a mesma coisa, derramei algumas lágrimas, e então fui cuidar da minha vida. Será que fiquei chateado ao saber que milhões de meus dólares ganhos com tanto suor tinham desaparecido? É claro que sim! Mas decidi que não deixaria meus problemas me deprimirem. A vida é mais que dinheiro. Mesmo assim, a perda afetou drasticamente o meu estilo de vida.

> **Quantas pessoas esperam que o antigo campeão mundial de peso-pesado esteja vasculhando a caixa de latas amassadas?**

Uma das primeiras coisas que tive que mudar foi o modo como fazia compras. Quando eu era rico, não tinha limitações de gastos. Comprava o melhor que o dinheiro podia comprar, e nunca pensava no preço. Eu não podia mais fazer isso. Precisei vender coisas que possuía só para comprar mantimentos para minha família.

Conforme eu empurrava meu carrinho de compras com a roda solta pelo corredor do mercado, procurava atentamente por promoções. Com tão pouco dinheiro no bolso, eu só podia comprar as marcas "genéricas" mais baratas.

Nas prateleiras, eu pegava caixas que diziam apenas "sabão em pó", em vez de "Omo". Eu procurava papel higiênico genérico em vez de "Neve". Antes de o bom Senhor me mudar, se alguém tivesse me trazido um produto genérico e barato, eu teria ficado ofendido. Agora, conforme eu pegava cada um daqueles produtos de última categoria, agradecia a Deus pela economia. Lembre bem, isso foi *depois* de eu ter sido campeão mundial de boxe! Agora eu possuía tão pouco que apreciava melhor as coisas simples. Decidi que minha felicidade não se basearia no tamanho das minhas posses, nem em quanto dinheiro eu gastava em sabão em pó ou papel higiênico ou nenhum outro produto.

Minha situação era especialmente peculiar, considerando o quanto eu tinha caído em termos de patrimônio líquido — do topo da montanha ao fundo do vale. Quando eu era o "antigo George", um dia saí para comprar um Rolls Royce. Quando o vendedor ofereceu um desconto de muitos milhares de dólares, fiquei ofendido por ele ter insinuado que a questão do preço importava para mim.

> **Eu precisei vender coisas que eu possuía, apenas para comprar mantimentos.**

"O que você está tentando fazer?", eu disse. "Você acha que não tenho dinheiro para comprar este carro?" Eu realmente fiquei bravo, quando ele estava me tentando fazer um favor. Eu queria pagar o preço de tabela! Não queria nem ouvir falar em desconto.

Quando você é uma celebridade, todo mundo está de olho em tudo o que você faz, e algumas pessoas ficam boquiabertas ao ver todos os produtos que estão no seu carrinho. Quando você não é famoso, ninguém se importa. Agora que eu era uma "pessoa comum", ninguém me reconhecia no supermercado. Eu não tinha a mesma aparência da época em que lutava boxe. Já haviam se passado vários anos desde que me aposentara, e minha aparência tinha mudado durante esse período. Eu tinha raspado a cabeça e engordado bastante, por isso ninguém me reconhecia. Além disso, quantas pessoas esperam que o antigo campeão mundial de peso-pesado esteja vasculhando a seção de descontos ou a caixa de latas amassadas?

Mas não me incomodava em ter que procurar as promoções. Na verdade, no fundo eu gostava de comprar aqueles produtos mais baratos junto com o resto das pessoas pobres. Aprendi a ser feliz na riqueza, mas também aprendi a me satisfazer na pobreza. Mesmo tendo perdido tudo, a minha risada era mais alta que a de qualquer pessoa na sala. Eu me recusava a deixar que as circunstâncias roubassem minha alegria.

Eu não passeava mais no meu Rolls Royce. Comprei um carro velho em uma revendedora de usados e dirigi até a casa dos meus parentes. Eles acharam que eu estava maluco por dirigir aquele calhambeque.

"George, você é tão rico, pode comprar o que quiser. O que você está fazendo com essa lata velha?"

Eu não contei a eles que tinha ido à falência porque não queria que ficassem preocupados comigo. Só dei uma resposta ambígua.

Durante esse período, eu era um pastor em tempo integral junto a uma pequena congregação. Um domingo, ministrei sobre a fidelidade de Deus. Falei do Salmo 37:25, que diz: "Fui jovem e agora estou velho; mas nunca vi um justo ser abandonado, nem seus descendentes mendigando pão."

> **Com todo nível de realização vem um novo conjunto de dificuldades.**

Embora estivesse falido, eu orei: "Senhor, você não vai me abandonar, e eu não vou abandonar a missão de ministrar esta mensagem. Esta é a verdade. Ninguém nunca vai me fazer dizer: 'Esta Bíblia não é verdadeira'. Davi disse: 'Eu *nunca* vi um justo ser abandonado'."

Mesmo nessa época desesperada da minha vida, sabia que Deus cuidaria de todas as minhas necessidades. Confiei que o Senhor iria me suprir durante meu período de "fome".

Minha situação era semelhante à daquela viúva na Bíblia que foi orientada por Deus a alimentar o profeta Elias; ela obedeceu a Deus, e sua vasilha de farinha nunca ficava vazia. Toda vez que ela olhava, sempre havia farinha na vasilha. Foi isso que aconteceu comigo. Mesmo hoje, agora que reconquistei minha riqueza, não vejo minha conta bancária como uma "vasilha grande". Vejo apenas o que tenho como aquilo que Deus me deu. Ele prometeu tomar conta de mim.

E tomou. Assim como agraciou Jó com o dobro do que ele tinha, ele fez isso e ainda mais por mim. O Senhor me puxou para fora do poço e me recolocou no topo de uma montanha, mais alto do que o primeiro. Desde a minha falência, fui abençoado com uma riqueza maior do que jamais tivera. Em 1994, já tinha faturado mais de 50 milhões de dólares só com o boxe. Essa quantia não inclui os rendimentos dos meus negócios.

Deus já se provou para mim diversas vezes. Aprendi a confiar na fidelidade dele. Aprendi que ele está no controle, mesmo quando as coisas parecem estar fora de controle. Saber que Deus estava do meu lado me ajudou a atravessar meus tempos de adversidade. Ele irá fazer o mesmo por você, também.

EU SINTO A SUA DOR

Eu tive de superar diversas adversidades ao longo da minha vida, e isso não acabou simplesmente porque depositei minha confiança em Deus. Algumas pessoas acham que é possível atravessar a vida inteira sem nunca ter um problema. Elas assumem que devem estar fazendo algo errado quando passam por uma época de dificuldade. Mas as crises fazem parte da vida, mesmo para uma pessoa que acredita em Deus. Fracassos financeiros e problemas pessoais podem causar uma boa dose de tristeza e dor. Para mim, pelo menos, foi assim.

> **Deus está no controle, mesmo quando as coisas parecem fora de controle.**

Da próxima vez em que você for a um jogo de futebol, preste atenção no jogador que está mancando ou com um saco de gelo no joelho. Ele obviamente estava competindo no jogo e sofreu uma dor como resultado. Quem fica sentado no banco de reservas está perdendo a experiência do jogo. Muitas vezes, o fato de o jogador estar sentindo dor significa que ele estava dando tudo de si. Ele não é apenas um espectador; está participando ativamente do esporte.

Quando você sente dor, significa que você está envolvido no jogo da vida. A adversidade é uma parte do desafio; a vida não teria graça sem ela. Você não quer ser excluído da agonia, pois isso significaria que você está morto.

Os corpos sem vida no necrotério nunca sentem dor. Aposto que você nunca ouviu eles dizerem: "Oh, essas contas pra pagar estão me matando!" Quando minha mãe morreu, as contas continuaram chegando à casa dela, mas ela nunca reclamava. Pessoas mortas não se queixam das dívidas que têm. Só quando as pessoas estão vivas é que podem falar sobre sua dor.

Nenhuma pessoa que esteja respirando pode escapar de dificuldades e tribulações. Ser rico não protege você desse fato. Ser pobre não exime você desse fato. Ser famoso não isenta você desse fato. Você ainda vai ter que acordar de manhã e dizer "Lá vamos nós de novo". Você terá que aprender a enfrentar a adversidade, não importando se você está no fundo ou no topo. Com cada nível de realização vem um novo conjunto de dificuldades.

> **Você sempre pode encontrar alguma coisa positiva em cada situação negativa.**

Meu amigo Dave McMillan nasceu na Grã Bretanha, mas veio os Estados Unidos quando era garoto, e entrou para um circo. Dave virou especialista em adestrar leões e tigres, e acabou se estabelecendo como um dos melhores treinadores de animais da Califórnia. Ele e sua esposa eram especialmente famosos por seu trabalho treinando leões, tigres e ursos. Dave uma vez ajudou a treinar um leão e um tigre que mantive por um tempo no meu próprio terreno. Nem é preciso dizer que, naquela época, nós não tivemos nenhum invasor inesperado!

Uma noite, na calada do inverno de 1979, recebi uma ligação de Dave; ele estava morando em New Jersey na época, e dava para perceber imediatamente que ele estava transtornado. "Minha esposa me largou, George", ele choramingou no telefone. "Não sei o que fazer. Ela não quer voltar para mim. Tenho vontade de desistir. Não quero mais viver."

Fui a New Jersey e passei uns dias com Dave, tentando lhe transmitir ânimo. Não demorou muito para que a conversa se voltasse naturalmente para Deus e como ele tinha me ajudado. "Acho que Deus pode ajudar você também, Dave", eu disse a ele. "Basta você dar a ele uma chance." Expliquei ao meu amigo como ele poderia ter uma relação com Deus, através da fé em Jesus Cristo.

"Me fale mais sobre essa coisa do batismo", pediu Dave quando eu disse a ele que Jesus nos instruiu a nos arrependermos — dar uma guinada de 180 graus para longe do mal — e sermos rebatizados. Expliquei que o lugar e método de batismo não são os aspectos mais importantes, já que o batismo é um símbolo e a expressão externa do que já aconteceu no coração de uma pessoa. Contei a Dave como os verdadeiros fiéis em Jesus geralmente são batizados, para mostrar que um certo modo de vida está morto e enterrado, e eles levantaram para uma vida nova.

"Vamos fazer isso agora", Dave disse. "Eu tenho uma piscina no quintal. Você pode me batizar ali mesmo, não pode, George?"

"Agora?", perguntei. "Lá fora está um frio de congelar, Dave. Tem gelo na água."

"Mas eu sou um novo fiel, e isso pode me ajudar, então eu deveria ser batizado agora mesmo, George."

"Está frio, Dave", eu disse, tentando convencê-lo a aguardar uma oportunidade mais quentinha para ser batizado.

"Você está com medo?"

"Não, não estou com medo", respondi. "Se você realmente quiser fazer isso, batizo você agora mesmo." Fomos lá fora e tiramos a cobertura da parte rasa da piscina. Dave e eu entramos na água devagar, e pus meu braço em volta do ombro dele. "Você pretende viver para Jesus todos os dias da sua vida?", perguntei a ele, já batendo os dentes.

"Sim, pretendo", Dave respondeu.

Dave segurou-se no meu braço esquerdo, enquanto eu usava o direito para deitá-lo na água fria, batizando-o como novo fiel em Jesus. Quando a cabeça dele surgiu fora da água, Dave estava radiante. "George! Me sinto tão fresco e limpo por dentro", ele gritou.

"Que bom!", eu disse. "Agora vamos sair desta água gelada e nos aquecer." Nós entramos na casa, e depois de vestirmos roupas secas, Dave e eu nos sentamos e conversamos por um bom tempo sobre como ele podia confiar cada detalhe de sua vida ao bom Deus, mesmo as questões difíceis relativas ao divórcio. "Fique junto com Deus", eu disse. "Ele nunca irá abandonar nem desamparar você."

No dia seguinte, Dave disse: "George, sei que não vai ser fácil, mas estou me sentindo bem."

Continuamos em contato por alguns anos, e então nossa vida tomou rumos diferentes. Eu não tinha ouvido falar dele por um longo tempo, quando recebi uma notícia informando que Brandon, o filho de Dave, havia morrido de forma trágica.

Entrei em contato com Dave apenas para dar os meus pêsames, e ver se havia alguma coisa que pudesse fazer para ajudar.

Dave estava arrasado com a morte precoce de seu filho, mas sua fé em Deus ainda era forte. Dave falava com voz baixa porém firme ao telefone. "George, é duro, mas nunca perdi minha fé no Senhor. Sempre conto às pessoas como você me batizou lá em New Jersey. Você me ajudou a selar uma relação com ele muito tempo atrás, e eu ainda tenho Deus. Perdi muito nesta vida, mas nunca perdi Deus. Ele tem estado comigo em todos os momentos, nos bons tempos e nos ruins, a cada passo do caminho. Sem ele, não sei se teria conseguido sobreviver a isso. Mas ainda estou servindo ao Senhor."

As adversidades afetam a todos nós, mas, com a ajuda do Senhor, podemos superar essas épocas e sair delas mais fortes.

VEJA PELO LADO BOM

Enfrentar uma adversidade exige uma atitude positiva. Se você olhar bem de perto, sempre pode encontrar alguma coisa positiva em cada situação negativa. O otimismo está nos olhos de quem vê. Em vez de olhar para o lado negativo do seu problema, escolha olhar o lado positivo.

Atores emergentes sonham com o dia em que serão famosos e suas fotos estarão em todas as revistas. Mas pouco depois de terem atingido o *status* de celebridades, eles começam a se voltar contra as próprias pessoas que os elevaram a esse *status*. Eles detestam os *paparazzi* que tiram fotos. Se não fosse pelos jornalistas, eles não seriam famosos! Quando os fãs pedem autógrafos, os astros de cinema os empurram para longe. Eles não conseguem agüentar ficar junto das pessoas que mais os admiram. Veja que ironia: em um momento eles ansiavam por estar no centro das atenções, sob os holofotes, e agora estão fugindo das câmeras e se escondendo do público!

Uma enxurrada de atenção vem junto com o *status* de celebridade. É parte do preço da fama. Essa popularidade pode ser vista de dois modos — como uma invasão da privacidade ou como uma honra, pois você é amado por tantos fãs. Toda pessoa famosa escolhe o modo como irá tratar os admiradores.

Como eu próprio já estive algumas vezes sob os holofotes, aprendi a ver a popularidade como uma bênção. É uma honra ter pessoas me admirando tanto que até me seguem na rua para tirar uma foto. É um privilégio fazer os outros se sentirem bem apenas assinando meu nome para eles. Um autógrafo é apenas um rabisco em um pedaço de papel, mas esse pequeno gesto pode valer o dia de alguém. O privilégio que a fama traz não dura para sempre. Com

> A força da tempestade não tinha nada a ver com a capacidade de Pedro andar na água.

o tempo, os holofotes acabam indo para longe de você e para outra pessoa. Então você se torna uma ex-celebridade, e essa nem sempre é uma boa posição.

Conheci, recentemente, um jogador de futebol americano universitário que tinha sido selecionado pela National Football League. Os jornais diziam que ele não tinha ido bem no Wonderlic Test, que a NFL usa para medir a inteligência dos atletas. Sua suposta baixa pontuação no teste foi postada em diversos websites da internet e estava sendo discutida em fóruns sobre o assunto e em salas de chat. Os fanáticos por esporte estavam dizendo que ele nunca chegaria ao futebol profissional, o que o incomodava.

"Não se deixe abater", eu disse a ele. "Você deveria estar comemorando. A dor significa que você está oficialmente *no jogo* agora. Não se pode ter sucesso sem superar alguma adversidade. Este é o maior momento da sua vida. Todo mundo está falando sobre você. Um dia, talvez daqui a dez ou vinte anos, você desejará que alguém tire umas fotos de você, como estão fazendo agora."

"Este é o seu momento. Comemore. Você deveria estar feliz que eles estão falando sobre você. Aprenda a desfrutar o hoje, apesar das críticas. Mantenha um sorriso no rosto. Então, quando outro jogador não for bem no teste, ele vai se lembrar de como você lidou com a situação, e que você não deixou que isso o perturbasse."

Procure sempre o lado bom da situação. Nem sempre é fácil de encontrar, mas é essencial que você veja esse lado quando puder.

AS TEMPESTADES PASSAM

Certa vez, alguém perguntou a uma senhora idosa qual era o seu verso favorito da Escritura. Ela respondeu: "e assim se passou".

"E assim se passou? Mas isso não significa nada."

"Significa sim", ela respondeu. "Sei que sempre que um problema vem, ele não vem para ficar; ele vem — para passar. Não vai durar para sempre."

É sábio lembrar que nossas dificuldades geralmente vêm em ondas. Às vezes, parece que tudo está desabando à nossa volta, mas então o período difícil é seguido por um período de paz. Às vezes, a dificuldade termina quase tão rápido quanto começou. Continue confiando no Senhor para conduzir você através da tempestade.

> Você precisa ter uma imagem mais elevada de si mesmo do que as coisas que seus detratores estão dizendo.

Uma das experiências mais difíceis da minha vida aconteceu *depois* que eu estava seguindo o Senhor durante vários anos, quando minha esposa na época decidiu que não queria mais estar casada com o "novo George". Ela era uma mulher sofisticada e bem educada, que tinha metas e sonhos diferentes, e ser esposa de um pastor pobre não era um deles. Cada vez mais, acabamos vivendo em dois mundos separados, com prioridades quase opostas. Eu sabia que nosso casamento estava acabado antes de ela dizer as palavras, mas mesmo assim fiquei arrasado quando voltei para casa após pregar em uma manhã de domingo e encontrei a casa vazia. Todas as roupas dela haviam sumido.

Fiquei devastado, não apenas por causa da minha própria tristeza, mas pelo impacto que meu divórcio poderia ter em membros da nossa igreja e outros a quem eu havia ministrado. Afinal, eu era o sujeito que dizia para eles que Deus era capaz de mudar quaisquer circunstâncias, que nenhum problema entre duas pessoas era irreconciliável quando ele estava no centro, que ele podia reverter definitivamente a situação se eles confiassem nele. E lá estava eu, destruído pelo divórcio e com minha esperança pendurada por um fio.

Alguns dos momentos mais difíceis foram lá mesmo na igreja. Eu sabia que tinha de acordar no domingo e abrir um sorriso. As pessoas dependiam de mim para ministrar a verdade, estando eu com vontade ou não. Eu fazia o melhor possível para ministrar o serviço até o fim, então eu corria para o carro e chorava no caminho inteiro para casa. Sinceramente fiquei com medo de enlouquecer. Em um momento especialmente doloroso, chorei tão alto que precisei entrar em um armário para impedir que os vizinhos me ouvissem. Eu orei: "Se o Senhor me conduzir através desta provação, vou contar minha história para todos os que tiverem caído em desespero, para que eles possam se apoiar em Jesus e receber esperança."

No dia seguinte, aquele peso gigantesco sumiu das minhas costas. Tinha acabado. Passou. Andando no meu carro, com lágrimas marejando os olhos, disse junto com o velho Jó: "Ele pode me matar, mas vou confiar nele."[2]

Em tempos de crise, entregue seus fardos ao Senhor em oração. Mantenha os olhos nele, e não na tempestade que você está enfrentando.

Adoro a narrativa bíblica em que os discípulos estavam amontoados juntos em um barco no Mar da Galiléia, durante uma terrível tempestade, quando Jesus veio a eles andando sobre a água. Pedro julgou que gostaria de fazer aquilo também, por isso Jesus pediu a ele que saísse do barco. Pedro deu alguns passos sobre a água, mas então tirou os olhos de Jesus. No instante em que fez isso, ele deu um mergulho inesperado. Ele tinha perdido a fé por prestar atenção na tempestade que estava acontecendo ao redor dele, em vez de manter os olhos no Senhor.

Mas a força da tempestade não tinha *nada* a ver com a capacidade de Pedro andar na água. Ele nunca teve o poder de fazer isso por si próprio. Jesus deu a ele essa capacidade. A tempestade foi apenas uma distração, que fez com que ele desviasse os olhos de Deus.

Se você está passando por uma das tempestades da vida, mantenha seu foco naquele que pode ajudar você — o Senhor. Não se distraia com o barulho do trovão, os relâmpagos ofuscantes ou o tamanho das ondas. Lembre-se de que apenas Deus pode dar a você a habilidade de "andar sobre a água" na sua vida. Mantenha seus olhos em Jesus e, de forma sobrenatural, você andará por cima da adversidade.

QUANDO OS OUTROS ATACAREM VOCÊ

Alguém uma vez me disse: "Ninguém pesca um peixe morto." É apenas quando você está vivo que as pessoas começam a jogar os arpões. As críticas fazem parte do pacote que vem com o sucesso. Já vi astros de cinema chorando por causa das mentiras escritas sobre eles em tablóides. Mesmo que eles recebam um Oscar, ser difamado em uma revista de fofocas pode roubar a felicidade deles antes que o troféu chegue à lareira.

Não deixe que ataques pessoais a você determinem o modo como você se sente. Quando você estiver por baixo, as pessoas vão tratar você como alguém que está por baixo. Mas se você estiver por baixo e *se visualizar no topo*, então os comentários maldosos não vão incomodar você.

Você precisa ter uma imagem mais elevada de si mesmo do que as coisas que seus detratores estão dizendo. Se você está vivendo em um nível mais elevado, quando as pessoas tentarem ferir você, estarão apenas atingindo os seus tornozelos. Não estou dizendo que você deva ser orgulhoso; estou dizendo que escolhi acreditar no que Deus diz sobre mim, e não no que outras pessoas possam dizer.

Quando estou sendo criticado, tento me erguer acima dos comentários depreciativos ou negativos. Por exemplo, quando eu subia no ringue durante meu retorno ao boxe, os locutores muitas vezes me apresentavam como "o ex-campeão mundial de peso-pesado". Acho que eles tinham razão ao dizer aquilo. Mas me recusava a pensar em mim mesmo como o ex-campeão; eu focava em uma imagem de mim mesmo como o atual campeão de peso-pesado, mesmo ainda não tendo vencido o título.

Na hora em que eles me apresentavam, eu murmurava entre os dentes: "E o próximo campeão mundial de peso-pesado."

Como eu poderia chegar a vencer o título sem acreditar que era capaz? Se você tem um grande sonho que está tentando realizar na vida, precisa acreditar que isso pode acontecer, antes que aconteça de verdade.

Eu não estava tentando ser orgulhoso. Eu simplesmente acreditava no que Deus havia prometido a mim — que eu iria reconquistar o título. Não há nada de errado nisso. Enquanto muitas pessoas têm uma imagem exagerada de si mesmas, muitas outras têm de si uma imagem baixa demais. Elas se vêem como inúteis, e não como pessoas valiosas que Deus criou e por quem Jesus morreu. Não se pode pôr um preço no valor de uma pessoa.

> Você precisa acreditar que pode acontecer, antes que aconteça de verdade.

Quando as pessoas falavam mal de mim, eu pensava: *Eles só estão atingindo os meus calcanhares.* Eles não estavam me acertando com força suficiente para machucar. Eu não permitiria que eles me arrastassem para o nível deles; por isso, como eles poderiam me ofender? Só se ofende quem desce ao nível de quem fez a crítica.

As pessoas não podem me magoar com seus comentários quando sei o que Deus diz sobre mim. A opinião dele sobre mim é o mais importante, não o que alguma outra pessoa pense. Entreguei-me à misericórdia dele quando disse: "Deus, não posso fazer isto sozinho. Você terá que agir através de mim". Quando eu disse isso, o Senhor me deu uma força interior que eu próprio não tinha. Se ele fez isso por mim, sei que ele pode fazer a mesma coisa por você.

Quando as pessoas atacarem você, não desça até o nível delas. Quando elas disserem coisas que não são verdadeiras, não deixe que isso perturbe você. Se você ficar ofendido, dará a impressão de que o que a pessoa diz deve ser verdade. Deus não quer que você fique pensando nas mentiras que os outros contam.

Lembre que as dificuldades são apenas um teste para saber aquilo em que você realmente acredita. O teste é o seguinte: *Vou entrar em pânico no momento mais escuro? Ou vou confiar na luz de Deus para me conduzir através disto?* O Senhor dará a você a força para atravessar sua dificuldade, se você orar para que se faça a vontade dele em vez da sua.

Qualquer que seja a fonte dos seus problemas, não deixe que a adversidade distraia você. Por quê? Porque você precisa passar pela dor para conseguir chegar aonde está indo.

DICAS DO GEORGE SOBRE ENFRENTAR A ADVERSIDADE

- Confie em Deus, ele vai controlar sua situação.
- Procure algo positivo na sua situação negativa.
- Lembre que os problemas acabam.
- Tenha uma imagem elevada de você mesmo, mais alta do que as coisas que estão dizendo sobre você.

Capítulo 12

Integridade: não saia de casa sem ela

Integridade é uma daquelas palavras que usamos em várias conversas hoje em dia, mas cuja definição muitas vezes permanece ambígua. Qualquer que seja a definição, acredito que a integridade de uma pessoa valha tanto quanto vale sua palavra. Minha integridade já foi posta à prova diversas vezes, uma principalmente que poderia ter me custado minha segunda carreira de boxe.

Na época em que eu estava lutando para voltar aos rankings do boxe peso-pesado, eu iria lutar em Atlantic City, New Jersey, na noite anterior à luta de Mike Tyson contra Michael Spinks pelo campeonato mundial de peso-pesado. O plano era aproveitar toda a agitação da mídia em torno da luta de Tyson, pois a cidade estava abarrotada de jornalistas esportivos e celebridades. Eu sabia que essa luta podia ser um grande passo rumo ao lugar aonde eu queria ir nessa segunda fase da minha carreira, por isso eu estava ansioso.

Mas quando cheguei a Atlantic City, descobri que os promotores não estavam cumprindo a palavra. No meu contrato, eu tinha aceitado lutar contra qualquer um dentre três pugilistas que os promotores selecionassem. Mas o homem que eles haviam escolhido, Carlos Hernandez, não era um dos lutadores combinados. Naquela época, Carlos era um lutador com reputação de perder a cabeça no ringue, e tinha um histórico de chutar e arranjar briga durante uma luta. Ele não era uma pessoa com quem eu teria concordado em lutar, e comuniquei isso aos promotores.

Já que os promotores não tinham mencionado nenhum lutador específico no contrato, eles achavam que tinham o direito de me colocar para enfrentar Hernandez. Eles disseram: "Ou você luta com ele, ou não luta com ninguém. É pegar ou largar!"

Esse foi um verdadeiro dilema para mim. O lugar já estava reservado, a publicidade já tinha saído, e a mídia estava envolvida no evento, então o que eu devia fazer? Por um lado, a luta poderia ser um salto na minha carreira, mas, por outro, se eu permitisse que aqueles promotores tirassem vantagem de mim impunemente, estaria abrindo um precedente arriscado.

Fui reclamar irritado para Charley Snipes, meu treinador de longa data. "Charley, isto não está certo, e me deixa tão furioso que tenho vontade de fazer as malas, sair daqui, voltar para casa e esquecer esta luta."

Charley me olhou nos olhos e disse: "Sei que você está decepcionado, George, mas acho que você deveria ir lá e cumprir seu contrato."

"Mas não está certo, Charley", eu insisti.

"Não, não está certo, George", Charley disse com calma. "O que eles estão fazendo não é justo, mas lembre-se do que você sempre me disse: 'O mal espreita onde a decepção mora.'"

Charley estava citando um dos meus ditados favoritos — uma verdade que eu sentia que o bom Senhor havia me ensinado. E agora ele estava devolvendo aquilo para mim, no momento em que eu menos queria ouvir. Mas eu sabia que ele tinha razão. "O mal espreita onde a decepção mora." Se eu fugisse da luta por causa da minha decepção, isso poderia destruir tudo aquilo a que estava me dedicando — não apenas como boxeador, mas como pessoa. Percebi que minha integridade estava em jogo, por isso aceitei lutar.

A luta aconteceu mais ou menos como esperado, quando de repente acertei Hernandez com um potente soco no maxilar, atingindo-o com tanta força que seu protetor bucal voou para longe e caiu na lona. Eu vi o que tinha acontecido e dei um passo para trás. Olhei para o árbitro e apontei na direção do protetor bucal. "Pegue o protetor dele", gritei.

"Não!", o árbitro respondeu. "Lute."

"Não, pegue o protetor dele", repeti.

Carlos, o típico boxeador furioso, não estava acostumado a que as pessoas velassem pelo bem dele. Ele empurrou o árbitro e andou para a frente de mim. "Vem pra cima, amigo!", ele berrou. "Vem pra cima."

Lutei com ele até o fim do round, tentando evitar socos no maxilar até que ele pudesse recolocar o protetor. Continuamos com a luta, e eu venci por nocaute no quarto round.

Além da vitória, pelo menos duas outras coisas positivas resultaram disso que, para mim, começou como uma situação negativa: a luta de boxe da qual eu quase tinha fugido. Número um, aquele lutador viu que eu estava tentando ajudá-lo, pedindo para recolocarem seu protetor bucal em vez de tirar vantagem dele, e isso mudou sua atitude para sempre. Ele percebeu que o boxe não precisava ser um esporte de ódio.

Número dois, devido a essa questão do protetor bucal, o boxe aprovou uma nova regra que dizia basicamente que, quando o protetor de um boxeador cai, a luta deve parar por tempo suficiente para que ele seja limpo e recolocado — pede-se tempo, assim como quando alguém se machuca em outros esportes. A mudança na regra foi um resultado direto da luta que quase me recusei a lutar. Se eu tivesse fugido da luta, não apenas teria sido um golpe para minha integridade; teria sido também um golpe para o pugilismo.

Nossa integridade pessoal afeta todas as áreas da nossa vida, e uma das áreas onde ela sempre aparece é a da tentação sexual. Devo admitir que, antes de dedicar minha vida a Deus, eu só agia por puro egoísmo e luxúria — eu queria o que eu queria, na hora em que queria — e geralmente conseguia.

Mas depois daquela experiência em Porto Rico, eu queria agradar a Deus, não apenas a mim mesmo. Minha nova atitude me deixou fora de sincronia com algumas das minhas antigas namoradas. Logo que voltei de Porto Rico, fiquei hospedado com minha mãe, mas acabei me mudando de volta para minha própria casa. A maioria dos

> **Se o seu coração não está ligado em Deus, o máximo que você pode fazer é fingir que leva uma vida justa.**

meus amigos ainda não sabia que o antigo George tinha morrido e eu era uma nova pessoa por dentro, por isso eles apareciam na minha casa a qualquer hora do dia ou da noite.

Uma noite, eu estava no chuveiro, quando uma bela jovem chamada Shawn apareceu. Eu tinha cobiçado Shawn com ardor antes da minha conversão, por isso imagine a tentação quando aquela linda garota me surpreendeu entrando no chuveiro comigo — totalmente nua.

No passado, eu teria adorado aquilo, mas as coisas tinham mudado. Sem que ninguém tivesse me pregado nada, algo dentro de mim disse: "Não, isto não está certo." Saí do chuveiro, me enrolei em uma toalha, e comecei a me secar. Shawn logo me seguiu, então joguei uma toalha para ela também.

"George, o que foi?", ela perguntou. "Achei que você fosse ficar feliz em me ver."

"Estou feliz em ver você, Shawn. Mas não deste jeito." Fiquei constrangido, e tentei explicar do melhor modo que pude a transformação espiritual que tinha acontecido comigo. "Encontrei a paz em Deus", disse para ela, "e quero fazer as coisas do jeito certo a partir de agora." Eu estava aprendendo bem cedo na minha nova vida que, não importa o quão perto de Deus nós cheguemos neste mundo, a tentação nunca vai embora por completo; ela simplesmente muda de aparência. Manter minha integridade é tarefa de cada dia.

Hoje em dia, viajo bastante a negócios. Antes de partir, digo a minha esposa Mary: "Quando eu estiver longe, vou ser o mesmo homem que sou em casa." Toda vez em que viajo sozinho, sempre levo minha esposa comigo — no meu coração. Quando faço as malas, tento pensar em tudo o que será necessário para minha viagem. A coisa mais importante, que não posso esquecer de levar comigo, é minha integridade. Não saio de casa sem ela.

Sempre que estou viajando, telefono para Mary todo dia, para dizer o quanto a amo. As pessoas são capazes de sentir quando são amadas e quando não são. Mary sabe que amo a Deus e amo a ela, por isso ela nunca precisa se preocupar com a possibilidade de eu ser infiel.

Como é que *você* faz para não se meter em encrenca? O seu cônjuge precisa contratar um detetive particular para seguir você pelas ruas 24 horas por dia? Esse é o único jeito de impedir que você perca o rumo, se você souber que tem alguém vigiando? Quando você tem integridade, não precisa de um detetive o tempo todo na sua cola. Se um detetive me seguisse, só o que ele teria para escrever em seu caderno seria: "Nada a relatar!"

Apenas Deus realmente sabe tudo o que você faz. Ele lê cada pensamento na sua mente, e analisa cada motivo do seu coração. Integridade significa viver uma vida correta — não porque há um detetive particular seguindo você, mas porque você quer agradar a Deus. Você defende a verdade. Você faz escolhas certas. Você é honesto em seus negócios. Você é a mesma pessoa em público e na vida particular.

Nosso caráter moral está diretamente ligado a nosso relacionamento com Deus. Não se conquista integridade simplesmente "tentando ser bom". Mas Deus pode dar a você o poder de viver do modo que ele quer, e ajudar você a se manter no caminho certo.

Quando seu coração está conectado ao coração de Deus, ele injeta o caráter dele dentro de você, como uma transfusão de sangue dá vida a um paciente. Quando você anda com o Senhor, ele manifesta a vida dele *através* de você. Mas se o seu coração não estiver ligado em Deus, o máximo que você consegue é fingir que vive de forma correta. Você irá agir de um jeito na frente das pessoas, e depois ser uma pessoa totalmente diferente na vida particular.

É como jogar golfe e marcar sua própria pontuação. Após cada buraco, você anota uma pontuação menor para conseguir vencer. Então você mostra a todos o seu cartão de pontos, e se orgulha de ter feito o percurso em setenta tacadas. Mas você terá que viver sabendo que na verdade fez em 105. Será que isso é mesmo satisfatório?

Talvez você consiga fingir que é correto por um tempo, mas alguma hora acabará sendo descoberto. Mais cedo ou mais tarde, as pessoas vão perceber que o seu desempenho não confere com o seu cartão de pontos. Você pode esconder coisas do seu vizinho, mas o que você pode esconder de Deus? Nada. Ele vê tudo o que você faz. Você não está enganando a ele.

Deus me deu uma segunda chance na vida, e estou determinado a viver do jeito certo desta vez. Decidi no meu coração que não vou viver de forma imoral, como vivia antes. Quando minha vida chegar ao fim, não quero olhar para trás e lamentar a maneira como eu vivi. Quero que Deus diga: "George, dei a você uma outra chance, e você viveu exatamente do jeito que eu queria."

AS PORTAS DA TENTAÇÃO

Qual é o segredo de uma vida com integridade? Para começar, meu desejo de agradar a Deus precisa ser mais forte do que a tentação. Quando morri em 1977, fui para aquele lugar escuro apavorante. O odor nauseabundo era pior que qualquer coisa que já cheirei na Terra. Toda manhã, quando me levanto da cama, lembro aquele cheiro pútrido da morte. Tenho *flashbacks* de estar naquele vácuo de total escuridão.

Você consegue imaginar como tem sido para mim pensar sobre esse lugar todos os dias da minha vida durante os últimos trinta anos? Esse lembrete constante e diário anula a atração da tentação para mim. Nunca mais quero voltar àquele lugar. Não quero estar naquela posição outra vez. Isso me persegue todo dia, toda hora, todo minuto da minha vida. Mas também me mantém em contato com Deus e me ajuda a dizer não à tentação.

A maioria das tentações vem a você através de certas portas que você abre por vontade própria. Essa "porta" pode ser um *website* de baixo nível na internet, um programa de tevê com conteúdo degradante, um acordo de negócios que não é lá muito idôneo, uma revista recheada de fotos lascivas, uma substância que irá maltratar o seu corpo, uma pessoa de má influência, ou um lugar onde você sabe que não deveria estar. A resposta é bloquear a tentação *antes* que ela possa influenciar você.

Se você mantiver fechada a porta da tentação, ela não pode afetar você. E se ela não puder afetar você, ela perde o poder de influenciar você para o mal. Lá no começo da Bíblia, Caim matou seu irmão Abel porque o pecado estava espreitando à porta, e Caim abriu.[1] É por isso que você não pode dar uma oportunidade ao demônio, porque, se você der, ele vai entrar correndo pela porta. Mas você irá reduzir suas tentações de forma significativa se mantiver a porta fechada, ou fechá-la bem rápido quando a tentação se aproximar.

> **Você precisa fazer esse pacto com seus olhos antes que a tentação venha ao seu encontro.**

Essa porta pode ser um ex-relacionamento. Você deve fechar a porta de modo definitivo, no que diz respeito a antigos relacionamentos imorais. Não deixe essa porta aberta, nem mesmo um centímetro. Depois que você está casado, uma das atitudes mais sábias que você pode tomar é cortar a comunicação e parar de falar com ex-namoradas ou ex-namorados, a não ser que sua conversa seja na presença do seu cônjuge. As portas da tentação são diferentes para cada um, mas aprenda uma lição de Adão e Eva: Não vá xeretar a árvore, procurando o fruto proibido. Fique longe dela!

Na Bíblia, o homem Jó disse: "Eu fiz um pacto com meus olhos, por que então deveria olhar para uma jovem?"[2] Ele estava falando sobre cobiçar alguém que não fosse sua esposa.

Ele disse a seus olhos: "Não vá seguindo atrás das mulheres, ou então eu arranco vocês!"

Os olhos dele responderam: "Vamos ver... e queremos continuar vendo."

Seus olhos podem meter você em todo tipo de encrenca, por isso faça eles se comportarem. Faça esse pacto com seus olhos *antes* que a tentação venha ao seu encontro. É seu coração que faz esse acordo com seus olhos. Se o coração não estiver conectado ao coração de Deus, não há como saber que tipo de acordo você fará. Perceba, sua integridade pessoal remete ao seu relacionamento com Deus.

Se Jó estivesse vivo hoje, duvido que estaria acessando um site de pornografia na internet, comprando uma revista de baixaria, ou assistindo a filmes eróticos. Não seria porque ele era uma espécie de pudico ou uma pessoa sobre-humana que estivesse acima da tentação. Deus deu a Jó um forte impulso sexual, como fica evidente pelo fato de sua esposa gerar vários filhos. Mas ele não tentava satisfazer suas necessidades fora dos laços do casamento. Ele mantinha seu impulso sob controle, pois tinha feito um pacto com seus olhos. Ele fechava os olhos quando precisava, e desviava sua atenção de qualquer coisa que pudesse fazer com que ele rompesse seu compromisso com Deus ou com sua família.

Eu descobri que posso fechar meus olhos para a tentação também. É claro, a tentação afeta todo mundo — o próprio Jesus foi tentado, por isso tenha certeza de que você e eu seremos tentados de diversos modos. Mas se aprendermos a manter a porta fechada, ou fechá-la rápido ao reconhecer a chegada da tentação, podemos evitar um monte de problemas.

NÃO ABRA MÃO

Eu não vou baixar o meu nível para conseguir o que quero. Mentir, trair e roubar precisam ser banidos da minha vida, se quero viver honestamente e defender a verdade. Não vou abrir mão das minhas convicções só para ter um lucro ou uma vitória. Quero ser capaz de me olhar no espelho e não sentir vergonha.

Quando eu lutava como o "antigo George", eu era como um robô cruel que queria matar pessoas. Eu não tinha misericórdia. Às vezes, quando eu derrubava um adversário, no instante em ele estava caindo, eu dava outro soco antes de ele atingir a lona, tamanha era minha crueldade.

Em certa luta, na hora em que atingi meu adversário quando ele estava caindo, o agente dele gritou para o árbitro: "Desqualifique o George! Eu lhe dou cem mil dólares agora mesmo se você desqualificá-lo!"

> **Seu desejo de agradar a Deus precisa ser mais forte que a tentação.**

Admito que foi errado acertar o oponente de novo, e eu poderia ter sido desqualificado por isso. Mas o agente do meu adversário estava abertamente tentando subornar o árbitro. Os escrúpulos dele não eram melhores que os meus.

Antes de eu encontrar o Senhor, esse tipo de coisa não me incomodava. Pouco antes de lutar contra Ali na África, meu agente me disse: "Precisamos de vinte e cinco mil dólares para dar ao árbitro."

"Por quê?", perguntei.

"Para que ele não desqualifique você. Ele não vai ajudar você a vencer, mas o dinheiro vai impedir que ele o desqualifique."

Um árbitro pode desqualificar um boxeador quando bem entender, por quase qualquer coisa, como, por exemplo, acertar abaixo da cintura ou bater no oponente quando ele está caído. O árbitro geralmente só dá uma advertência, mas também pode encerrar a luta e dar a vitória ao adversário. Eu tinha fama de acertar os oponentes quando eles estavam caindo, por isso imaginei que o árbitro queria um dinheiro de "garantia", para que eu não precisasse temer uma desqualificação. Dei a ele o dinheiro.

Lutei limpo, e não fiz nada que teria me desqualificado, por isso desperdicei 25 mil dólares sem necessidade. Mas quando Ali me derrubou, o árbitro contou rápido demais. Quando me levantei no oito, ele contou "oito-nove-dez" como uma palavra só.

Mais tarde, em uma entrevista para a *Sports Illustrated*, admiti ter dado o dinheiro ao árbitro. Pouco depois disso, encontrei por acaso o antigo agente de Ali, que tinha lido o artigo, junto com seu sócio.

O ex-agente perguntou: "George, é verdade que você deu vinte e cinco mil dólares para o árbitro?"

"Sim", eu disse. "Para que ele não me desqualificasse."

O sócio virou para ele e perguntou: "Quanto foi que nós pagamos para ele? Não foi trinta e cinco mil?" O agente foi embora sem dizer uma palavra.

Como eu já disse, fico feliz de ter perdido aquela luta para Ali, pois foi parte do plano de Deus para mim. Mas conto esta história para mostrar como era minha falta de integridade antes de eu entregar minha vida ao Senhor Jesus.

Deus precisou mudar meu coração antes que eu pudesse viver do jeito correto — ou mesmo lutar do jeito correto! Eu não podia levar o antigo George comigo na minha nova jornada. Quando nocauteei Joe Frazier e venci o título de peso-pesado pela primeira vez, o antigo George fez disso uma grande comemoração. Ele se gabou de ser o campeão mundial. Ele estava tão orgulhoso de si mesmo. *Veja o que eu fiz.*

Aquele homem precisou morrer, pois não cabia dentro do novo George Foreman. Eu não tentei prolongar os dias dele, mantendo-o em estado vegetativo. Deixei que ele morresse, junto com suas esperanças e sonhos egoístas. Depois que Deus mudou minha vida, o novo George não agia do mesmo modo. O antigo George se gabava de como ele era bom, mas o novo George só fala de como Deus é bom.

Quando voltei ao boxe em 1987, fiz várias coisas de um modo diferente. Eu queria ser o campeão mundial de peso-pesado, mas não pagando os juízes ou subornando o árbitro. Se eu não pudesse ganhar o título honestamente, então não queria ganhar. Eu não faria nenhum truque barato, nem nada por baixo dos panos desta vez.

Vivo com a consciência limpa. Isso vale tudo para mim. Não é a vitória que conta. É a integridade.

Dando um bom exemplo

As pessoas estão observando você. Você pode ser uma influência posi-tiva ou negativa nelas, depende do tipo de exemplo que você escolhe ser. Em 1994, surgiu para mim uma oportunidade de ter meu próprio seriado de comédia na televisão, chamado *George*, no qual eu fazia o protagonista. O astro de tevê e produtor Tony Danza tinha me abor-dado, falando sobre fazer um programa em que eu interpretava um ex-campeão que tinha uma família grande e passava a maior parte do tempo ajudando crianças. *Ei, posso interpretar esse papel!*, pensei. Agora que eu tinha Jesus Cristo na minha vida, queria que o seriado fosse limpo e divertido para a família inteira assistir. Logo descobri que nem todo mundo no estúdio compartilhava essa idéia.

Toda semana, quando nós recebíamos os *scripts*, eles geralmente continham piadas de mau gosto e insinuações de baixo calão. Confor-me eu lia minhas falas, sabia que nossa equipe ficaria dividida entre concordar com aquele humor questionável ou exigir um tipo de hu-mor mais íntegro. Para mim, foi uma escolha fácil. Eu não iria sacrifi-car meus preceitos só para me adequar a Hollywood. Eu me recusei a deixar que um desejo de aceitação me transformasse em uma pessoa que não queria ser.

Os escritores e o diretor se encontravam comigo toda segunda-feira para repassar o roteiro, e inevitavelmente eu precisava pedir para eles limparem ou reescreverem. Em um dos roteiros, um garoto durão dizia: "Você não quer deixar a Shasta brava. Se ela ficar brava, vai ser como... (e então vinha uma piada de baixo calão)."

Todo mundo no set riu — todo mundo, exceto eu. Eu disse ao produtores e diretores: "Vamos cortar essa fala."

Eles disseram: "Não, é engraçada. Todo mundo diz isso."

"Eu sei que algumas pessoas acham engraçado, mas não quero que digam isso no meu programa. Milhões de pessoas vão estar as-sistindo. Os telespectadores estão permitindo que eu entre nas casas deles toda semana, pois confiam no teor deste programa. Não vamos dizer isso."

Os redatores tiraram a fala e mudaram o roteiro. Teria sido fácil para mim simplesmente concordar com eles, mas eu queria que o programa fosse uma comédia limpa para famílias. Eu não queria que ninguém se lembrasse de mim usando humor ofensivo na televisão. Eu queria estar acima das reprimendas, para com todo o público.

> **Quero poder me olhar no espelho e não sentir vergonha.**

Depois que venci o título de peso-pesado pela segunda vez, todo mundo estava celebrando e bebendo champanhe, mas não dei nem um gole. Alguém disse: "George, agora você é o campeão. Não vai comemorar?"

"Pode apostar que vou comemorar", eu disse. "Vou beber esta garrafa d'água e pegar o avião para Houston. Tenho que voltar para minha igreja e contar à congregação o que aconteceu hoje!"

E foi assim que celebrei a vitória do campeonato. Voltei para minha cidade e preguei na minha igreja sobre a fidelidade de Deus, na manhã seguinte.

A integridade deve cobrir todas as áreas da sua vida. As pessoas estão observando o que você faz, e ouvindo tudo o que você diz. Conheço pessoas que puxam um cigarro e perguntam: "Você se importa se eu fumar?" Mas nunca ouvi ninguém perguntar: "Você se importa se eu falar palavrão?" Não é possível ir a um restaurante e pedir para sentar-se na seção dos não-praguejantes e não-falantes de palavrão. Pode-se poluir o ar com palavras, assim como fumaça. Embora a saúde de uma pessoa possa ser arruinada por inalar fumaça do cigarro dos outros, a alma de alguém pode ser devastada se esse alguém ouvir comentários maliciosos sobre ele ou sobre outra pessoa.

Você talvez diga: "George, eu não falo palavrões." Embora talvez você não use palavrões e xingamentos, é possível praguejar assim mesmo, se você faz fofoca sobre alguém ou diz a seus filhos que eles nunca serão nada na vida. Isso é rogar uma praga na vida deles. Pense em quantos adultos ainda carregam feridas de sua infância, porque um pai ou uma mãe disse palavras cruéis em um momento de raiva.

Quando você anda com integridade, está sempre ciente de como você está influenciando os outros. Quero que minha influência seja boa.

GRATIFICAÇÃO ADIADA

Outra chave para manter a integridade é decidir: "Eu sou uma pessoa do tipo 'gratificação instantânea' ou 'gratificação adiada'?" A pessoa do tipo gratificação instantânea precisa possuir o Cadillac que está na vitrine da concessionária: "Tenho que ter este carro agora!" A pessoa do tipo gratificação adiada diz: "Não posso comprar isso agora, por isso vou me afastar." Talvez chegue o dia em que ele vá de fato comprar o carro, mas ele não está sendo escravizado pelo modo como se sente naquele momento.

"Gratificação adiada" significa estar disposto a recusar uma coisa boa agora para receber uma ainda melhor depois. Significa não desistir daquilo que é importante para você — seja a virgindade, o casamento, a auto-estima — em troca de uma coisa que fará você se arrepender.

Para andar na integridade, aprendi a ser uma pessoa de gratificação adiada. Não posso comer um fruto proibido só porque ele me parece bom no momento. Quando eu deparo com uma situação que pode me comprometer, desvio e me afasto dela, pois compreendo o mal de se render à tentação, e as recompensas de esperar. Embora talvez eu não consiga o que quero neste exato instante, Deus irá me dar uma coisa melhor depois, e será exatamente aquilo de que preciso. O Senhor tem seus próprios meios e tempos para recompensar as pessoas dele.

No entanto, sem integridade, você irá pegar o que conseguir agora mesmo, e não depois, e geralmente sacrificar seu caráter para conseguir isso. Mas você deveria ter em mente que o fruto proibido nunca tem um sabor tão doce quanto parece. E o Cadillac na vitrine? Ele enferruja! Você irá descobrir que ele não valia o preço que você pagou. Trapacear nunca dá certo, pois você não pode enganar a Deus, e não pode enganar a si mesmo — embora muitas pessoas tentem.

Eu ouvi alguém dizer: "Um homem pode se rebaixar tanto que isso passa para os seus genes." Isso é verdade. Uma pessoa desonesta pode transmitir a desonestidade para seus filhos. E assim sua gratificação instantânea afeta não apenas ele, mas também as gerações futuras.

Por outro lado, Deus faz uma promessa incrível para aqueles que mantêm sua integridade: "Ele não recusa nenhum bem àqueles que andam na integridade."[3] Essa é uma grande promessa! Deus irá garantir que você receba tudo aquilo de que precisa, se você fizer o que ele diz.

> "Gratificação adiada" significa estar disposto a recusar uma coisa boa agora para receber uma ainda melhor depois.

Deus presta atenção especial àqueles que vivem para agradá-lo. Quando você vive do modo correto, ele abençoa você, tornando a vida plena e significativa. As pessoas querem ser felizes, mas às vezes estão apenas procurando nos lugares errados. Se todos entendessem as recompensas de levar uma vida honrada, nunca hesitariam em fazer o que é certo.

A integridade é um investimento da sua vida, com a garantia de ser recompensado tanto agora como no futuro. No meu curto período na Terra, quero que minha vida seja um bom exemplo que meus filhos escolherão seguir. Deus até mesmo promete passar a recompensa para a próxima geração: "O justo anda na integridade; abençoados seus filhos depois dele."[4]

Isso é uma coisa importante de se entender. Talvez você seja um pai ou uma mãe que está fazendo tudo certo, mas seus filhos se revoltam. Talvez seus filhos estejam usando drogas ou envolvidos em imoralidade. Você precisa confiar na promessa de Deus de que ele não vai abandoná-los, e isso por *sua* causa. Por isso continue seguindo a Deus, e orando pelos seus filhos. Eles irão voltar um dia. E então você poderá dizer: "Meus filhos usavam drogas, mas agora não usam mais. Eles estão servindo a Deus."

Mesmo que talvez você não veja agora os benefícios de viver de modo sábio, esses benefícios irão aparecer depois. Pode ser que Deus vá recompensar sua fé abençoando seus filhos de forma incomum. Talvez o Senhor dê ao seu filho grandes idéias, e ele vá ser um escritor, pintor ou inventor de sucesso. Ou quem sabe os seus filhos vão fazer algo mais "comum". Isso também é bom. Seja como for, ver os seus filhos servindo a Deus é a maior recompensa que se pode almejar na terra.

Se você está fazendo as malas para uma longa viagem, ou se só está indo até o mercado, espero que você leve sua integridade consigo. Guarde-a com você o tempo todo, e não saia de casa sem ela.

Dicas do George sobre a integridade

- Conecte o seu coração com o coração de Deus, aproximando-se dele.
- Evite tentações, mantendo fechadas as portas que levam você a sacrificar seus preceitos.
- Faça um pacto com seus olhos antes que a tentação venha ao seu encontro.

Capítulo 13

Quando a oportunidade bater, abra a porta

Quando a tentação bate à porta, mantenho ela fechada. Mas quando a oportunidade bate, escancaro totalmente a porta! A oportunidade certamente não bate com tanta freqüência quanto a tentação, por isso é importante estar pronto quando o chamado vier. Infelizmente, muitas pessoas deixam oportunidades escaparem porque seu medo do desconhecido as impede de abrir a porta.

Com toda nova oportunidade, geralmente vêm novos ajustes que deixam as pessoas desconfortáveis. Basta mencionar a palavra "mudança", e veja todo mundo entrar em pânico! Eles vão dizer dez motivos pelos quais a nova idéia nunca vai funcionar. A maioria das pessoas se sente bem dentro de suas zonas de conforto, e prefere continuar fazendo as mesmas coisas que sempre fizeram. Ficam paralisadas com a idéia de se arriscar em qualquer outra coisa.

E é por isso que elas perdem a oportunidade quando ela bate à porta. Têm medo de como sua vida possa mudar em conseqüência disso. *Se eu correr este risco, alguma coisa pode acontecer comigo. As coisas nunca mais vão ser as mesmas.*

Mas uma mudança na rotina provavelmente é a coisa de que elas mais precisam. Elas estão lentamente morrendo por dentro por causa do tédio, e estão deixando de aproveitar uma emocionante aventura que melhoraria a vida delas. Em vez de aproveitar a oportunidade, eles se entregam a seus medos. O medo sempre pega carona junto com a oportunidade, tentando impedir as pessoas de chegar aonde querem.

Quando Deus está me guiando, não tenho medo de avançar em uma nova direção, que talvez seja incômoda. Por que eu deveria ter medo, se Deus está olhando por mim? Mesmo que eu talvez esteja explorando território novo, não preciso me preocupar demais, porque sei que o Senhor vai me dar força e confiança.

> **Preciso estar disposto a trocar o que tenho por algo melhor.**

Você provavelmente irá mudar de direção umas tantas vezes durante a sua vida, talvez começar um novo empreendimento, mudar para outra cidade, ou entrar em um novo relacionamento. Deus dará a você a força de que precisa para enfrentar todos os desafios com os quais você irá se deparar ao longo do caminho. O "fator Deus" neutraliza o "fator medo". Apenas garanta que, aonde quer que você vá, você esteja seguindo o verdadeiro líder, nosso bom Deus.

Mesmo quando o medo não é um fator, você talvez se surpreenda ao saber quantas pessoas tentarão desmotivar você de fazer o que Deus quer que você faça. Sempre que eu dizia às pessoas que estava pensando em me tornar pastor, elas olhavam para mim com uma cara engraçada e perguntavam: "Por que você quer fazer *isso*?" Ninguém nunca me disse: "George, essa é uma ótima idéia! Você vai tocar várias vidas e ajudar muitas pessoas." Mas eu me recusava a deixar que aquela falta de entusiasmo me impedisse de realizar meu chamado. Agarrei minha oportunidade e "entrei no ringue".

CONTANDO O CUSTO

Quando decido fazer uma mudança, também estou fazendo uma troca. Preciso estar disposto a trocar o que tenho por algo melhor. É por isso que Jesus disse para contar o custo antes de fazer uma decisão. O custo é meu investimento inicial — o que eu vou perder a princípio.

Vamos dizer que tenho uma oportunidade de construir um prédio de quinze andares. Preciso calcular o custo total antes de começar a obra. Se eu não fizer isso, e depois não tiver dinheiro suficiente, só vou construir cinco andares e depois ter de abandonar o empreendimento. Então terei perdido tanto o investimento quanto a construção.

Quando decidi voltar ao boxe depois de ter ficado sem lutar durante dez anos, tive de pagar um preço. A oportunidade traz mudança, o que não é fácil. Meu objetivo era ser campeão novamente, e eu sabia que vencer o título iria exigir um esforço enorme e grandes sacrifícios da minha parte.

Tive de mudar o modo como eu comia. Largar o garfo e a colher mais cedo. Chega de comidas gordurosas e sorvete. Eu não podia dormir tanto. Eu tinha de me exercitar e voltar à forma. Eu ainda era pastor da nossa igreja, por isso tinha de programar meu despertador para duas ou três horas mais cedo, para que desse tempo de correr e treinar antes de ir trabalhar na igreja.

Será que eu teria sido mais feliz se tivesse ficado dormindo até tarde todo dia, comendo todas aquelas comidas gordurosas, e não treinando tanto? Sem dúvida, o jeito fácil pode ser agradável — por um tempo. Mas será que eu estaria preparado para competir em um campeonato? De jeito nenhum.

Às vezes, as pessoas mais próximas vão tentar impedir você, porque sua decisão vai afetá-las também. É o efeito dominó — quando você aceita uma nova missão e faz uma mudança, sua família é obrigada a fazer ajustes também. E esse é um bom motivo pelo qual o seu cônjuge precisa estar de acordo com você sobre a oportunidade que você está seguindo.

No início, minha mulher relutou e disse: "George, se você voltar a lutar boxe, você vai ser morto." Ela depois admitiu que esse não era seu único medo. Ela também tinha medo de que eu voltasse a ser o antigo e malvado George — o jeito como eu era antes de encontrar Jesus. Eu precisava do apoio dela, e ela acabou concordando que boxe era mesmo o que eu deveria fazer. Ela não precisava ter tido medo; eu não fui morto no ringue, e não voltei a ser o antigo George.

Certa noite, levei minha família ao cinema para ver um filme, e nos divertimos muito juntos. Minha filha mais velha disse: "Viu, pai? Nós nos divertimos no cinema e ninguém nos incomodou. Se você voltar a lutar boxe, nunca mais vai poder fazer isto."

Ela tinha razão. As coisas mudariam se eu voltasse a lutar. A chance de voltar a ser campeão era uma grande oportunidade, mas teríamos de abrir mão da privacidade da nossa família como parte do preço. Mais tarde, quando íamos ao cinema, eu tinha de reservar um tempo para dar autógrafos, conhecer pessoas, e conversar. Eu não podia mais andar por aí despercebido. Mas Deus estava me guiando para voltar ao boxe, e eu queria voltar. Era uma chama ardendo no meu coração.

> O "fator Deus" neutraliza o "fator medo".

Quando Deus leva você a fazer uma mudança, nem sempre é fácil, mas é sempre para melhor. Entendi que agarrar aquela oportunidade afetaria tudo na minha nova vida, mas estava disposto a correr esse risco. Eu sabia que minha vida seria diferente porque já tinha sido um campeão. Contei o custo, por isso previ os desafios que me aguardavam no caminho. Eu adaptei meu estilo de vida, por isso os ajustes não me incomodaram. Perderíamos nossa privacidade de novo, assim como antes, mas agora eu sabia lidar melhor com essa pressão.

Rememorando hoje, valeu muito a pena correr o risco. As recompensas foram muito maiores do que o sacrifício. Mas tenho calafrios ao pensar em como minha vida seria agora se eu tivesse tido medo de atender a porta quando a oportunidade bateu.

MAIS PORTAS ATRÁS DA PRIMEIRA

No início, talvez você não se dê conta de quantas outras oportunidades estão inseridas dentro da primeira. Depois que você atravessar a primeira porta, vai descobrir mais portas abrindo-se automaticamente atrás da primeira. Uma porta leva você a outra porta, que leva você a outra porta, e assim por diante. É como dez outras caixas guardadas dentro de uma caixa — a porta inicial que Deus abre é seu acesso a mais oportunidades. Mas você precisa estar disposto a atravessar a primeira porta para chegar às outras coisas boas que Deus tem para você.

Pense na minha oportunidade de voltar ao boxe: atravessar aquela porta inicial não me levou apenas ao campeonato mas também a outras oportunidades, como fazer comerciais e um programa de tevê, ser comentador de boxe, escrever livros, promover o George Foreman Grill e dar início a diversos outros empreendimentos. Nada disso teria acontecido se eu não tivesse dado o primeiro passo. Eu precisava estar disposto a correr um risco.

Você talvez esteja cogitando uma oportunidade neste exato momento. Se Deus está guiando você, então você pode dar um passo de fé. Você precisa estar disposto a correr um risco. Mas não pode atravessar nenhuma porta com confiança a não ser que tenha depositado sua fé no Senhor. Você precisa acreditar que Deus está na liderança, e ele não vai decepcionar você.

Em 1986, durante uma oração, Deus me contou que um dia eu faria comerciais de tevê. Isso foi muito antes de alguém me abordar para representar seu produto ou sua empresa. O Senhor disse: "Você se sairá bem, pois estará promovendo produtos com honestidade."

Alguns anos depois, enquanto eu estava voltando aos ringues, estava sentado em casa quando o telefone tocou. A pessoa disse: "Estamos procurando George Foreman."

Como eu não sabia das intenções da pessoa, indaguei: "Posso perguntar por que você precisa falar com George Foreman?"

"Estamos tentando rodar um comercial, e queremos falar com ele sobre isso."

"Oh! Eu sou George."

"Você é mesmo George Foreman, o boxeador?", ele perguntou.

"Sim, George Foreman, o boxeador."

"Ótimo, ainda bem que encontrei você! A Nike está fazendo um comercial de tênis e quer que você participe."

"Um comercial de tênis? É mesmo?" Eu nunca tinha aparecido em um comercial antes. Esta era minha segunda porta de oportunidade, que não teria surgido se eu não tivesse atravessado a primeira porta.

"Não é muito dinheiro", ele continuou. "Mas também não vai tomar muito do seu tempo."

Eu estivera à beira da falência, e não estava ganhando tanto dinheiro a esta altura do meu retorno aos ringues. Pensei: *Você não sabe o que "não é muito dinheiro" significa. Cinco dólares são bastante dinheiro para mim!*

"Claro", eu disse. "Vai ser um prazer trabalhar com vocês."

Então fiz o comercial com o jogador de futebol americano Bo Jackson. Bo já era um nome da casa, por causa de sua série de comerciais *"Bo knows"*, e a Nike estava procurando um novo ângulo para usar Bo Jackson. No comercial, uns repórteres faziam várias perguntas sobre corrida a Bo. Já que Bo sabe tudo sobre tudo, eles esperavam que ele respondesse a todas aquelas dúvidas. Fingindo estar irritado, ele dizia: "Vejam, não tenho tempo para isto agora!"

> **Depois que passar pela primeira porta, vai descobrir mais portas além daquela.**

Nesse momento, eu surgia do nada e dizia: "Mas eu tenho!" E então começava a dançar de um lado para o outro. A idéia era que o jovem atleta estava cansado demais, mas o atleta "aposentado" de quarenta anos estava cheio de energia, e ainda queria fazer as coisas acontecerem (com a ajuda dos produtos Nike, é claro). Nós nos divertimos muito rodando o comercial, e ele realmente agradou ao público. As pessoas adoraram, e começaram a gritar meu nome em todo lugar aonde eu ia. "Ei, George! Vi você no comercial com Bo."

Então uma terceira porta se abriu. O comercial da Nike levou a um comercial do McDonald's. Todo mundo sabia que eu gostava de comer cheeseburgers, por isso um repórter me pediu para dar nota a todas as lanchonetes de 1 a 10. Quando dei nota aos cheeseburgers, o McDonald's não recebeu uma nota tão alta quanto alguns dos outros. Para não ser superado, o McDonald's criou um "George Foreman burger", que anunciei na televisão. Em troca, o McDonald's doou um placar eletrônico para meu centro de jovens.

Então fiz um comercial de Doritos. Depois disso, salsichas Oscar Mayer. Então Kentucky Fried Chicken. Em um comercial do Motel 6, eu pulava para fora da mala. Já fiz comerciais para a Meineke Car Care, a Casual Male Big & Tall Clothes, os limpadores industriais George Foreman Knock-Out, e um dos meus empreendimentos mais bem-sucedidos, o George Foreman Grill.

A história do George Foreman Grill

Aprendi a não descartar uma oportunidade só porque ela não atiça minha imaginação ou não parece muito interessante a princípio. Às vezes, há grandes bênçãos atrás de uma porta fechada, mas você nunca saberá se não abri-la.

Um amigo empresário me veio com uma oferta. Ele perguntou: "George, você ajudou outras empresas, anunciando seus produtos. Você já pensou em ter seu próprio produto?" Depois ele me mandou um pequeno grill inclinado, e me pediu para experimentar.

Fiquei ocupado com outras coisas e esqueci o grill. Alguns meses depois, ele telefonou: "George, você gostou do grill?"

"Ah, o grill. Para ser sincero, ainda não experimentei. Depois eu ligo para falarmos a respeito disso."

Ao desligar o telefone, quase tomei uma das piores decisões financeiras da minha vida. Eu pensei: *Não tenho tempo para isto.*

Felizmente, minha esposa Mary mudou minha opinião. "George, experimentei o grill e gostei muito. A gordura escorre para fora, e a comida fica com um gosto ótimo."

"É mesmo?"

"É", ela respondeu. "Vou fazer um hambúrguer para você."

Depois de dar uma mordida, eu disse: "É, realmente ficou bom. E o grill é fácil de limpar. Eu gosto deste grill!"

Eu não estava pensando em ganhar dinheiro com aquilo. Só assinei o contrato para ganhar dezesseis grills para minhas casas, para meus amigos e parentes. Nunca sonhei que essa oportunidade se transformaria em um verdadeiro império!

Depois que fiz o primeiro comercial do grill, as vendas dispararam. Fomos ao delírio quando vendemos um milhão de aparelhos. Então as vendas chegaram a cinco milhões. Em pouco tempo, dez milhões de aparelhos vendidos. Ele ficou tão famoso que a Salton, a empresa fabricante do aparelho, ofereceu me pagar uma fortuna pela minha parte do George Foreman Grill.

Hoje, mais de oitenta milhões de aparelhos George Foreman Grill já foram vendidos no mundo inteiro. Não vai demorar muito para que as vendas ultrapassem a centena de milhão. E tudo começou quando um amigo me pediu para cogitar uma oportunidade interessante.

> **Eu quase tomei uma das piores decisões financeiras da minha vida.**

Eu dou a minha esposa Mary o crédito pelo sucesso do George Foreman Grill, porque foi ela a primeira a pessoa que usou o grill e me convenceu de que ele era bom. Ainda bem que dei ouvidos a ela. Essa decisão abençoou não apenas a minha vida, mas também milhões de outras. Você nunca sabe como tomar uma pequena decisão pode mudar tantas vidas.

Tantas pessoas estavam me ligando para fazer comerciais, que precisei começar a dizer não para elas. Quando a Oscar Mayer ligou, perguntei por que eles me queriam.

Eles disseram: "George, enquanto estávamos bolando este comercial, saímos perguntando quem seria uma boa pessoa para aparecer na propaganda. Alguém disse: 'Você já ouviu falar de como George Foreman está trabalhando com os jovens em Houston? Ele fundou um centro para eles. Vamos convidá-lo para fazer o comercial'."

Um motivo pelo qual voltei a lutar boxe foi para ajudar a pagar pelo centro de jovens, e agora o centro de jovens estava me pagando de volta com o comercial. Esse é outro exemplo de como passar por uma porta pode abrir outra oportunidade.

Tenho trabalhado com a Meineke Car Center há muitos anos. A maioria das agências só quer assinar contratos de um ano com atletas. É o medo da associação. Muitas empresas não querem ficar associadas a alguém por muito tempo. Elas têm medo de que seu garoto-propaganda possa se envolver em algum escândalo, ou que o atleta perca sua popularidade.

Mas a Meineke se interessou muito por mim, e desde 1992 sou garoto-propaganda deles. Sempre tive um excelente relacionamento com eles. Os produtos são vendidos na base da confiança, e não vou apoiar um produto no qual não acredito.

Acho que tive cada uma dessas oportunidades profissionais e comerciais por causa da oração que eu disse anos atrás: "Deus, se você puder fazer alguma coisa com a minha vida, use-a." Eu incentivaria você a orar de modo semelhante, pois Deus tem um plano maior para cada um de nós. Carl Hempe não era extremamente famoso, mas sorriu ao saber que Deus tinha usado ele para tocar minha vida. Quero ter aquele mesmo sorriso no meu rosto, sabendo que Deus me usou como influência positiva na vida de outras pessoas.

AFASTE-SE DE OPORTUNIDADES ERRADAS

Sempre use a sua sabedoria ao considerar uma chance de progredir. Às vezes, uma oportunidade parece boa, mas você sabe que tem algo de errado com ela. Você não consegue explicar por que a hesitação existe, mas você sente uma inquietude no coração ou na mente quando pensa na possibilidade. Talvez seja o momento, ou as condições que estão acopladas a ela. Mesmo assim, se não parecer correto por dentro, esteja disposto a se afastar e esperar que o Senhor abra a porta certa no tempo dele. Não estou dizendo que é fácil entrar em uma nova fase, mas se você não tiver um senso de paz no meio do nervosismo e da empolgação, sugiro que desacelere o passo e peça mais orientações a Deus. Mesmo assim, não tenha medo de fazer as coisas de um jeito diferente.

Quando voltei a lutar boxe, ninguém queria promover lutas de boxe perto dos feriados. A audiência geralmente cai durante os feriados de Ação de Graças e Natal, porque as pessoas estão fazendo compras, viajando e passando tempo com a família. Mas decidi fazer uma coisa diferente. Liguei para Bob Arum, o promotor de boxe, e perguntei se ele marcaria uma luta para aquela época.

Ele relutou a princípio, mas acabou dizendo: "Está bem, George. Não vou fazer um acordo para várias lutas, mas vou deixar você lutar uma vez. Não temos muito dinheiro. Só posso lhe pagar 12.500 dólares."

"Certo, está bem — 12.500 dólares", eu disse, sorrindo junto ao telefone.

Então lutei durante a época de festas, quando supostamente ninguém estaria interessado. Para o espanto de todos, a arena de Las Vegas lotou completamente, e a luta teve uma audiência maior que qualquer outro programa de boxe da ESPN naquela época. Bob Arum ficou chocado.

Ele voltou para mim e disse: "George, quero promover outra luta para você. Desta vez vou pagar 100 mil dólares, mas você precisa lutar com um dos adversários que estão na minha lista." Ele me mostrou uma lista de boxeadores de primeira linha.

"Sinto muito, Bob, mas não vou lutar com nenhum desses por enquanto. Eles são difíceis demais, e ainda não estou pronto para eles."

"Mas eu estava pensando em fechar com você um pacote de várias lutas", ele explicou.

"Eu nunca pedi isso. Além disso, você me disse que não queria."

Bob ficou bravo. "Você precisa lutar com alguém. Não pode ficar lutando para sempre com aquelas latas de tomate!" Ele estava falando sobre adversários de segunda linha, que sangram fácil.

Eu disse: "Bem... não são latas de tomate para mim. Alguns desses sujeitos sabem mesmo lutar boxe, e são todos competidores fortes, que querem conquistar a fama derrotando um campeão de peso-pesado."

Bob e eu não conseguimos chegar a um acordo, por isso recusei o dinheiro e me afastei daquela negociação. Bob tinha boas intenções, sem dúvida, mas para mim era o caso de uma oportunidade errada se apresentando, e me recusei a morder a isca. Se eu tivesse lutado contra qualquer um daqueles homens sem estar pronto para eles, teria perdido.

Meu retorno teria terminado ali mesmo. Mas eu sabia que, se tivesse paciência, a oportunidade certa voltaria a bater, no tempo de Deus.

Mais tarde, peguei o caderno esportivo e li o que Bob tinha dito a um jornalista: "George Foreman não quer lutar com ninguém. Ele nunca vai ser campeão. Está velho demais."

Sorri; acho que Bob talvez tenha dito isso para me induzir a assinar um contrato com ele. Mas não assinei. Continuei enfrentando os adversários menos proeminentes, ficando mais forte e mais confiante a cada luta, e lentamente subindo no ranking. Quando a rede de tevê USA transmitia minhas lutas, a audiência era tão boa que Bob Arum decidiu

> **Muitas pessoas ficam buscando as estrelas e se esquecem da igreja.**

me contratar outra vez. Embora ele tivesse me espezinhado na mídia, nunca busquei retaliação contra ele. Bob achou que eu pudesse estar bravo com ele, por isso me abordou com cautela.

"Ei, George. Posso falar com você por um instante?"

Eu tentei dissolver a tensão. "É claro, Bob. Você sempre pode falar comigo."

"Tenho uma proposta para você, e acho que você vai gostar."

Desta vez ele me fez uma oferta com a qual eu podia concordar — e era de milhões de dólares! Ao recusar a oportunidade errada e esperar pela certa, Deus me deu uma coisa muito melhor.

Embora as oportunidades que vêm ao seu encontro sejam diferentes das minhas, você pode seguir o mesmo princípio: se alguma coisa não está certa, esteja disposto a dizer não e ir embora.

MINHAS METAS PARA O FUTURO

Muitas vezes digo às pessoas que sou a "oitava maravilha do mundo". Recebi meu primeiro golpe nos anos 40, quando o médico bateu no meu traseiro.

Dei meus primeiros socos nos anos 50.

Venci uma medalha de ouro olímpica nos anos 60.

Fui campeão mundial de boxe peso-pesado nos anos 70.

Nos anos 80, fiz todos os jornalistas esportivos engolirem suas palavras quando voltei ao boxe.

Nos anos 90, surpreendi o mundo esportivo vencendo novamente o campeonato mundial de peso-pesado.

Agora, no novo milênio, sou o rei do George Foreman Grill!

Dediquei mais tempo ao George Foreman Grill do que à minha segunda carreira de boxe. Embora eu não vá ser campeão no ringue outra vez, eu gostaria de ser um campeão no mundo dos negócios. Eles me chamaram de "o Rei dos Grills" em 2005. Gostaria de fazer ainda mais, e ser o rei de outro novo empreendimento no futuro.

Embora adore esportes e negócios, meu verdadeiro coração está na evangelização, em transmitir às pessoas as boas novas de como elas podem encontrar um relacionamento genuíno com Deus. Sempre que posso, falo em igrejas no país todo. Quero tocar corações em nome de Deus. As pessoas precisam entender que Deus é bom, e que o plano dele para nós é bom, não é mau. Ele nos ama mais do que percebemos. Nós temos importância aos olhos de Deus — para ele, todos temos valor, não importa se temos fama, fortuna ou títulos.

A revista *Ebony* veio a Houston para me entrevistar e tirou fotos de mim ao lado da minha igreja. Eu disse a eles que minha meta era estar pregando naquela mesma igreja daqui a dez anos. Quero ser fiel à oportunidade que Deus me deu de servir a ele como pastor.

Muitas pessoas ficam buscando as estrelas, e se esquecem da igreja. Não deixe que nenhuma oportunidade desvie você do caminho de servir a Deus. Esse é um preço alto demais para se pagar.

DICAS DO GEORGE SOBRE APROVEITAR OPORTUNIDADES

- Não deixe que o medo impeça você de atingir seu objetivo.
- Pense nas coisas de que precisará abrir mão, e nas que vai ganhar em troca.
- Lembre que atravessar uma porta geralmente abre outras.
- Recuse qualquer oportunidade que leve você para longe de Deus.

CAPÍTULO 14

O segredo
do sucesso

Johnny Carson, o antigo apresentador do *Tonight Show*, programa de entrevistas de longa data da NBC, me convidou a ir ao seu programa enquanto eu estava retornando ao boxe. Johnny disse: "George, eles dizem que todos os caras com quem você está lutando são uns fracotes. Agora me diga a verdade. Este próximo que você vai enfrentar é bom, afinal?"

Quase todos os boxeadores dão uma de durões, e prometem que vão matar o adversário. Eu disse algo que ninguém estava esperando:

"Espero que não!", falei, com um grande sorriso e um brilho nos olhos.

Johnny, o estúdio e a audiência caíram na gargalhada. Eu só estava sendo sincero e dizendo a verdade, o que tornava ainda mais engraçado, eu acho. Afinal, que boxeador quer lutar com alguém que vai espancá-lo? Além disso, meu oponente não era nada ruim; ele tinha um histórico de 36 vitórias e 3 derrotas; não era exatamente um fracote, principalmente para um boxeador que estava tentando voltar aos ringues.

Acho que um motivo pelo qual as pessoas reagem à minha mensagem de forma tão positiva é porque eu sempre tento ser verdadeiro. Não há enganação. E é por isso que meus comerciais tiveram sucesso — porque as pessoas reagem a quem sinceramente acredita no produto.

Muitas pessoas perguntam: "Qual é o segredo do sucesso?" É simples: O sucesso geralmente vem como resultado de fazer as coisas certas, e evitar as coisas que trazem o fracasso. É claro que Deus pode tornar qualquer um bem-sucedido, mas ele geralmente tem condições para conceder seu favor. Ele geralmente não recompensa pessoas por serem preguiçosas. Algumas pessoas fracassam porque têm maus hábitos de trabalho, ou desistem rápido demais.

Acredito que o sucesso vem como resultado de diversos fatores. Mas tudo começa quando você reconhece que Deus é o número um na sua lista de prioridades.

PONHA DEUS EM PRIMEIRO LUGAR

Há um antigo adágio que diz: "Se vale a pena fazer uma coisa, vale a pena fazer direito." Eu ainda iria um passo além: não se deve fazer uma coisa se não for para fazer direito. E o melhor modo de fazer algo direito é ter as prioridades e os motivos certos no seu coração. Jesus disse: "Buscai primeiro o Reino de Deus e a sua justiça, e todas essas coisas vos serão acrescentadas."[1] Quando você deixa Jesus governar sua vida, ele irá fornecer tudo aquilo de que você precisa.

> **Minha missão é servir a Deus, mas meus "anexos" são as tarefas específicas que ele quer que eu cumpra.**

Se você abotoar o botão de cima na casa correta, todos os outros botões ficam no lugar. Mas se você errar o botão de cima, todos os outros botões da sua camisa vão estar desalinhados. Quando Deus se torna sua maior prioridade, é impressionante como as outras áreas da sua vida acabam se endireitando.

Minha maior ambição é agradar ao Senhor. É por isso que freqüento os serviços da igreja, para aprender mais sobre Deus e para louvá-lo junto com outros fiéis. É por isso que oro. É por isso que levo uma vida correta. A Bíblia diz: "Feliz o homem que não anda no conselho dos ímpios... em sua lei ele medita noite e dia." E continua: "Tudo o que ele faz será bem sucedido."[2] Se eu viver para agradar a Deus, ele fará com que minha vida tenha sucesso. Na minha definição, sucesso significa cumprir o chamado de Deus na minha vida.

O Senhor me deu algumas tarefas que preciso cumprir durante meu tempo na Terra. Chamo essas missões de "anexos", pois estão firmemente conectadas ao meu coração. Minha missão geral é servir a Deus, mas meus anexos são as tarefas específicas, as idéias que ele quer que desenvolva, os projetos que ele quer que eu realize. Ou seja, são as coisas que entram na minha lista de prioridades, depois de Deus. Quando ele me chama para fazer uma coisa, ele põe essa idéia no meu coração e mente, e então me dá a força de realizar.

Por exemplo, sou o ministro da Church of the Lord Jesus Christ em Houston. Esse é um anexo. O boxe era outro anexo, mas eu não deixei de ser pastor para poder lutar. Mesmo quando voltei ao ringue aos 37 anos, não abandonei minhas responsabilidades pastorais. Eu não quis sacrificar minha igreja para me tornar o campeão mundial de peso-pesado. Nada podia me impedir de pregar, aconselhar, realizar casamentos e funerais, e ser um amigo para os membros da nossa congregação. É claro que minha carreira no boxe tomou uma grande parte do meu tempo e às vezes me afastou da igreja em momentos em que gostaria de poder estar lá, mas encontrei um jeito de dar seqüência a essas duas vocações.

Todos os dias, continuei indo à igreja para cuidar de minhas obrigações. Ao acrescentar o boxe a minha lista de anexos, tinha que programar meu despertador para duas horas mais cedo, para que eu pudesse correr. Quando eu lutava em outra cidade aos sábados, pegava um avião logo depois do vôo para poder pregar no dia seguinte. Depois que eu pregava no serviço matinal de domingo, tinha umas poucas horas para treinar antes de falar novamente no serviço vespertino.

Era nessa hora que eu dava um jeito de treinar quinze rounds de boxe na academia. Segui essa rotina rigorosa de 1987 a 1997. Passei dez longos anos trabalhando para atingir um objetivo que a maioria das pessoas considerava impossível. Mas nada é impossível se Deus está do seu lado, e se você está disposto a trabalhar duro.

Muitas pessoas querem levar o prêmio sem precisar fazer nenhum sacrifício. Mas não é assim que acontece. Você não pode ser um grande atleta sem trabalho pesado e sem treino. Você não pode atingir um objetivo nobre e realmente valioso sem fazer um esforço significativo. Do mesmo modo, você não pode ser um discípulo sem exercitar sua disciplina.

Apesar de minha vida inteira ser devotada a servir a Deus, não sou chamado para fazer tudo. Só posso ter um certo número de anexos na minha vida. Meu centro de jovens e meu aconselhamento aos jovens são outro anexo. O trabalho que faço para apoiar instituições de ensino é outro. Não importa qual seja o dever que estou cumprindo na hora, estou determinado a cumpri-lo com excelência.

Mas minha vida é mais que os objetivos que estou tentando atingir. Não importa o quão significativa possa ser uma tarefa, ela nunca pode virar mais importante do que Deus. Se isso acontecer, a tarefa se transforma em um ídolo. A maneira de evitar a idolatria é amar o Senhor com todo o seu coração. Isso mantém o botão de cima na posição mais alta, para que nenhum outro possa ocupar o lugar dele.

AUMENTE SUA MOTIVAÇÃO

Embora Deus possa usar as pessoas para fazer coisas fantásticas, nem todo mundo atinge seu potencial máximo. Por quê? Estou convencido de que essas pessoas não querem com vontade suficiente. Não se atinge a excelência sem inspiração e transpiração. As duas são necessárias. Algumas pessoas fazem apenas o suficiente para continuar vivendo, enquanto outras são impelidas a atingir seus objetivos. É o que chamo de "princípio do peixe maior".

Quando eu ia pescar no leste do Texas, pescava peixes de tamanhos diferentes — alguns grandes, outros pequenos. Quando eles são filhotes, todos os peixes daquela espécie têm uns 15 centímetros de comprimento. Mas se você voltar dois anos depois, alguns vão ser maiores que os outros. A maioria vai ter uns 25 centímetros, mas uns poucos serão enormes. Se todos co-

> **Eu me imaginei vencendo o título de peso-pesado durante dez anos antes de realmente conquistá-lo.**

meçaram do mesmo tamanho, por que alguns seriam maiores que os outros?

É porque os maiores têm um apetite maior. Quando eles comem mais, aumentam de tamanho. Todos os peixes se alimentam o suficiente para sobreviver, mas os maiores têm uma fome insaciável de mais comida.

Se você quer se distanciar da pessoa mediana, precisa cultivar um apetite melhor, ter uma fome de sucesso que seja além do normal, quase uma obsessão. Há graus de motivação; para mim, "obsessão" é motivação no seu maior grau.

Quando suas prioridades estão na ordem certa, sua maior obsessão será agradar a Deus. Nada funciona se você não garantir isso. Se você não estiver construindo sua vida com base no que Deus quer, você nem mesmo deveria usar a palavra "obsessão".

Meu filho George III tem o apelido de "Monk". Durante seu primeiro ano na faculdade, ele não estava atingindo seu pleno potencial. Ele era um bom aluno, mas eu achava que ele podia ir melhor, e precisava de algo para motivá-lo. Como incentivo para que ele estudasse mais, fiz a ele uma oferta.

"Filho, eu tenho um esportivo BMW X5 edição especial na minha garagem. Se você tirar 'A' em todas as matérias neste semestre, o carro é seu."

Monk pulou da cadeira. "O quê? O carro vai ser meu se eu tirar só 'A'?"

"Isso mesmo. Mas tem que ser 'A' em tudo. Nem um único 'B'."

Imediatamente, Monk começou a se debruçar mais nos livros, estudando com uma nova paixão. Ele terminou o semestre com 'A' em todas as matérias. Depois de ver as notas dele, entreguei as chaves do BMW. Quando ele saía para passear com os amigos, ficava se gabando de como tinha tido de estudar duro para ganhá-la.

Por que as notas dele melhoraram? A motivação dele virou uma obsessão, e ele recebeu uma recompensa pelo seu esforço superior.

Você precisa manter seu objetivo em mente, e nunca perdê-lo de vista. Eu me imaginei vencendo o título de peso-pesado durante dez anos antes de realmente conquistá-lo. Se você não estiver motivado a dar o melhor de si, nunca chegará ao próximo nível de excelência na sua vida. Este princípio pode ser aplicado a qualquer área da sua vida — intelectual, física, emocional e espiritual. Se você for obcecado por dar o melhor de si, então terá sucesso.

> **Obsessão é motivação no seu maior grau.**

Quando começo a trabalhar com boxeadores mais jovens no ginásio, eles se empenham contanto que eu esteja ali assistindo. Mas se me afasto por um instante, eles ficam dando socos por um tempo — e depois param para conversar. Eu disse a esses garotos que eles não podem parar para conversar em uma verdadeira luta de boxe. Eles têm de lutar o tempo todo. Aqueles minutos a mais vão determinar quem vence quando a verdadeira batalha começar.

Mas alguns desses rapazes só estão procurando um jeito fácil de tocar o treinamento sem esforço. Eles gostam de dizer aos amigos: "Sou boxeador." Isso talvez seja verdade, mas eles nunca poderão dizer: "Sou um campeão de boxe." Eles não estão motivados o bastante para atingir esse nível de excelência.

Quando entro em um ginásio onde há homens levantando pesos, nenhum deles está com um livro aberto, estudando em silêncio como levantar pesos. Em vez disso, ouvem-se os pesos batendo e homens gritando "AHHH!" ao retesarem os músculos, tentando levantar os pesos. Eles berram tão alto que parece que alguém ali está tentando matá-los! Seus rostos ficam contorcidos, e veias saltam quando eles tentam quebrar seus recordes individuais em levantamento de peso. Eles dão tudo de si.

É disso que estou falando. Obsessão. Ler sobre obsessão, falar sobre obsessão, pensar sobre obsessão — todas essas coisas ajudam, mas não são a mesma coisa que *ser obcecado* pelo seu sonho a ponto de fazer algo para realizá-lo. Você precisa saber como é a aparência da obsessão, sua sensação e sua voz, e não pode entender por completo uma coisa dessas se não estiver fazendo de corpo e alma. Você precisa sentir a obsessão na pele, para que o seu sonho de sucesso venha a se realizar.

SOLTE A BAGAGEM EM EXCESSO

Se você quer ser obcecado por dar o melhor de si, também precisa se livrar das coisas negativas que estão pesando nas suas costas. Você está carregando alguma bagagem que não precisaria estar levando por aí? Esse peso extra vai diminuir sua velocidade e desgastar você, assim impedindo o seu sucesso. Você precisa se desapegar. A bagagem em excesso que está matando você pode ser um mau hábito que precisa ser quebrado. Parar de fumar foi uma das coisas mais difíceis que tive que fazer quando comecei a lutar boxe. Comecei a fumar quando era garoto, e roubava cigarros dos meus pais.

> Imagine um sujeito grande e gordo, respirando com esforço, que mal consegue correr em volta do quarteirão, e diz que vai ser campeão mundial de peso-pesado outra vez!

Fiquei viciado e achei que nunca fosse conseguir vencer o hábito. Quando eu tinha de escolher entre comprar um maço de cigarros e um sanduíche, escolhia os cigarros.

Tentei parar muitas vezes. Dizia a mim mesmo: *Agora chega*, e então voltava a fumar uma hora depois. Eu jogava meus cigarros pela janela, e então, quando ninguém estava olhando, ia lá fora e pegava de volta. Se eles estavam molhados, deixava o maço secar e então acendia.

Você sabe que é viciado quando está disposto a fumar um cigarro que um estranho jogou fora. Eu caçava em cinzeiros de prédios, procurando cigarros pela metade. Quando eu encontrava um, punha no bolso e pedia fogo para alguém. Isso se estendeu por anos, até que eu finalmente decidi parar de uma vez por todas.

A bebida também era um grande problema para mim. No meu 19º aniversário, fiquei tão bêbado que não conseguia lembrar o que tinha acontecido. No dia seguinte, encontrei um amigo meu, que tinha sido espancado. Ele tinha um olho inchado e outros hematomas. Perguntei o que tinha acontecido.

> **Você precisa ser sábio o bastante para dar ouvidos a pessoas sábias.**

"Você não lembra?", ele perguntou. "Você me bateu ontem à noite!"

Isso me deixou atordoado. Fiquei tão abalado que decidi nunca mais tomar um gole de álcool. E nunca tomei desde então. Eu não estaria onde estou hoje se não tivesse parado de fumar e beber.

Parte da bagagem que eu precisava perder era literalmente o peso em excesso. Quando comecei meu projeto de voltar aos ringues, tive de me livrar dos quilos a mais. Eu estava muito acima do peso. Nos quase dez anos em que estive longe do boxe, tinha aumentado de 100 para 142 quilos. E não foi músculo que ganhei!

Para que eu pudesse perder a gordura, meu cardápio teve ser reformulado. Eu estava acostumado a comer qualquer coisa que chamasse "comida". Se estava no meu prato e não se mexia, metia o garfo. Mas quando fiquei obcecado por reconquistar o título de campeão, me obriguei a parar de comer salsichas. Antes eu comia tantas quantas queria. Agora não mais. Também parei de comer sorvete, bolo e biscoito. Para voltar ao regime de treinamento, comecei com o básico — correr todos os dias. Eu estava tão fora de forma que não conseguia ir muito longe. No começo, eu não conseguia nem dar a volta no quarteirão, um percurso de cerca de um quilômetro. Eu tinha de parar algumas vezes para recuperar o fôlego, e ficava ofegando e bufando.

Imagine um sujeito grande e gordo, respirando com esforço, que mal consegue correr em volta do quarteirão, e diz que vai ser campeão mundial de peso-pesado outra vez! Eu parecia ridículo a todos os que me viam. Certamente eles davam risadas quando espiavam através das cortinas de manhã cedo, enquanto eu avançava lentamente diante das casas deles. Apenas duas pessoas neste planeta inteiro acreditavam que eu era capaz de reconquistar o título — minha esposa e eu.

Mas eu precisava perder peso. Eu andava e corria, andava e corria. Finalmente, eu era capaz de correr o tempo todo sem andar. Então comecei a correr distâncias maiores, e com a combinação de uma dieta adequada e exercício regular, a gordura continuou a secar. Continuei correndo durante os oito meses seguintes, até que finalmente cheguei ao peso certo para lutar — 103 quilos. Foi divertido engordar, mas difícil emagrecer. No entanto, eu não teria vencido o campeonato se primeiro não tivesse me libertado do peso a mais.

Talvez o seu "peso extra" tenha sido causado não por ingerir calorias demais, mas por levar uma vida pouco saudável. Você se flagra criticando os outros? Isso é bagagem em excesso. Você nunca vai progredir enquanto estiver impedindo o progresso dos outros. Uma atitude pessimista está pesando nas suas costas? Você não vai chegar ao sucesso enquanto não acreditar que o melhor vai acontecer. Você está envolvido em algum relacionamento incorreto? Talvez você não perceba, mas está carregando essa pessoa nas suas costas.

Um passo importante para o sucesso é se livrar de qualquer bagagem desnecessária que esteja impedindo você de chegar ao seu objetivo. Algumas malas são pesadas demais para serem carregadas na viagem. Outras simplesmente não valem a pena, se você realmente quer ser um campeão.

Aprenda com as pessoas sábias

No Antigo Testamento, o profeta Eliseu seguiu o profeta Elias de cidade em cidade, observando e aprendendo. Elias perguntou a ele: "O que você quer de mim?"

"Quero uma dupla porção da sua força", respondeu Eliseu.

Elias disse a ele: "Se você observar minha partida, vai conseguir."

Você precisa de um mentor, um técnico experiente que esteja disposto a compartilhar sua sabedoria e experiência com você.

Quando Elias partiu em sua carruagem, Eliseu recebeu o poder de Elias. A lição é a seguinte: *Se você quer, tem de ficar perto da pessoa que tem.* Não tente reinventar a roda. Apenas aprenda com as pessoas que já fizeram direito. Você precisa de um mentor, um técnico experiente que esteja disposto a compartilhar sua sabedoria e experiência com você. Peça a orientação de alguém que já teve sucesso. Se você der ouvidos aos conselhos do *expert*, isso vai direcionar o seu caminho e amaciar sua curva de aprendizagem, para que você não desperdice tempo nem energia.

Quando eu estava trabalhando com todos aqueles jovens lutadores, eu perguntava: "Você quer ser um campeão? Você quer de verdade? Se quiser, vou mostrar como se consegue."

Então eles sumiam. Tantas vezes tentei ajudar boxeadores a buscar o sucesso, fazendo com que eles treinassem duro. Mas após alguns meses, eles paravam de vir ao treinamento.

Mais tarde, eu via esses garotos treinando com outra pessoa. Eles não queriam um ex-campeão profissional dizendo a eles o que fazer. Era esforço demais. Eles preferiam aprender com um instrutor diferente, porque era um treinamento mais fácil para eles.

Quando eu era mais jovem, aprendi muito sobre boxe com um ex-campeão de peso-pesado, Sonny Liston. Ele me ensinou sobre a intensidade do treinamento que seria necessária para vencer o título. Também recebi instruções de outro grande campeão de peso-pesado, Joe Louis.

Eu disse a Joe que ficava cansado quando lutava. Ele perguntou: "Que distância você corre?"

"Cinco quilômetros por dia."

Louis disse: "Corra dez".

Joe sabia que eu não estava treinando com empenho suficiente. Se eu queria vencer o título, precisava redobrar meus esforços. As pessoas tendem a querer aquela fórmula secreta do sucesso sem ter de fazer o trabalho pesado. Mas trabalho pesado *é* essa fórmula secreta.

Quando comecei a treinar a sério para o título de peso-pesado da segunda vez, contratei Angelo Dundee como treinador, porque ele era o melhor do ramo. Eu prestava atenção nos conselhos dele, pois ele sabia como vencer campeonatos. Se você quer ser um campeão na sua área, precisa estar disposto a dar ouvidos a pessoas sábias que já estiveram no lugar aonde você quer ir, ou pelo menos podem apontar a direção certa. Aprender com um *expert* irá canalizar seu esforço para as áreas certas, para que você não perca tempo nem energia fazendo coisas desnecessárias.

Não desista

A desmotivação é seu maior inimigo quando você está no meio de uma batalha difícil. Você precisa estar decidido a chegar até o fim. Você não pode desistir. A força de vontade dentro do seu coração enfraquece cada vez que você desiste. Assim que você desiste uma primeira vez, fica dez vezes mais fácil desistir uma segunda. Você precisa dizer a si mesmo: *Vou continuar avançando até cruzar a linha de chegada. Não vou desistir. Não vou parar.*

Da primeira vez em que comecei a lutar boxe, muitas vezes ia correr com outros lutadores. Depois de um tempo, eles paravam de correr e eu era o único que continuava. A jornada mais solitária é aquela rumo ao campeonato mundial de peso-pesado. Ninguém quer correr essa distância extra junto com você.

Lembre-se de que, quando me aposentei do boxe após a luta contra Jimmy Young, parei de treinar durante quase dez anos. Depois que decidi voltar ao esporte, deixar meu corpo em forma foi muito mais difícil do que da primeira vez. Quando eu era mais jovem, não precisava perder peso nenhum. Mas agora parecia uma eternidade chegar aos 130 quilos.

Um dia, quando eu já estava treinando fazia algum tempo, decidi que ia correr cerca de 24 quilômetros, muito mais do que estivera correndo até então. Para garantir que eu não desistisse antes de atingir minha meta, pedia que minha esposa me encontrasse em um certo lugar a dezesseis quilômetros de distância, para me buscar de carro.

Após correr apenas cinco quilômetros, eu precisava enfrentar os pensamentos que invadiam minha mente: *Estou pronto para desistir. Não vou conseguir. Acho melhor parar.* Eu precisava vencer a batalha dentro da minha mente para que minhas pernas continuassem correndo. Eu chutava esses pensamentos para fora da mente, e continuava avançando rumo ao sexto quilômetro. Agora eu estava ficando mais animado. *Continue, George. Você está correndo em direção ao título de campeão.* Oito quilômetros. Eu continuava avançando, um quilômetro por vez. E antes que me desse conta, lá estava minha esposa esperando por mim.

> **Assim que você desiste uma primeira vez, fica dez vezes mais fácil desistir uma segunda.**

Após um tempo, eu estava correndo vinte, 25 e até mesmo trinta quilômetros milhas às vezes, me aprontando para minha grande chance de reconquistar o título. Mas em todos os lugares aonde eu ia, as pessoas me diziam que eu era velho demais para estar lutando boxe. Teria sido fácil eu permitir que as palavras delas me desmotivassem, embora talvez essa não fosse a intenção delas. Mas eu espantava esses comentários negativos, e continuava correndo.

Um dia, eu estava correndo na rua quando um vizinho mais ou menos da minha idade gritou para mim: "Ei, George, vá com calma. Na nossa idade, precisamos correr com cautela." Essa sugestão de desistir não era o que eu precisava ouvir quando já estava cansado!

Eu pensei: *Este sujeito não entende o quanto ele ainda pode fazer nessa idade. Ele poderia correr junto comigo, se quisesse.* Ele voltou para dentro de casa, mas continuei correndo e terminei meu percurso de trinta quilômetros.

Depois que venci o título de peso-pesado aos 45 anos, ele me parabenizou e disse: "Nós somos capazes de tudo!"

"Pois é", eu disse com um sorriso. "*Nós* somos."

Não dê ouvidos a quem tenta desmotivar você de seguir o chamado de Deus. Você tem uma missão a cumprir, e só precisa prestar contas a ele, que criou você. Se ele estiver satisfeito com o resultado da sua corrida, você foi um sucesso.

DICAS DO GEORGE SOBRE O SUCESSO

- Ponha Deus em primeiro lugar, e tente agradar a Jesus em tudo o que fizer.
- Aumente sua motivação até o grau mais alto.
- Elimine as coisas que estão atrasando o seu progresso.
- Encontre um mentor que seja uma pessoa de bem, e siga os conselhos dele.
- Não se renda à vontade de desistir.

Capítulo 15

Doe enquanto está vivo

Muitas pessoas acham fácil receber dinheiro, mas muito mais difícil doá-lo. Alguém disse uma vez que não se pode passar a vida usando duas luvas de apanhador. Você precisa jogar alguma coisa de volta!

Se você está sempre recebendo e nunca dando, vai acabar ficando espiritualmente estagnado, e a vida vai ser entediante. Se isso descreve o modo como você se sente, e você quer rejuvenescer, reverta o processo e comece a dar. Pegue algumas coisas que você recebeu e dê para os outros.

Algumas pessoas doam tudo o que possuem de uma vez só — depois que morrem. Quando eles escrevem seus testamentos, transferem todas as suas posses terrenas para a família e organizações de caridade. Deixar algo como herança revela um bom gerenciamento de bens, e pode ajudar a financiar instituições e gerações futuras.

Deixar uma herança é uma boa coisa, mas é ainda melhor fazer doações enquanto se está vivo. Se você esperar até a morte para distribuir o seu dinheiro, nunca vai sentir a emoção de ajudar alguém. Aprendi a doar quando revisitei o bairro onde cresci.

Minha primeira lição sobre doar

Antes de conhecer Jesus, eu comprava o que queria e nunca pensava muito em ajudar os outros. Eu adorava exibir meus carros novos, tentando impressionar todo mundo. Era para isso que eu vivia. Eu só queria receber, nunca dar.

Mas após meu encontro com Deus, minha atitude mudou. Em vez de acumular mais para mim, eu queria começar a compartilhar com os outros. Eu me lembrei dos amigos de infância com quem cresci quando minha família era pobre e tinha muito poucas posses materiais. Quando fiquei famoso, oportunamente esqueci os meus velhos amigos porque meus novos amigos eram todos celebridades.

> Não se pode passar a vida usando duas luvas de apanhador. Você precisa jogar alguma coisa de volta.

Depois que conheci o Grande Doador, decidi voltar a meu antigo bairro e distribuir uns presentes.

Vi meu primo, James Carpenter, descendo a rua. Parei o carro e dei uma carona a ele. Ele havia estado na prisão durante alguns anos, e estava tentando recomeçar a vida.

"James, é bom rever você", eu disse. "O que você tem feito desde que saiu?"

"Bem, George... estou tentando arranjar um emprego na rodovia Buffalo, e acho que vou conseguir."

Fiquei feliz ao vê-lo fazendo esforço para encontrar trabalho. "Que ótimo, James. Como você está se virando sem carro?"

Ele disse: "Eu pego o ônibus, e então baldeio para outro ônibus..."

Imediatamente pensei em um carro novo que tinha no meu local de treinamento em Marshall, Texas. "James, você quer um carro para você? Não vai custar nem um centavo."

"Um carro para mim?", ele disse animado. "Você vai me dar um carro? Isso é exatamente o que eu preciso!"

Fazia tempo que ele estava esperando que a vida lhe desse uma chance. Agora ele podia ir trabalhar sem ter de pegar ônibus. James pôde recomeçar sua vida, graças àquele veículo.

A emoção de dar o carro a ele e ver sua reação — junto com a satisfação de saber o quanto isso o ajudou — foi uma das melhores sensações que já tive. Comecei a entender o que Jesus queria dizer quando afirmou: "Mais vale dar do que receber."[1] A felicidade de doar aquele carro foi muito maior que a alegria que senti ao comprá-lo.

Essa experiência foi tão boa para mim que comecei a dar outros carros para pessoas necessitadas. Fiquei quase viciado naquela sensação. Eu queria ajudar todas as pessoas que realmente precisavam de ajuda.

Foi assim que comecei a doar. Talvez você esteja se perguntando como você pode começar. Muitas organizações já estão ajudando pessoas, mas precisam muito de doações para manter a continuidade do trabalho. Você pode ajudar bastante doando seu dinheiro para esses ministérios.

AJUDE BOAS CAUSAS

Uma maneira de doar ao Senhor é ajudando a apoiar a casa de Deus, o local de culto que você freqüenta. Quando você fizer isso, não se esqueça de orar em silêncio enquanto doar: *Senhor, estou doando isto porque amo o Senhor e quero ajudar a expandir o seu reino.* Faça todo o possível para ajudar essas organizações, que usarão sua doação para pregar e ministrar a Palavra de Deus, para que mais pessoas venham a conhecer Jesus ou possam conhecê-lo melhor.

Sempre que fizer uma doação, não chame a atenção para si mesmo ou para o que está doando. Essa não é a motivação correta. Não faça suas doações em público, para que apenas o Senhor veja o que você está fazendo. Isso não significa que é errado se alguém descobrir. Estou informando você sobre minhas doações não para chamar atenção para mim mesmo, mas para inspirar você a ajudar os outros. Quanto mais pessoas descobrirem como doar é agradável e recompensador, melhor será este mundo.

Algumas pessoas gostam de doar a ministérios e organizações missionárias, que são boas causas. Outras gostam de doar a instituições de ensino de sua escolha. Eu gosto de ajudar instituições no país inteiro, criando fundos de bolsas de estudo. Deus tem um plano para todos nós, por isso acredito muito na educação, em se estar preparado para o que o bom Senhor quer fazer na vida de uma pessoa, e através dessa vida. Às vezes, os estudantes precisam de assistência para chegar à próxima etapa de sua formação educacional, e assim cumprir sua vocação.

Você pode ajudar os menos afortunados que você, de diversos modos tangíveis. Se os seus pais estão com dificuldades financeiras, você precisa apoiá-los para que eles não precisem ter medo de a eletricidade ser cortada. Eles cuidaram das suas necessidades quando você era criança, e, por isso agora você precisa retribuir o favor. Às vezes as pessoas dão até o último centavo à igreja, mas não tomam conta da própria família.

> **Não doe dinheiro para chamar atenção para si mesmo.**

Jesus se irritou contra o grupo religioso dos fariseus, pois eles estavam proibindo que as pessoas ajudassem seus pais necessitados. Eles criaram uma tradição que violava o mandamento de Deus, de honrar pai e mãe.

De acordo com os fariseus, qualquer pessoa poderia deixar de amparar seus pais, simplesmente declarando que o dinheiro era dedicado ao templo como um presente sagrado. Em vez de usar o dinheiro para ajudar os pais, eles o entregavam para um sacerdote. Os fariseus criaram essa tradição porque eram gananciosos, e queriam o dinheiro para si próprios em vez de usá-lo para ajudar os pobres.

Não importa se você está doando para a sua igreja, uma instituição de ensino, um pai ou mãe em necessidade, ou alguma outra causa de valor. Não se esqueça de fazer isso com o coração alegre, e não com rancor. Afinal, você não quer deixar de aproveitar a emoção de doar.

Um ato de louvor

Quer você perceba ou não, doar é um dos meios que existem de louvar a Deus. Você já leu na Bíblia a história do homem que foi ao altar e apresentou a Deus sua oferenda de *nada*? Você nunca leu isso porque não está lá. Os fiéis sempre ofereciam *alguma coisa* a Deus — dinheiro, um animal, ou produtos de sua colheita. Você sempre estará doando àquele que você mais ama. É seu ato de louvor.

Você talvez esteja pensando: *George, sou pobre demais para doar.* Deus certamente entende a sua situação financeira, mas todo mundo pode contribuir com alguma coisa. Por mais pobre que você seja, você ainda pode ser um doador. Você pode doar seu tempo para uma boa causa; pode oferecer ajuda ou uma dádiva de amor a alguém que precisa muito. Por mais estranho que pareça, doar é justamente a maneira de sair da pobreza. Quanto mais você ajudar os outros, mais Deus retribui a você.

Uma vez Jesus mostrou para seus discípulos uma pobre viúva que colocou suas duas últimas moedas na caixa de doações do templo. Ele não a repreendeu por ser tola, mas sim elogiou sua generosidade. Ele explicou que, aos olhos de Deus, a pequena doação dela era na verdade maior que todas as outras contribuições juntas.

Por que a doação dela era maior? Porque, após dar sua contribuição, ela não tinha mais nada com o que viver. Dê a ele a melhor oferenda que você possa dar. E faça isso com alegria. No Gênesis, Caim e Abel fizeram oferendas ao Senhor. O Senhor aceitou a oferenda de Abel mas rejeitou a de Caim, pois este ofertou com uma má atitude. Deus não olha apenas a quantia, mas também sua atitude quando você doa.

O Senhor promete que, quando você der, ele irá abrir as janelas do céu para derramar sobre você uma dádiva tão grande que você nem mesmo consegue abarcar. É preciso fé para abrir mão de algo que você tem, e isso a princípio empobrece você. Mas a história não termina aí. Quando Deus abrir as janelas do céu, ele irá mais que compensar tudo aquilo que você doou na Terra.

Ajudando os pobres

Nunca vou esquecer como foi crescer na pobreza abjeta. A pobreza não afetava apenas o meu estômago; ela influenciava todo o meu ser. A pobreza gera um sentimento de desespero. Eu não achava que a vida jamais fosse melhorar. Era tão difícil arranjar as coisas de que precisávamos para viver. Eu passava boa parte do meu tempo subindo e descendo a rua, procurando dinheiro, com a esperança de encontrar uma carteira perdida. Acabei assaltando pessoas para conseguir dinheiro, e não me sentia culpado por isso. Muitas crianças pobres recorrem ao roubo, apenas porque é a única maneira que encontram de sobreviver.

> Você sempre estará doando àquele que você mais ama.

Ser pobre afetou o modo como eu interpretava a vida. Eu me lembro de ter assistido a um programa de tevê quando era menino, mas a única coisa que eu via era a comida que eles estavam comendo! Foi só depois de adulto que me dei conta de que Leave It to Beaver era uma comédia. Eu ficava fascinado com o fato de que Wally e Beaver tinham cada um sua cama. Eles até tinham seu próprio banheiro com banheira. Para mim, era difícil compreender tanta riqueza.

Sair dos cortiços não foi fácil. Tirar os cortiços de mim foi ainda mais difícil. As pessoas pobres perdem a esperança. É preciso quase um milagre para tirar alguém da pobreza. O muro social que divide os ricos e os pobres precisa ser derrubado. A classe mais rica muitas vezes despreza os pobres, os vê como "aquelas pessoas". E as pessoas necessitadas vêem as ricas como frias e sem coração. O modo de romper a barreira entre os ricos e os pobres é eles cooperarem, e ajudarem uns aos outros. Fazer uma conexão. Se você puder quebrar essa barreira, isso pode abrir caminho para a recuperação de uma pessoa, uma família, ou até mesmo uma comunidade inteira.

Eu ainda lembro de um dos meus primeiros encontros com uma dessas pessoas "ricas". Quando eu era garoto, uma mulher pediu que eu cortasse a grama dela. Ela provavelmente nem era tão rica, mas parecia rica para mim porque tinha um quintal. Depois que cortei a grama, ela me deu um sanduíche, falou comigo, e me tratou com imensa gentileza. Ela fez com que me sentisse muito bem, sentindo que eu era importante e minha vida tinha valor. Naquele momento, ela não era uma pessoa rica falando com uma pessoa pobre. Nós éramos apenas duas pessoas conversando. Ela rompeu a barreira.

Agora que escapei da pobreza, não vou me esquecer daqueles que são menos afortunados. Tenho um desejo ardente de ajudar jovens com problemas. Eu costumava sair e pregar nas ruas, pois queria que os jovens encontrassem Deus. Eles me escutavam na calçada, mas nunca apareciam na igreja. Quando aquilo não funcionou como eu esperava, orei para encontrar uma melhor maneira de chegar até eles.

> **Quando você doa seu dinheiro na Terra, ele está sendo depositado no céu.**

Foi então que o Senhor me deu a idéia de fundar um centro de jovens. Desse modo, pude ajudar jovens que nunca entravam em uma igreja. Eu não pregava para eles, apenas ficava disponível se eles precisassem conversar. Meu plano era ficar amigo deles, e quem sabe também me tornar um modelo de comportamento que eles pudessem seguir.

Embora o centro de jovens fosse uma ótima idéia, ele não passou a existir como um desejo realizado por um gênio. Foi preciso muito dinheiro para fazer acontecer. Eu tinha reservado um dinheiro que planejava usar para a minha aposentadoria. Após orar sobre isso, eu sabia que aquela conta poderia ser usada para construir o centro. Eu queria investir meu dinheiro para mudar vidas. Esse era meu presente para o Senhor durante um período crucial na minha vida.

O George Foreman Youth Center foi construído em 1983, e ainda continua a ajudar pessoas hoje em dia. Passei muito tempo no centro junto com os jovens, tentando influenciá-los de modo positivo. Minha vida é devotada a fazer isso ainda mais no futuro.

Deus sempre recompensa

Mesmo quando eu estava falido, continuei pregando sobre a lealdade de Deus e como ele havia me suprido. O rei Davi disse: "Fui jovem e agora estou velho, mas eu nunca vi um justo ser abandonado, nem seus descendentes mendigando pão."² Durante sua vida inteira, Davi *nunca* tinha visto os servos de Deus mendigando pão. Foi verdade para mim também. Depois que confiei em Deus, sempre tinha o que comer. O Senhor sempre se manifestava, mesmo em tempos difíceis.

E minha situação financeira desesperante nunca me impediu de doar. Eu lembrei a promessa de Jesus: "Dai, e vos será dado; no vosso colo será derramada uma boa medida, calcada, sacudida, transbordante, pois com a medida que medirdes sereis medidos também."³

Jesus usou essa descrição para mostrar como Deus irá recompensar generosamente aqueles que doam. Ele não vai dar apenas uma boa medida, mas sim continuar jorrando dádivas até que elas transbordem sobre a pessoa que doou. O doador irá receber de volta muito mais do que doou, e a recompensa se estenderá pela eternidade.

Embora o Senhor tenha prometido recompensar aqueles que doam, você nunca me verá dizendo algo como: "Eu fiz isto por Deus, por isso agora ele vai fazer algo por mim." Minha motivação para doar não é receber algo de volta de Deus. No entanto, o Senhor viu o que fiz e me recompensou por aquilo que dei. É quase como se ele dissesse: "Você fez isto por mim, por isso quero abençoar você."

Deus irá recompensar sua generosidade não apenas no aqui e agora, mas também na eternidade. Todo cristão tem uma conta no céu. Jesus disse: "Mas ajuntai *para vós* tesouros no céu."⁴ Você tem sua conta pessoal no outro mundo. O jeito de fazer depósitos na sua conta celestial é ajudando os outros com alegria, durante o seu tempo na Terra. Quando você doa dinheiro aqui, ele está sendo depositado lá em cima. Só é possível depositar este tesouro enquanto você está vivo. Após a morte, você não poderá mais fazer nenhum depósito.

Embora você não possa ver as transações que ocorrem entre Terra e céu, você poderá enxergá-las quando chegar ao céu. Seu tesouro estará à sua espera. E então, ao louvar a Deus, você será capaz de usufruir sua recompensa durante toda a eternidade.

Então, no fundo, não importa se serei recompensado aqui na Terra por aquilo que doei. Quero ser recompensado no céu, pois é uma riqueza que irá durar para sempre.

DICAS DO GEORGE SOBRE DOAR

- Sempre doe com alegria, não com rancor.
- Encontre um modo de ajudar aqueles que são mais necessitados.
- Dê a Deus o seu melhor, não os seus restos.
- Lembre que o Senhor irá recompensar você muito além daquilo que você doou.

CAPÍTULO 16

Quarenta anos não é uma sentença de morte

No meu 37º aniversário, tive uma crise de choro. Achei que minha vida tinha acabado, e eu nem tinha chegado aos quarenta. Depois que me recompus desse desânimo, decidi voltar ao boxe. Todos disseram: "O George é velho demais para lutar. Estes rapazes vão matá-lo!"

Quando fiz quarenta anos, os *experts* do boxe acharam que era hora de pendurar as luvas. O grande treinador Gil Clancy disse: "O boxe já tem muitos lutadores 'recauchutados'. O que o George Foreman está fazendo no ringue? Ele não deveria estar lutando."

Conforme viravam-se as páginas do calendário, fui ficando mais velho, e os céticos foram ficando mais impiedosos. O que um velhote como eu estava fazendo no ringue, enfrentando rapazes com a metade da minha idade, em condição física muito melhor? Apesar do que os críticos diziam, eu estava vencendo todas as partidas.

Eles disseram que eu estava velho demais aos 41 anos de idade. Muito velho aos 42. Que eu deveria estar em um asilo aos 43. E 44 então? Com um pé na cova. Aos 45 anos, campeão mundial de peso-pesado! Sou o homem mais velho a conquistar esse título.

Eu fiz o que todos diziam ser impossível — mas apenas porque Deus estava do meu lado. Ele disse: "Vou mostrar o que posso fazer através de você." É claro que me esforcei muito, treinei muito, e precisei lutar para chegar ao topo. Mas a cada passo do caminho, Deus me deu a capacidade. E ele ainda tem mais coisas para eu cumprir antes que se encerrem meus dias na Terra.

Às vezes, digo às pessoas que quero viver até os 144 anos, para poder continuar dando meu testemunho sobre o bom Senhor. Eu ainda tenho tantas coisas que quero realizar, que talvez demore todo esse tempo para fazer tudo. Não quero nem pensar na idéia de morrer antes de ter terminado tudo o que Deus me chamou para fazer.

> Deus estava esperando que Moisés completasse oitenta anos de idade para dar a ele uma nova missão.

Conforme eu ficar mais velho, quero que o oculista continue me receitando óculos cada vez mais fortes, até que meus olhos parem de funcionar. Só então é que vou parar de tentar enxergar. Quero usar todas as minhas forças, mesmo que eu só possa mexer os dedos. Antes de me colocarem em um caixão, quero usar uma bengala ou cadeira de rodas. E então, quando finalmente tiver aproveitado tudo o que Deus me deu, aí sim vou achar que a vida terminou.

Você está apenas começando

Você acha que sua vida acabou só porque você chegou aos quarenta, cinqüenta ou mesmo sessenta anos de idade? De jeito nenhum. Você está apenas começando! Moisés já era idoso quando Deus falou a ele através do arbusto em chamas que nunca se consumia. Quando Moisés fugiu do Egito para a terra de Midiã, ele planejava se aposentar lá. Mas Deus estava apenas esperando que Moisés completasse oitenta anos de idade para dar a ele uma nova missão. O Senhor disse: "Moisés, tenho um serviço para você fazer. Quero que liberte a nação hebraica da dominação egípcia. Mas você não será capaz de fazer isso com sua própria força. Você terá que depender da minha força."

Moisés recebeu seu chamado divino no momento certo da sua vida. A história dele é um lembrete para todas as gerações, de que o Senhor não abandonou você apenas porque você atingiu uma certa idade. Enquanto você está vivo, Deus ainda tem um plano para a sua vida. Se você continuar progredindo e aprendendo conforme envelhece, pode ser mais eficiente aos sessenta anos do que era aos vinte.

Muitas pessoas na Bíblia receberam suas missões divinas quando já eram consideradas pessoas idosas. Caleb tinha 85 anos de idade quando capturou a cidade de Hebrom. Sarah deu à luz Isaac aos noventa anos, e Abraão virou pai aos cem anos de idade. Isso só mostra que a idade não importa quando Deus quer realizar algo.

Ele pode fazer o mesmo comigo e com você. Se acreditarmos que Deus pode operar através de nós, qualquer coisa é possível. Com Deus do seu lado, você pode fazer qualquer coisa — a idade não importa. Sua única limitação é sua própria descrença.

COMEÇANDO POR BAIXO

Quando voltei ao boxe, decidi que ia recomeçar por baixo. Eu tinha pesquisado todos aqueles pugilistas aposentados que voltaram a lutar, pois queria descobrir por que eles não deram certo. Eram todos grandes lutadores, mas não conseguiam chegar novamente ao topo depois de terem se aposentado. Concluí que eles todos tinham usado a abordagem errada.

> **Quero viver até os 144 anos.**

Quando o ex-campeão de peso-pesado Joe Louis tentou voltar aos ringues, já de imediato ele teve uma chance de reconquistar o título. Rocky Marciano quase matou Louis naquela luta. Louis tentou voltar ao topo rápido demais, e não estava pronto. O antigo campeão de peso-pesado Joe Frazier também voltou da aposentadoria para lutar novamente nos ringues. Ele treinou durante uma semana, e foi derrotado de maneira impiedosa.

Todos os boxeadores aposentados que voltavam a lutar tinham uma coisa em comum — eles estavam no topo quando se aposentaram, e acharam que poderiam recomeçar no topo. Esse foi o engano deles; eles tentaram voltar para o topo rápido demais. Acharam que não tinham mais tempo de recomeçar por baixo.

Meus assessores de boxe me diziam: "É melhor você se apressar, seu tempo está se esgotando." Eles queriam que eu seguisse a mesma estratégia equivocada que seguiram os outros antes de mim — recomeçar no topo enquanto eu ainda tinha um resto de capacidade. Mas eu não queria fazer igual os outros e fracassar. Em vez disso, eu ia fazer o contrário.

Todos acharam que eu estava louco quando contei meu plano a eles. "Não vou concorrer ao título durante alguns anos. Vou recomeçar por baixo, e lentamente refazer meu caminho até o topo."

> **Eu não me vejo como alguém que está envelhecendo, mas sim como alguém que está se formando em um estágio mais alto na vida.**

Meus amigos me olharam como se eu tivesse perdido o juízo, mas eu sabia que levaria pelo menos três anos para recuperar o meu *timing*. Não havia outro modo.

Passei centenas de horas assistindo a filmes de boxe e lendo artigos, tentando aprender como eu poderia melhorar o meu *timing*. Estudei todos os grandes boxeadores e pesquisei antigos recortes esportivos. Li tudo o que encontrei sobre atletismo, boxe, e até mesmo futebol americano dos anos 1930 até os anos 1950. Quem sabe eles usavam técnicas que esquecemos nos dias de hoje. Minha extensa pesquisa me ajudou a virar um boxeador mais esperto do que eu era antes.

USANDO A IDADE COMO VANTAGEM

Eu não me vejo como alguém que está envelhecendo, mas sim como alguém que está se formando em um estágio mais alto na vida. Tive grandes aprendizagens em cada ano que vivi. Minhas experiências acrescentaram maior profundidade e valor à minha vida, o que me ensinou a fazer melhores transições conforme ficava mais velho.

Em vez de confiar em habilidades que enfraquecem com o tempo, investi nas perícias que ficam mais fortes com a idade.

Quando eu era um jovem boxeador, meu maior tesouro era minha rapidez. O grande boxeador Sugar Ray Robinson me disse: "Não importa como você dá seus socos, contanto que você faça isso rápido." Mas depois de estar aposentado do boxe por dez anos, minha rapidez e meus instintos tinham se deteriorado.

Ao estudar os boxeadores que tinham tentado voltar da aposentadoria, percebi que eles estavam usando as mesmas técnicas que usavam quando eram mais jovens. Mas seria impossível eles conseguirem o mesmo desempenho de antes, e seus adversários podiam rapidamente mandá-los de volta para a aposentadoria.

> **Todos os boxeadores aposentados que voltavam a lutar tinham uma coisa em comum — eles estavam no topo quando se aposentaram, e acharam que poderiam recomeçar no topo.**

Em vez de seguir pelo mesmo caminho deles, decidi tentar um jeito novo. Se eu queria ser campeão outra vez, teria que encontrar um jeito de compensar minha falta de rapidez. Isso me forçou a aprender um jeito novo de lutar boxe. Embora eu tivesse dentro de mim o desejo de vencer o título, minhas capacidades físicas já não estavam à altura. Meu novo estilo de boxe tinha que ser completamente diferente do jeito como eu agia no ringue da outra vez. Eu também tinha que encontrar outro método de me defender, como mudar a posição das mãos para me proteger melhor.

Eu não conseguia mais correr tão rápido, mas conseguia caminhar. As caminhadas fortaleceram os músculos necessários à resistência. Eu não mais dependeria do nocaute rápido, mas sim trabalharia o aumento da minha energia para conseguir ficar de pé no ringue durante os doze rounds. Isso pode soar fácil, mas eu precisava treinar com os rapazes no ginásio, e fazer todos aqueles ajustes não foi nada fácil no início.

Depois de buscar um pouco na minha alma, entendi que não conseguiria reconquistar o título de peso-pesado enquanto primeiro não vencesse a luta que acontecia dentro da minha mente. Eu precisava acreditar que era capaz de vencer, antes de poder vencer de fato. Então, em vez de ficar frustrado por ter de aprender outro jeito de lutar boxe, decidi provar ao mundo que ninguém é velho demais para recomeçar.

Com uma visão renovada, percebi que minha idade poderia ser usada a meu favor, em vez de ser um obstáculo. Toda a minha experiência me deu uma vantagem sobre os lutadores mais jovens. Da primeira vez em que comecei a lutar boxe na juventude, não sabia fazer nada. Eu não sabia pular corda. Não conseguia acertar os sacos de areia. Todas as coisas que eu precisava aprender pareciam impossíveis naquela época. Mas aos 24 anos de idade, eu era considerado o melhor em pular corda, acertar os sacos de areia, e correr ao me preparar para uma luta de boxe.

Aprender um jeito novo de lutar não seria tão difícil quanto começar do zero. Se tinha conseguido começar por baixo e vencer o campeonato, certamente poderia levar minha prática de boxe a um outro nível se usasse uma nova técnica e encontrasse um jeito de aproveitar melhor minhas habilidades.

E é isso que eu descobri com a idade: se você já fez uma vez, pode fazer de novo. Se você começou do zero e aprendeu uma determinada profissão, a sua experiência põe você à frente da concorrência.

Quando eu era jovem, tive sucesso usando minha força bruta, meus músculos e minha energia. Mas conforme o tempo passou, minhas antigas forças transformaram-se em fraquezas. Ao ficar mais velho, acumulei sabedoria sobre a vida através das minhas experiências, o que compensou e superou minha perda de vigor. Minha idade acabou virando um privilégio. O *know-how* acabou valendo mais que a força física.

Se você chegou aos quarenta, tem muito mais conhecimento prático que as pessoas mais jovens, simplesmente por causa das lições que você aprendeu. Se Deus já lhe deu certas habilidades quando você era mais jovem, ele pode aprumá-las se você precisar recomeçar.

Aprendendo a lutar boxe sem ódio

Eu estivera aposentado por dez anos, e não tinha treinado nem um pouco durante esse tempo. Mas depois que todos os meus investimentos foram a pique, eu precisava fazer alguma coisa para sustentar minha família e pagar a hipoteca do George Foreman Youth and Community Center. Após orar a respeito disso, decidi retornar ao esporte.

Mas eu tinha uma vantagem da minha segunda vez, uma vantagem que não tive da primeira: fé em Deus. Como mencionei em um capítulo anterior, o sentimento do rei Davi me inspirou a olhar para o bom Senhor. O rei Davi

> **Eu precisei aprender um novo jeito de lutar: sem ódio.**

disse: "Eu *nunca* vi um justo abandonado." Embora ninguém acreditasse que eu podia ser campeão, eu continuava acreditando. Eu sabia que, se continuasse dando duro, Deus abençoaria meus esforços.

Eu tinha me afastado do boxe após minha dramática experiência de conversão após aquela luta, porque o único jeito de que eu sabia lutar era sentindo raiva. Quando eu lutava boxe na juventude, fechava bastante o punho ao atingir meus adversários, porque queria machucá-los. Eu os via como animais a serem caçados. Meus oponentes não eram seres humanos — eles eram o inimigo. Quando eu estava de pé no ringue e olhava para o outro boxeador, dizia para mim mesmo: *vou matá-lo.*

Quando voltei ao esporte, eu tinha aprendido um novo jeito de lutar: sem ódio. Muitos rapazes que vinham ao meu centro de jovens queriam ser boxeadores. Eu ensinava a ele: "Nunca dê um soco com raiva. Este é um esporte honrado; ele existe há milhares de anos. Você não precisa de um instinto assassino para vencer uma luta."

Um dos meus versos favoritos é: "Abençoados sejam os mansos, pois eles herdarão a terra."[1] Não é que eles vão *conquistar* a terra, mas sim vão *herdá-la.* Você não precisa destruir alguém só para conseguir o que quer. Faça do jeito de Deus, e você irá herdar a terra.

Então no meu retorno ao boxe, nunca dei um soco com raiva. Em vez de cerrar bastante o punho, eu nunca fechava a mão. Eu sabia que nunca machucaria ninguém se meu punho não estivesse bem fechado. No boxe, como em qualquer esporte, você pode controlar o que faz. Eu nunca feri ninguém dentro do ringue em nenhuma das lutas durante minha segunda carreira no boxe.

Às vezes, eu era vaiado no ringue, porque não destruía meus adversários como tinha feito antes. Na minha luta contra Dwight Muhammad Qawi, em Las Vegas, ouvi alguns espectadores gritarem: "Vai com força, George!" Descobri depois que eles queriam um nocaute rápido porque tinham apostado no número de rounds.

Antes de enfrentar Evander Holyfield, eu sonhei que o matava no ringue. Quando lutei com ele alguns dias depois, concorrendo ao campeonato, o deixei atordoado com um soco e ele se segurou em mim. Se eu fosse o antigo George, teria acabado com ele logo naquela hora. Mas assim que ele se agarrou em mim, aquele sonho me veio à mente. Tive medo de que, se o acertasse de novo naquela hora, poderia acabar me arrependendo de verdade. Então deixei que ele se segurasse e limpasse a mente. Acabei perdendo a luta pelo campeonato, mas preferi ter perdido a luta que ver a realização daquele sonho terrível.

Sendo mais velho, eu tinha que lutar de um modo mais inteligente. Em vez de confiar na minha força, precisava me concentrar em encontrar as fraquezas dos meus adversários, coisa que eu geralmente fazia. De modo semelhante, eu tinha perdido bastante velocidade e rapidez, o que me forçou a treinar de modo diferente para ganhar resistência. É por isso que, na maior parte dos dias, eu corria vinte, 25 ou trinta quilômetros.

Quando lutava boxe na juventude, eu geralmente nocauteava os adversários logo, para não precisar lutar nos outros rounds. Mas, desta vez, aprendi a usar minha sabedoria mais que a minha força. Eu não ia ficar juntinho do oponente e levar na cabeça. Em vez disso, aprendi a me proteger dos socos, para que eles não me atingissem. Eu tinha corrido quilômetros e quilômetros em treinamento, para adquirir energia suficiente e durar a luta inteira. Quando os amigos me perguntavam por que eu estava correndo tanto, eu dizia a eles: "Ou vou perder meus joelhos, ou vou perder a cabeça. Escolho os joelhos."

Talvez você esteja perguntando: "George, você também nocauteou adversários no seu retorno ao boxe. Como você pode dizer que não os machucou?"

Aprendi a lutar boxe de modo a conseguir vencer a luta sem ferir meu oponente. Caso você não esteja familiarizado com o boxe, um nocaute nem sempre significa deixar o adversário *inconsciente*. Na maioria das lutas, quando um pugilista cai na lona três vezes durante um mesmo round, isso conta como um nocaute. Às vezes, o árbitro interrompe uma luta mesmo quando nenhum boxeador foi derrubado, e isso conta como um nocaute. Ele está evitando que o boxeador seja seriamente ferido, terminando a luta antes que chegue a esse ponto.

Quando eu lutava antes de entregar minha vida a Deus, eu começava a acumular raiva na sexta-feira, para ficar pronto para a luta no sábado. Na hora da luta, eu estava prestes a explodir de ódio. Quando encontrava meu oponente no meio do ringue para receber as instruções do árbitro, ficava com o nariz colado no nariz dele, e o olhava nos olhos. Eu queria que ele me visse soltando fumaça pelas ventas, e assim ficasse com medo de mim.

Mas na minha nova carreira no boxe, não fiz isso. Eu seria o "bom George" o tempo todo, desde o começo do meu treinamento até depois de subir no ringue. Eu queria que meus filhos me vissem na televisão como um bom homem — não um sujeito malvado e cheio de ódio. Eu encontrava todos os meus oponentes no meio do ringue com um sorriso enorme no rosto. Ironicamente, eles achavam que eu estava tentando confundi-los! Às vezes, eu ouvia os treinadores gritando para eles: "Não olhe para ele! Ele está tentando confundir a sua cabeça." Mas eu só estava sendo simpático; queria que eles soubessem que o boxe era um esporte para mim, e eu não estava bravo com eles.

Algumas pessoas me perguntaram: "Como você pode ser pastor e boxeador?"

"Isso é muito fácil", respondi. "Venha à igreja comigo no domingo, e então venha ao ringue comigo na segunda. Você não vai perguntar isso de novo."

A verdade é que mudei minha atitude em relação ao boxe depois que me tornei pastor. Adquiri uma visão mais clássica do boxe — como um esporte que exige técnica e estratégia, não apenas força bruta. Eu não entrava no ringue com intenção de arrebentar meu oponente. Eu entrava no ringue para vencer, mas não para machucar o oponente mais que o necessário. Eu dizia brincando a alguns dos meus adversários: "Não quero machucar você, só quero nocautear!"

Os jovens e os acabados

Começar por baixo significava que, a princípio, eu lutaria contra adversários considerados mais fáceis. Eu, muitas vezes, era colocado para lutar contra rapazes inexperientes, ou lutadores mais velhos e desconhecidos, que só estavam tentando ganhar algum dinheiro ainda. Os apresentadores de *talk shows* brincavam: "George, você está enfrentando uns velhinhos em estado terminal."

"Isso é mentira!", eu respondia, fingindo estar ofendido. "Eles precisam sair do hospital cinco dias antes de me enfrentar!"

Minha primeira luta profissional ao voltar ao boxe em março de 1987 foi em Sacramento, Califórnia. Derrotei um bom lutador chamado Steve Zouski, mas a parte mais gratificante do evento aconteceu antes mesmo de a luta começar. Quando pisei no ringue, a multidão me aplaudiu de pé. Eu nunca tinha recebido tantos aplausos como boxeador, nem mesmo quando era campeão mundial. Mas com aqueles aplausos entusiasmados, a multidão estava dizendo: "Bem-vindo de volta, George." E eu apreciei isso mais do que soube expressar.

Ganhei 21 mil dólares pela minha vitória naquela noite. Um bom dinheiro, mas não era nada comparado com o que eu estava ganhando quando tinha me afastado do boxe vinte anos atrás. Agora, nesse retorno aos ringues, em vez de ganhar 5 milhões como antes, eu ia de cidade em cidade, lutando por 500, 1.000 ou 2.500 dólares.

Eu não consegui nenhum lucro durante os primeiros dois anos, porque precisava pagar meus *sparrings* e outros que trabalhavam para mim. Eu mal estava conseguindo me agüentar financeiramente. Depois que eu pagava a equipe, não sobrava muito.

Acabei começando a ganhar mais dinheiro — 5.000, 8.000, 12.000. Nessa altura, eu estava principalmente interessado em me promover junto aos jornalistas esportivos e entrevistas na televisão local. Se eu ia tentar reconquistar o campeonato, precisava de mais publicidade. Comecei a fazer campanha como se fosse um político, e com a empolgação de um vendedor de automóveis.

> Eu dizia às pessoas: "Ou eu vou perder meus joelhos, ou vou perder a cabeça. Eu escolho os joelhos."

Se o noticiário esportivo local prometia me dar um minuto de tempo, eu tentava fazer com que fossem os sessenta segundos mais dinâmicos da televisão. "George, ouvimos falar que você está voltando aos ringues. Será que é uma boa idéia para um homem na sua idade?"

Eu gritava com animação: "Sim! Eles dizem que quarenta anos é uma sentença de morte, mas vou mostrar a vocês que um velhote como eu pode vencer *qualquer um*, a *qualquer hora*!"

Os espectadores adoravam. As pessoas falavam sobre a entrevista no dia seguinte, junto ao bebedouro do escritório. Então o diretor do noticiário esportivo local me chamava de novo, para uma entrevista de três minutos. Outros programas me davam cinco ou dez minutos. Eu tentava fazer o máximo possível para que todas as entrevistas fossem emocionantes.

Mike Tyson, que era o campeão na época, não falava com a imprensa. Mas eu estava disposto a dar entrevistas a qualquer hora do dia ou da noite. Os repórteres continuavam me procurando porque Tyson não falava com eles.

Sempre que eu estava em uma coletiva de imprensa, em uma sala cheia de repórteres, sempre brincava com eles e respondia a todas as perguntas. Eu dizia: "Preciso continuar lutando porque é a única coisa que me mantém longe dos hambúrgueres. Se eu não lutar, vou comer o planeta inteiro."

Quando me perguntavam por que eu não tinha nocauteado um tal adversário, eu respondia: "Minha mãe estava assistindo na televisão, e ela não quer que eu machuque ninguém." A mídia adorava meus comentários, e estampava meu rosto nas primeiras páginas de jornais e revistas. A Nike me chamou para fazer um comercial de tênis, pois os repórteres tinham feito aumentar a minha popularidade.

> **Eu voltei ao meu *corner* pensando que talvez não devesse ter retornado ao boxe.**

Decidi ser meu próprio agente, por isso estrategicamente escolhia as lutas que queria lutar. Eu selecionava adversários que pudessem me preparar para lutadores mais fortes. Era esse o meu plano: lentamente refazer meu caminho, ranking acima. Mas quase cometi um erro grave, que por pouco não me mandou de volta para a aposentadoria.

QUASE DERROTADO

Na terceira luta do meu retorno ao boxe, um promotor tentou agendar um adversário para mim. Ele disse: "George, temos um sujeito chamado Bobby Crabtree para lutar com você."

"Ele é valente?", perguntei.

"É sim, e vai vir para cima de você. Você não vai precisar ir atrás dele." Aceitei a luta, pois era o tipo de boxeador que eu queria enfrentar. Se ele fosse do tipo que fugisse de mim ou ficasse dançando no ringue, teria sido difícil para mim derrotá-lo.

Mais tarde, ouvi um rumor de que Crabtree não lutava como o promotor tinha dito para mim. Alguém que o tinha visto lutar me disse: "Esse sujeito não vai vir para cima de você, ele vai tentar se afastar. Além disso, ele é canhoto." Os boxeadores canhotos são mais difíceis de enfrentar.

Eu sabia que seria bom descobrir se aquelas informações eram verdadeiras. Pedi a Brent Bowers, um dos meus *sparrings*, para ir conferir o tal Bobby Crabtree. "Não se esqueça de pedir o autógrafo dele", eu disse.

Brent foi falar com Bobby. Ele disse: "Ouvi falar muito de você. Posso pegar seu autógrafo?"

Crabtree assinou o autógrafo com a mão esquerda. Era verdade: ele era canhoto, e não era o tipo de lutador que eu tinha sido levado a crer. Eu teria me preparado do modo errado se não tivesse ficado sabendo disso, o que poderia ter feito com que eu perdesse a luta.

Quase desisti de lutar, mas mudei de idéia. Mesmo que o promotor que tinha arranjado a luta não tivesse sido honesto comigo, decidi honrar meu compromisso.

Quando soou o gongo do início da luta, Crabtree começou a pular e andar pelo ringue. Ele estava me acertando, mas eu não conseguia acertar um soco porque ele se mexia demais. No terceiro round, o treinador dele gritou: "Agora vá pra cima dele! As pernas dele estão cansadas." Bobby começou a descer o braço em cima de mim.

Depois do round, voltei ao meu *corner* pensando: *Talvez eu não devesse ter voltado ao boxe*. Aquele sujeito estava vencendo a luta, e eu estava exausto. No round seguinte, coloquei meu pé direito na frente do esquerdo, o contrário do modo como eu fico naturalmente quando luto. Isso o confundiu, e consegui acertar um soco que encerrou a luta.

Aquela luta quase mandou por água abaixo meu retorno ao boxe. Bobby Crabtree — esse é um nome que nunca esquecerei. Foi uma das lutas mais difíceis que já lutei durante minha segunda carreira no boxe. Mas aquela luta me fez perceber que estava despertando o melhor em todos os meus adversários. Todos eles queriam poder dizer que tinham derrotado o ex-campeão de peso-pesado.

Talvez você esteja tentando algum tipo de retorno na sua vida. Não vai ser fácil a princípio, mas não desista ao primeiro sinal de dificuldade, resistência ou oposição. Talvez seja hora de você mudar de estratégia. Fazer aquele pequeno ajuste com meus pés fez a diferença entre a vitória e a derrota. Você não sabe o sucesso que pode estar ao seu alcance, se você apenas fizer algumas mudanças. Talvez não seja uma área grande que precise de ajuste; quem sabe é algum hábito ou pequena mudança no estilo de vida, que poderia alterar totalmente o seu futuro e levar você a um novo nível de sucesso e satisfação.

SETE ANOS DEPOIS

Mais de sete anos tinham se passado desde que eu voltara da aposentadoria. Meu saldo nesse retorno ao boxe estava em 27 vitórias e 2 derrotas, ambas na disputa pelo campeonato mundial de peso-pesado. Eu tinha a esperança de tentar o título mais uma vez.

Michael Moorer tinha acabado de derrotar Evander Holyfield na decisão dos juízes, assim vencendo o título de peso-pesado. Enquanto eu trabalhava como parte da equipe de transmissão da luta, fiz um comentário controverso que incomodou algumas pessoas; eu disse que não concordava com a decisão dos juízes, e achava que Holyfield tinha vencido a luta.

Liguei para meu amigo Bob Arum, que era promotor para a Top Rank Boxing. "Você ouviu meus comentários sobre a luta do Holyfield?", perguntei.

"Sim, ouvi. George, você só estava dizendo a verdade", ele respondeu. Eu quase conseguia ver Bob sorrindo do outro lado da linha. "Você quer outra chance de recuperar aquele título, não quer?"

Eu realmente não tinha ligado para ele por aquele motivo, mas não ia recusar a oportunidade. "Sim, é claro que quero."

Naquela noite, sonhei que estava enfrentando Michael Moorer. A luta tinha se estendido por alguns rounds, quando dei um gancho de esquerda que preparou para o soco vencedor, um direito veloz. No meu sonho, Michael Moorer caía e eu tinha reconquistado o título de campeão de peso-pesado.

Quando acordei, liguei outra vez para Bob Arum. "Sim, com certeza quero tentar o título."

"Está bem, George", Bob respondeu. "Vou começar a tratar disso."

Leal à promessa, Bob conseguiu arranjar para que eu enfrentasse Moorer pelo título de campeão mundial em 5 de novembro de 1994.

Comecei a me preparar para a luta, praticando no ginásio para dar um gancho de esquerda como tinha visto no meu sonho. Se vencesse essa luta, seria o campeão de peso-pesado mais velho da história do boxe. Comecei a alardear minha idade em todas as entrevistas anteriores à luta: "Quando eu vencer o campeonato de peso-pesado, quero que todos os quarentões e cinqüentões fiquem de pé e façam um brinde de Geritol em homenagem a George Foreman!"

Em todas as lutas que eu tinha vencido, eu tinha propositalmente evitado dizer qualquer coisa sobre Deus durante as entrevistas. Os repórteres muitas vezes perguntavam: "Como você continua vencendo na sua idade, George?"

Eu contornava a pergunta respondendo: "Alô, mamãe", e acenando para a câmera de tevê. Em vez de tentar parecer um homem religioso, eu fazia um comentário engraçado: "É hora de alguém me trazer um cheeseburger!" Eu tinha visto um monte de boxeadores espancar alguém e depois dizer: "Louvado seja Deus." Isso não parecia correto, por isso eu nunca falava sobre Deus após vencer uma luta.

> **Deus havia concedido que eu me tornasse o campeão mais velho da história do boxe, aos 45 anos.**

Mas antes da minha luta contra Michael Moorer pelo título mundial, orei: "Senhor, nunca falei sobre o Senhor na televisão após vencer minhas lutas. Mas se o Senhor permitir que eu vença esta luta de hoje, então vou ficar de joelhos e dizer: "Obrigado, Jesus."

Tinham se passado vinte anos desde que eu perdera o título para Muhammad Ali, e agora era minha última chance de reconquistá-lo. Meu plano era vencer a luta pela regra de três *knockdowns*, o que significava que eu venceria se derrubasse meu adversário três vezes em um mesmo round. Menos de uma hora antes de a luta começar, o árbitro veio ao meu vestiário e disse: "George, a regra de três *knockdowns* não vai valer nesta luta." Moorer era o campeão, por isso tinha o privilégio de decidir como a luta aconteceria, e ele não queria que aquela regra valesse.

Fiquei chocado. Aparentemente, Michael achou que poderia ser derrubado quatro ou cinco vezes e ainda assim vencer a luta.

A mudança nas regras me obrigou a ajustar minha estratégia no último minuto. A regra de três *knockdowns* sempre tinha me impedido de ferir meu oponente. Sem ela, a luta continuaria se estendendo, não importa quantas vezes eu o derrubasse. Agora eu tinha que acertá-lo com força suficiente para que ele ou não quisesse levantar, ou não fosse capaz.

Moorer foi o primeiro campeão canhoto na história do boxe peso-pesado, provou ser um lutador difícil de vencer. Ele tinha mudado as regras, por isso eu sabia que ele provavelmente ia vencer a maioria dos rounds até que eu conseguisse nocauteá-lo.

Quando soou o gongo dando início à luta, ele veio com *jabs* velozes para cima de mim. Eu não queria derrubá-lo cedo demais, pois sabia que ele ficaria longe de mim durante o resto da luta. Sempre que ele mandava uma combinação, devolvia com um *jab*, garantindo que acertasse sempre. Ele estava dando mais socos, mas os meus acabaram tendo mais impacto; eu percebi que as pernas dele estavam enfraquecendo. Ele não se mexia mais tão rápido, e parecia menos estável.

Conforme a luta foi continuando, Moorer acertou vários socos, com alguns poucos que realmente doeram. Sempre que ele me acertava de esquerda, eu devolvia com um de direita. Parecia que ele estava vencendo, mas eu sabia que era só uma questão de tempo até que ele estivesse aberto para eu derrubá-lo. Se eu apenas pudesse encontrar uma abertura, como tinha acontecido no meu sonho...

Normalmente entre rounds, os boxeadores se sentam nos banquinhos que há nos seus *corners* e descansam por um minuto. Mas quando voltei para o meu *corner*, não me sentei no banco para descansar. Em vez disso, fiquei de pé o tempo todo e ouvi os conselhos de Angelo Dundee e Charley Snipes. Eu queria que tanto os juízes como Michael Moorer soubessem que eu ainda era forte e estava pronto para lutar. Então eu virava e estudava a postura corporal de Moorer, para ver se ele parecia cansado. Eu percebia que meus *jabs* estavam sugando a força dele a cada round. Se eu conseguisse uma abertura para dar o meu gancho esquerdo...

No oitavo round, Michael estava bem à frente em pontos. Ficou claro para todos que, se a luta durasse até o fim, ele venceria na decisão dos juízes. Mas isso não aconteceria. Dei um gancho de esquerda que o acertou abaixo da axila direita, o que fez ele soltar as mãos, ficando mais difícil de se defender. Cada vez que eu o acertava, as pernas dele enfraqueciam um pouco. Eu sabia que, se conseguisse derrubá-lo, ele não conseguiria se levantar, pois suas pernas estariam exaustas.

No décimo round, acertei um direito na testa de Moorer, com tanta força que fez minha mão doer. Fiquei surpreso que ele não caiu. *Que tipo de homem agüenta esse tipo de golpe na cabeça e ainda continua de pé?* Mas eu sabia que ele não iria durar muito mais. Ele agachou quando dei um gancho de esquerda, e então lembrei o que eu tinha visto no sonho. Arrematei com um soco rápido de direita que derrubou Moorer na lona! Quando o árbitro começou a contar, dei um passo atrás. Eu sabia que Michael não ia levantar.

Voltei para o meu corner, me ajoelhei e orei. Se você olhar uma foto daquele momento, não vai me ver de pé ao lado do adversário, como eu tinha feito quando derrubei Joe Frazier na lona. Em vez disso, vai me ver no meu *corner*, de joelhos. Eu estava sinceramente agradecendo e louvando a Deus por aquela vitória tão suada.

> **Deus tem um plano para todo mundo, mas conforme você ficar mais velho, talvez suas missões mudem.**

Dois recordes foram quebrados naquela noite. Deus havia concedido que me tornasse o campeão mais velho da história do boxe, aos 45 anos. Eu também quebrei o recorde de boxeador com a maior distância de tempo entre um campeonato mundial e o outro — vinte anos.

Mas após vencer o título, não fiquei ali para comemorar. Em vez disso, peguei um vôo naquela mesma noite e voltei para Houston, e preguei na minha igreja na manhã seguinte. Essa foi a melhor comemoração de vitória da minha vida!

Você pode recomeçar

Assim como recomecei, você também pode. Deus tem um plano para todo mundo, mas, conforme você ficar mais velho, talvez suas missões mudem. Talvez você tenha 47 anos e tenha sido demitido. Quem sabe você já foi gerente, diretor ou presidente, mas acabou ficando desempregado porque sua empresa diminuiu de tamanho. Ou talvez você tenha perdido seu cônjuge por morte ou divórcio. Agora você tem que recomeçar.

Não se veja como alguém que "já era". O que importa não é a sua idade. E nem a opinião pública faz muita diferença. Não importa o que as pessoas vão dizer sobre você, porque todas as coisas são possíveis com Deus. Tudo o que realmente importa é o que Deus diz sobre você, e o que você pensa e diz sobre si mesmo. Deus ainda pode usar você para fazer grandes coisas. Mas primeiro você precisa acreditar que o Senhor quer usar você. Você precisa dizer para si mesmo: *Meus melhores dias ainda estão por vir. Eu sou capaz.* Sempre se veja como uma pessoa de futuro promissor.

Mesmo se você acha que estragou a sua vida, não é tarde demais para mudar de direção. Se você seguiu pelo caminho errado, ainda pode voltar na direção certa. Deus irá guiar você, do ponto onde você está agora para onde ele quer que você esteja, se você deixar que ele faça isso.

Mas esteja pronto a começar na ponta de baixo. Talvez você pense: *Eu já estive no topo. Por que eu preciso voltar ao chão?* Porque começar por baixo vai dar a você uma perspectiva mais clara. Você aprenderá novos e diferentes modos de progredir. Recomeçar pode até mesmo abrir uma carreira totalmente diferente para você. Então fique feliz se você consegue ver o fundo. Dali, você só pode subir. Chegar ao fundo do poço talvez tenha sido a melhor coisa que já aconteceu com você!

Não tenha pressa. Demore o tempo necessário. Quando Deus disse a minha esposa que eu seria campeão novamente, não saí pulando etapas só porque já tinha sido campeão. Eu sabia que levaria pelo menos três ou quatro anos para chegar aonde eu queria ir, assim como da primeira vez — mas seria mais difícil. Nós, pais, sempre dizemos aos filhos para ter paciência. Mas, conforme ficamos mais velhos, a paciência parece desaparecer dos nosso próprio vocabulário. Nós também precisamos de paciência, principalmente quando queremos atingir novas metas.

Se você quer ser contratado para um certo trabalho, talvez precise voltar a estudar por três ou quatro anos. Por que não? Nunca é tarde demais para começar a fazer o que você ama, mesmo se isso signifique recomeçar tudo outra vez; você pode se disciplinar para fazer direito. Se você pretende ter um novo relacionamento, precisa estar em contato com pessoas boas e corretas, da sua faixa etária e com os seus interesses. Não pode simplesmente ficar sentado em casa o tempo todo, vendo televisão e se empanturrando de comida, enquanto espera que Deus mande uma pessoa maravilhosa entrar na sua vida. Procure se envolver na sua igreja ou sua comunidade, ajude os outros, e observe o que Deus fará por você!

> Chegar ao fundo do poço talvez seja a melhor coisa que aconteceu com você!

A confiança total em Deus é uma atitude que precisamos cultivar para ter sucesso em qualquer idade. Moisés era o homem mais humilde da Terra, o que significava que ele dependia completamente do Senhor. E foi por isso que Deus foi capaz de usá-lo. A humildade nos beneficia mais que qualquer habilidade atlética ou intelectual. A confiança em Deus nos dá um poder maior que qualquer força humana.

Alguns jovens atletas são tão talentosos que é fácil para eles dizer: "Deus me deu minha habilidade." Eles podem dizer isso, mas será que realmente *acreditam*? Quando um atleta faz um *touchdown*, ele pode apontar para o céu como se o Senhor tivesse acabado de marcar o ponto. Mas quando você realmente compreende que Deus lhe deu o poder de obter o sucesso, fica se sentindo tão humilde que nem mesmo tem interesse em fazer um alarde.

Não importa a sua idade, você ainda pode recomeçar por baixo e voltar ao topo. Tenha fé. Aprenda um novo jeito. Confie totalmente em Deus. Não tenha pressa.

Se eu consegui, você também consegue.

Voltar ao ringue de novo?

Em 1997, me aposentei do boxe com um saldo de 76 vitórias, 5 derrotas e 69 nocautes. Em 2003, entrei para o International Boxing Hall of Fame, e fui eleito o nono melhor soco de todos os tempos pela revista *Ring*.

Pensei seriamente em voltar ao boxe mais uma vez aos 55 anos de idade, mas minha esposa logo deu um basta na idéia. Eu tinha começado a treinar e estava perdendo peso. Eu disse a minha esposa: "Mary, estou em melhor forma agora do que já estive na minha vida inteira."

Mary me olhou com frieza. Ela disse: "George, você não vai voltar ao boxe."

No começo, achei que ela estava brincando, porque Mary nunca se intrometia no que dizia respeito à minha carreira.

"Sinto muito, mas vou sim", eu disse.

"Ah, não vai não! Não vou passar por tudo *aquilo* outra vez. Da última vez em que você voltou a lutar, estávamos sem dinheiro e você precisava alimentar a família. Foi por isso que concordei naquela época. Mas você já venceu o título duas vezes, por isso chega de boxe!"

"Mas você acredita que sou capaz, não acredita? Eu ainda tenho minha força, tenho meu *jab*..."

"E não é assim que você quer ser lembrado, George?"

"Você não pode mandar em mim", eu disse.

Mas ela mandou. Aquela sim era uma luta que eu não tinha chance de vencer.

Dicas do George sobre a idade

- Perceba que a sua experiência lhe dá uma vantagem.
- Acredite que Deus ainda pode usar você para realizar os propósitos dele.
- Adapte as suas habilidades para aproveitá-las ao máximo.
- Confie totalmente na força de Deus, e não na sua própria.

Capítulo 17

Por que batizei todos os meus filhos de George

As pessoas muitas vezes me perguntam por que batizei todos os meus garotos de George. Eu sempre brinco: "Lutei contra Muhammad Ali, Joe Frazier, Ken Norton e Evander Holyfield. Deixe esses caras baterem na sua cabeça algumas vezes, e vamos ver quantos nomes você consegue lembrar!"

Na verdade, meu verdadeiro motivo é mais profundo.

Depois que perdi o título de campeão para Muhammad Ali em 1974, voltei a Houston para passar um tempo com minha família. Eu me sentia totalmente abjeto e inútil. A vida parecia não mais importar. Perder o título já tinha sido ruim o suficiente, mas minha irmã Glória estava prestes a soltar outra bomba que iria abalar ainda mais o meu mundo.

"Preciso contar uma coisa a você", ela disse. "Você já se perguntou por que você não se parece com o resto de nós?"

"Como assim? Do que você está falando?"

"O papai não é seu pai de verdade."

"Isso é mentira!", retruquei.

"Lembra quando nós chamávamos você de 'Mo-head' quando você era menino? Na verdade, estávamos chamando você de Moorehead. Esse é o verdadeiro sobrenome do seu pai. Vi uma carta que ele escreveu para a mãe. Ele queria conhecer você, mas a mãe não deixou."

Neguei outra vez: "Isso é mentira!" Eu não queria ouvir as palavras de Glória, mas suspeitava que o que ela estava dizendo pudesse ser verdade.

Telefonei para minha querida tia Leola, irmã da minha mãe, e inventei uma história para tentar descobrir a verdade. (Lembre, isso foi antes da minha conversão espiritual, por isso eu mentia com muita facilidade).

"Tia Leola", eu disse do modo mais casual possível. "Eu estava treinando para uma luta no Madison Square Garden quando um homem veio até mim e se apresentou. Ele disse: 'Ei, George, sou seu parente. Só queria dizer que sou o seu pai. Meu nome é Leroy Moorehead'." Fiz uma pausa dramática. Fiquei esperando uma reação, e não ouvi nada além de um silêncio sepulcral da parte da tia Leola, por isso continuei.

"Agora me diga a verdade. Aquele homem era meu pai?"

"O quê?", disse a tia Leola, parecendo chocada.

"Tia Leola, sei que você nunca mentiria para mim. Por favor, me diga a verdade. Aquele homem é meu pai?"

A tia Leola começou a soluçar. "A sua mãe ia me matar..."

Ela não precisou dizer mais nada. Eu soube então que Leroy Moorehead era meu pai biológico. Mas eu queria ouvir da boca da minha mãe, porque durante minha vida inteira eu tinha acreditado que J. D. Foreman era meu pai verdadeiro.

Telefonei para minha mãe e contei a ela a mesma mentira. "Mamãe, conheci um homem no Madison Square Garden chamado Leroy Moorehead. Você conhece esse homem? Ele diz que é meu pai verdadeiro, e não J. D. Foreman. Me diga a verdade."

Minha mãe imediatamente caiu em pranto. Depois de se recompor, ela disse: "George, por que você acha que o J. D. bebe?" Ela explicou que J. D. e ela tinham se separado naquela época, e foi então que ela conheceu Leroy.

Fiquei atordoado. Durante todos aqueles anos, eu tinha acreditado em uma mentira — que J. D. Foreman era meu pai. E mesmo assim, J. D. era o único pai que eu tinha conhecido na minha infância. Quando eu era garotinho, ele colocava a mão na minha cabeça e anunciava: "George Foreman, o próximo campeão mundial de peso-pesado!" Ele me amava como seu próprio filho, e nunca deixou transparecer que não fosse meu pai verdadeiro.

Depois de descobrir a verdade, pesquisei algumas informações e marquei um encontro para conhecer Leroy Moorehead em uma igreja em Marshall, Texas. Ele era um veterano da Segunda Guerra Mundial, um sargento que tinha sido ferido em batalha no norte da África. Ele tinha acompanhado minha carreira no boxe, e se vangloriava para seus amigos da Segunda Guerra de ser o pai do campeão mundial de peso-pesado.

"Ah, claro", os amigos dele diziam rindo, obviamente não acreditando.

Mas Leroy estava dizendo a verdade.

Leroy Moorehead e eu nunca chegamos a formar um laço de pai e filho muito forte, mas ao menos pudemos conversar e nos aproximar, e ter uma espécie de relacionamento durante o resto da vida dele. Quando Leroy faleceu em 1978, presidi o seu funeral. Ao olhar o corpo dele deitado no caixão, pensei: *Esse era meu pai de verdade, e agora ele morreu. Isto nunca vai acontecer com os meus filhos. Vou dar a eles uma coisa que eles sempre vão ter.*

Então, por que batizei todos os meus filhos de George Edward Foreman? Porque queria dar a eles alguma coisa em comum, um senso de identidade, para que eles lembrassem o sobrenome da família. Eu dizia a eles: "Quando um George Edward Foreman está bem, todos estamos bem. Mas se algum deles se mete em encrenca, então o nosso nome é que sofre. Por isso, tudo o que vocês fizerem agora, vocês não estão apenas fazendo por si mesmos, mas em nome da família inteira."

Digo a eles que, se eles algum dia se separarem na vida, só precisam procurar pelo próprio nome, e um irá encontrar o outro. Meus filhos têm um laço forte entre eles, por causa dos nomes idênticos. Eles realmente *amam* uns aos outros. Eu nunca vi um grupo de garotos gostar tanto uns dos outros. Quando os três mais velhos decidem sair para comer em algum lugar, eles vão buscar os mais novos e os levam junto.

Para evitar confusões, usamos apelidos. Mas, às vezes, esses apelidos desaparecem, e nós nos chamamos simplesmente de "George". Eu também tenho filhas, mas todos querem saber sobre os meus filhos por causa dos nomes idênticos. Eis aqui uma lista dos Georges, do mais velho ao caçula:

George Edward Foreman Sr. sou eu , o "Big George".

George Edward Foreman Jr. é o "Little George". Ele se formou no Wiley College em Marshall, Texas, e fez mestrado na Louisiana State University. Já trabalhou para o procurador distrital de Marshall, e atualmente trabalha para o Wiley College como diretor de relações com ex-alunos.

George Edward Foreman III é o "Monk". Ele gerencia meus negócios. Freqüentou a Pepperdine University na Califórnia, e se formou na Rice University em Houston. Planeja fazer seu mestrado na Rice.

George Edward Foreman IV é o "Big Wheel". Ele concluiu recentemente o Ensino Médio, e joga futebol americano na University of Redlands, na Califórnia. Ele já fez muitas coisas boas, e sempre diz: "Obrigado, Jesus."

George Edward Foreman V é o "Red". Nós o chamamos assim porque estava destinado a ser como a placa de "pare", que é vermelha. Ele cursa o Ensino Médio, onde gosta de todos os esportes, mas principalmente o basquete.

George Edward Foreman VI é "Joe", em homenagem ao pai da minha mãe. Ele é forte e independente, mesmo com apenas sete anos de idade.

Além de todos esses belos rapazes, tenho cinco lindas filhas. Por pouco não batizei todas elas de "George" também, mas achei que talvez fosse exagero. Em vez disso, elas foram batizadas de Michi, Freeda George (dessa vez cheguei bem perto, não é?), Georgetta (quase!), Natalie e Leola.

Minhas filhas são todas diferentes em termos de personalidade, habilidades e aspirações, mas todas estão convencidas de que querem chegar ao sucesso por seus próprios méritos, não simplesmente porque são minhas filhas. Michi, por exemplo, é uma cantora talentosa, uma artista com alma de poeta, como sempre digo, e com a inteligência ágil de uma comediante. Natalie, formada na Baylor University, está atualmente aprofundando sua formação. Ela é uma moça determinada, que provavelmente será uma das melhores médicas do mundo. Georgetta, que se formou na Pepperdine University, adora escrever e é a mais séria das minhas filhas; ela adora contemplar questões difíceis e apresentar suas próprias perspectivas independentes. Leola é nossa filha mais nova, e foi batizada em homenagem a minha tia favorita. Ela exala uma certa "classe" toda especial, e conquista o respeito mesmo de pessoas que a conhecem pela primeira vez. Extrovertida e confiante, Leola nunca encontrou um inimigo; ela poderia ficar amiga de quase qualquer um.

Talvez não seja de se surpreender que a filha que me deu mais problemas foi justamente a que eu batizei de George. A terceira dos meus dez filhos, Freeda George, teve comigo um relacionamento problemático em vários pontos no final da adolescência. Uma vez ela até mesmo fez falsas acusações contra mim, o que quase dilacerou meu coração. Quando finalmente conseguimos acertar nosso relacionamento e estávamos vivendo dias melhores, Freeda anunciou que planejava virar boxeadora!

O boxe feminino estava crescendo como esporte, e Laila Ali e Jacqui Frazier-Lyde, filhas de Muhammad Ali e Joe Frazier, respectivamente, já tinham conquistado um relativo sucesso como boxeadoras. Freeda acreditava que podia se sair tão bem quanto elas, ou melhor.

Quando era garotinha, Freeda lutava contra um inimigo ainda mais poderoso: a comida. Graças à mãe dela e eu, ela aprendeu desde cedo que batata frita, hambúrguer, pizza, sorvete e outras guloseimas podem fazer um bom dia ficar ainda melhor. Ficamos muito felizes ao ver que Freeda tinha um apetite tão grande. Embora ela praticasse esportes na escola, seu problema de peso acabou afugentando os amigos, e ela começou a passar cada vez mais tempo em casa, na frente da televisão, comendo.

Nós fizemos tudo o que podíamos para ajudar. Mandamos Freeda para terapeutas, clínicas de emagrecimento, nutricionistas etc. Nada parecia funcionar. No entanto, quando ela começou a praticar boxe, passou a fazer exercícios e correr vários quilômetros por dia, e o peso começou a desaparecer do corpo dela. Aos 23 anos, quando ela lutaria sua primeira luta em Las Vegas, ela estava em perfeita forma.

Mesmo assim, me opus com veemência à vontade de minha filha, de seguir os meus passos e entrar para o boxe. Ela era tão bonita; eu não suportava a idéia de ver minha filhinha sendo esmurrada. Fiz tudo o que pude para convencê-la a não fazer isso. Eu até a evitei durante um tempo, mas ela foi teimosa.

"Pai, eu sempre quis fazer isso", ela disse. Eu já tinha treinado boxe de brincadeira com todas as minhas filhas quando eram pequenas, por isso elas não eram totalmente estranhas ao esporte. Mas isso era diferente. Freeda estava entrando no ringue com outra mulher, que queria nocauteá-la!

Eu me recusei a comparecer à luta, esperando que minha ausência talvez impedisse Freeda. Eu pensei: *Se ela perceber o quanto me oponho a isso de ela lutar boxe, quem sabe ela mude de idéia.* Mas para Freeda, o boxe tinha a ver com sua auto-estima e senso de realização. Ela ignorou meus temores e entrou no ringue.

E não ficou nele por muito tempo. Aos 1:44 do segundo round, Freeda já tinha derrubado sua adversária, LaQuanda Landers, assim vencendo por nocaute técnico. Era Dia dos Pais. Após a luta, rodeada pela mídia, Freeda disse: "Feliz Dia dos Pais, papai. Isto é em sua homenagem. Eu amo você."

Freeda ainda venceu mais diversas lutas, e começou a freqüentar a igreja junto com o resto da nossa família após cada luta que vencia. Era um verdadeiro dilema para mim: lá estava minha filha fazendo o que eu não queria que ela fizesse — lutando boxe —, mas ela também estava fazendo o que eu mais queria que ela fizesse — indo à igreja e cultivando um relacionamento mais íntimo com Deus.

Decidi que, por enquanto, eu precisava tratar minha filha de um jeito diferente — a vi como minha filha, mas também como uma filha de Deus, atravessando as portas da igreja. Dediquei muito tempo a Freeda, não simplesmente como minha filha, mas como uma jovem procurando a paz de Deus no seu coração. Uma das maiores alegrias da minha vida foi ouvir minha filha me dizer um dia: "Pai, estou pronta para ser batizada." Eu tinha esperado anos para ouvir aquelas palavras da boca de Freeda, e sabia que ela nunca diria aquilo enquanto não tivesse decidido, de todo o coração, viver para Deus.

Compareci à última luta de boxe de Freeda — uma luta que eu promovi — em Houston. Ela perdeu a luta, mas conquistou vários novos fãs, incluindo eu. Fiquei muito impressionado com Freeda. Não havia nela nada de desistência, mesmo sem ela ter vencido a luta.

Freeda se aposentou do boxe e começou a trabalhar como diretora executiva do George Foreman Youth and Community Center. Ela visita escolas, conversando com jovens sobre bons hábitos de alimentação e atividade física; ela também enfatiza a importância de encontrar e andar com os amigos certos e, é claro, cultivar uma amizade com Deus. Ela começou a organizar lutas de boxe no centro, e até mesmo promoveu um número de lutas amadoras no Texas, incluindo a "Houston's Night of Stars". Freeda se tornou meu braço direito no centro de jovens, e ela agora usa com orgulho o nome Freeda George Foreman.

Mas preciso contar sobre mais um George — George Edward —, aquele que mencionei no primeiro capítulo. Você provavelmente está se perguntando o que aconteceu com aquele garoto doente por quem eu orei — meu sobrinho, George Edward Dumas. Ele agora tem dois metros de altura e pesa mais de 110 quilos. Ele também trabalha para mim, treinando meus cavalos e, é claro, servindo como meu segurança!

DICAS DO GEORGE SOBRE DEIXAR UM LEGADO

- Certifique-se de que você está vivendo de um jeito em que seus filhos serão honrados pelo seu nome.
- Embora cada um dos seus filhos seja diferente, trate todos igualmente, com amor.

CAPÍTULO 18

Nos encontramos no céu?

Um dia, após a igreja, meu primo Henry Roberts me apresentou a Richard Johnson, um jovem que tinha vindo com ele. O Sr. Johnson me disse: "Visitei uma das suas casas anos atrás junto com Henry, quando eu era garotinho. Passamos o dia nadando na sua piscina, e Henry nos deu comida também. Mas eu nunca tive a chance de conhecer você até hoje."

É assim que acontece para muitas pessoas, no que diz respeito a ter um relacionamento com o bom Senhor. Eles vivem na terra de Deus, comem a comida dele, e aproveitam as bênçãos dele; eles sabem muito sobre ele, mas nunca o conheceram.

O Sr. Johnson, logo fiquei sabendo, também tinha paixão por ajudar os outros. Ele era um bom homem que tinha se envolvido na política e também tinha trabalhado com jovens, ajudando-os a começar a vida de um jeito mais digno. Então a vida foi severa com ele, e ele sofreu uma série de problemas graves. Isso é parte do que o trouxe à igreja. Ele começou a freqüentar nosso serviço regularmente, e era visível que ele estava procurando alguma esperança. Um dia, quando eu falei com ele na igreja, senti o cheiro do álcool em seu hálito.

Eu não disse nada a ele sobre a bebida, mas, pouco depois disso, eu estava falando sobre não fazer com que outra pessoa tropeçasse.

Na verdade, eu não estava pensando no Sr. Johnson em particular, mas disse: "E todas as pessoas que têm você como exemplo? Imagine se eu decidisse beber quando estivesse sozinho em algum lugar. Eu poderia racionalizar o problema, e dizer: 'Ninguém nunca vai saber', mas Deus vê tudo. Ele sabe. Então devemos viver com a consciência de que Deus está nos assistindo."

Aparentemente, Deus usou aquelas palavras para tocar o coração e a mente do Sr. Johnson. Depois de ouvir essa mensagem, o Sr. Johnson decidiu dar uma guinada em sua vida. Não foi fácil para ele, mas ele se manteve firme no processo e Deus o ajudou a recolocar sua vida nos eixos. Ele depois diria: "Eu estava sempre tentando encontrar aquela mesma alegria que o George tinha. Como ele conseguia agüentar o que tinha agüentado, e continuar sorrindo? Eu não sabia o que era aquilo, mas também queria."

O Sr. Johnson não apenas encontrou aquela alegria para si; ele foi capaz de ajudar diversas outras pessoas a encontrá-la também. Ele acabou se ordenando pastor, e um dos bons! O pastor Richard Johnson foi responsável pela construção de diversas igrejas na Louisiana, e também tem muito êxito ministrando para presidiários.

Hoje em dia, minha vida gira em torno disto — ajudar uma pessoa a ajudar a outra. Adoro indicar às pessoas a direção do céu, compartilhando com elas o plano divino de salvação, de um modo tão simples que até mesmo uma criança possa entender. Quero que as pessoas saibam que elas importam para Deus, que ele não desistiu delas, que ele está interessado em todos os detalhes da vida delas. Essa é uma mensagem que mora no meu coração.

Uma vez eu estava deitado na cama na minha casa em Marshall, Texas, quando um "homem" apareceu para mim. Ele vestia uma delicada túnica branca, mas eu não conseguia enxergar seu rosto. Ele me disse com ternura: "Irmão George, meu Pai está preocupado com você." Ele não se identificou, mas acho que sei quem foi que me disse essas palavras naquela noite.

E a mensagem é a mesma para você: seu Pai celestial está preocupado com você; ele ama você e quer ter um relacionamento íntimo com você. Deus está do seu lado.

Meu irmão, Roy Foreman, também precisou ser lembrado dessa mensagem. Roy estava carecendo de fé, e quase perdeu todas as esperanças quando me aposentei do boxe, e nossa vida tomou rumos diferentes. Roy sabia, tão bem quanto qualquer um, que a transformação na minha vida era real; ele havia estado naquele vestiário em Porto Rico na noite em que encontrei Deus. Mas ele nunca aceitou isso. Ele nunca sentiu isso por si próprio.

Anos mais tarde, quando visitei Roy no ginásio onde ele estava trabalhando com garotos, ensinando-os a lutar boxe, eu disse a meu irmão: "Este é um passo maior, Roy. E você pode dar este passo."

"George, acho que quero. Quero encontrar a verdadeira paz."

"Então dê uma chance a Deus, Roy."

Meu irmão começou a freqüentar a igreja comigo pela primeira vez. Ele disse que queria encontrar a paz de que eu falava. Um dia, quando eu estava pregando, Roy percebeu uma coisa que o fez pensar. Eu estava falando sobre como Deus tinha prometido ajudar os israelitas, garantindo a eles que mesmo com poucos homens eles afugentariam o inimigo, e que suas terras sempre dariam frutos. Roy guardou essa mensagem no coração. Ele começou a confiar em Deus e a servir na igreja. Ele se tornou um melhor marido e pai, e até hoje me agradece por tê-lo ajudado a ser um homem melhor. Isso é o que Deus pode fazer por alguém.

Na verdade, é simples. Se eu oferecesse a você uma nota de cem dólares, eu poderia apenas mostrá-la, mas ela não será sua enquanto você não estender a mão e pegar. O presente da salvação de Deus também é recebido mais ou menos do mesmo modo. Porém, em vez de pegá-lo com a mão, você o recebe com o coração.

Foi isso o que fez meu bom amigo Michael Harris. Da primeira vez em que Michael visitou nossa igreja, ele estava quase desistindo de Deus, e tinha certamente desistido do seu casamento. Michael, um homem brilhante e apresentador de um famoso programa de rádio em Houston, disse para mim: "Eu nunca disse isto a você antes, George, mas você parece ter uma paz que sempre quis."

"Você pode ter esta paz também, Michael", eu disse a ele. "O que Deus fez por mim, ele pode fazer por você, mas você precisa lutar. Você precisa querer. É a mesma coisa com o seu casamento. Sei que Deus pode curar o seu casamento, mas você precisa querer que ele faça isso, e tem que estar disposto a salvar o que é bom e abrir mão de tudo o que é ruim."

Toda vez que via Michael na igreja ou em círculos sociais, o incentivava a confiar em Deus, e o fazia recordar o grande amor que ele tinha por sua esposa. Às vezes, Michael me olhava como se eu estivesse falando sobre outra pessoa, mas eu não estava. Eu estava usando minha fé para visualizar a vida dele sendo transformada por Deus.

Então a esposa de Michael ficou muito doente e, de repente, esse casal que estava prestes a perder tudo pediu que Deus salvasse não apenas a vida dela, mas também o casamento. Hoje, ver Michael e sua esposa juntos é como ver uma única pessoa. Eles são apaixonados, e a paz de Michael é enorme. Não faz muito tempo, Michael Harris pregou um sermão na nossa igreja, e sua esposa ficou sentada ali, radiante de orgulho pelo homem, o pastor e marido carinhoso que ela conhecia. Deus ainda pode fazer milagres, quando confiamos *nele*.

Se você quer saber mais sobre o plano de Deus para a sua vida, comece a ler a Bíblia, assim como eu fiz. O Evangelho de João é um bom lugar para começar. E fale com Deus todos os dias. Conte a ele sobre todas as boas coisas e as circunstâncias difíceis que você está enfrentando. Ele já sabe, mas, como qualquer bom pai, seu Pai celestial está interessado em todos os aspectos da sua vida, inclusive aquilo que você está sentindo.

Também é importante que você encontre uma boa igreja que ensine e pregue sobre Jesus. Certifique-se de que as pessoas da congregação amem o bom Senhor, e então você pode se tornar parte dessa entidade. Viva para Deus todo dia, sabendo que sua vida está nas mãos dele. Ele é o melhor treinador de todos, e irá preparar e guiar você através de todos os desafios da vida. E o plano de aposentadoria dele é "de outro mundo"!

Quando terminar nossa vida na Terra, estaremos para sempre com o Senhor, vivendo no nosso lar eterno. Eu já vivi em belas casas durante a minha vida, mas pelo que li na Bíblia, se você acha que existem mansões na Terra, ainda não viu nada! Espere até vislumbrar o lugar que Jesus está preparando para você.

Espero encontrar você no céu algum dia. Eu vou estar lá, e espero que você também participe da celebração eterna. Enquanto isso, se alguém lhe perguntar por que você é tão feliz, você pode responder o mesmo que eu: "Deus está na minha equipe."

DICAS DO GEORGE SOBRE VIVER COMO UM CRISTÃO

- Leia um capítulo da Bíblia todas as manhãs.
- Fale com o Senhor ao longo do dia, contando a ele tudo o que está no seu coração.
- Freqüente uma igreja que acredite na Bíblia inteira, e onde os membros sejam alegres.

Agradecimentos

Um agradecimento especial ao meu filho, George III, "Monk", por todo o empenho neste projeto. Este livro não poderia ter sido feito sem ele.

Obrigado a meu amigo e advogado, Henry Holmes — amigos até o fim.

Também sou profundamente grato a Doc Broadus. Graças a Deus, ele viu em mim algo de especial e se dispôs a trabalhar comigo. Ele me ajudou a virar um campeão dentro e fora do ringue.

A Joe Frazier, um dos maiores campeões mundiais de peso-pesado.

A Michele Sewell, que disse que eu já estava perdoado há muito tempo.

E um agradecimento especial a minha tia Leola, que espero reencontrar no céu algum dia.

Obrigado a Greg Daniel e à excelente equipe de vendas da Thomas Nelson por acreditar neste livro, e a Thom Chittom, meu editor, que nos ajudou a manter o rumo.

Obrigado também a meu agente literário, Mark Sweeney, por seu trabalho neste projeto, e a Ken Abraham, que me ajudou a organizar as palavras e contar minha história. O trabalho dele, e o de seu assistente Kent Crockett, foi uma ajuda tremenda.

Notas

Capítulo 2 – O dia em que eu morri
1. Ver Atos 9:1-18.

Capítulo 3 – Preciso de um pistoleiro
1. Ver Mateus 18:22-35.

Capítulo 4 – O que as pessoas vão pensar de mim?
1. Ver Atos 10:1-1.

Capítulo 5 – Um pastor lutador
1. Colossenses 3:1.

Capítulo 6 – Sendo otimista em um mundo de pessimismo
1. Lucas 23:34.

Capítulo 7 – Aprecie o hoje
1. Salmo 23:6.
2. Mateus 6:11.

Capítulo 8 – Deus irá guiar os seus passos
1. "Though by the path He leads, *but one step I may see.*" — "His Eye Is on the Sparrow", Civilla D. Martin, 1905.
2. Salmo 1:1.
3. Provérbios 3:5-6.

Capítulo 9 – A pior coisa pode ser a melhor coisa
1. Romanos 8:28.
2. Ver Gênesis 39:2-3, 21, 23.
3. Ver Gênesis 50:20.

Capítulo 10 – Inspirando excelência nos outros
1. ContraCostaTimes.com, 4 de junho de 2006, http://www.contracos-
   tatimes.com/mld/cctimes/news/local/states/california/14739108.
   htm.
2. Filipenses 2:3.

Capítulo 11 – Atravessando a tempestade
1. Jó 1:21.
2. Jó 13:15.

Capítulo 12 – Integridade: não saia de casa sem ela
1. Gênesis 4:7.
2. Jó 31:1.
3. Salmo 84:11.
4. Provérbios 20:7.

Capítulo 14 – O segredo do sucesso
1. Mateus 6:33.
2. Salmo 1:1-3.

Capítulo 15 – Doe enquanto está vivo
1. Atos 20:35.
2. Salmo 37:25.
3. Lucas 6:38-9.
4. Mateus 6:20.

Capítulo 16 – Quarenta anos não é uma sentença de morte
1. Mateus 5:5.

FOTOS

1967, antes das Olimpíadas, e minha primeira pose de boxeador. Fiquei muito contente ao tirar esta primeira foto de divulgação.

Primeira foto de divulgação no meu retorno aos ringues. Neste recomeço, foi preciso tirar novas fotos. E o cabelo afro tinha sumido!

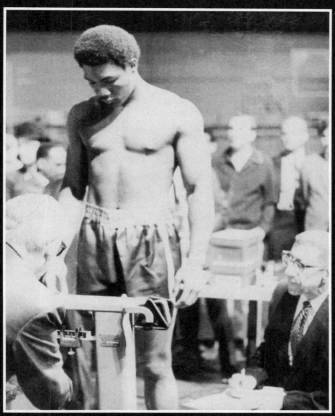

Minha primeira luta profissional em Las Vegas, Nevada, 1970. Eu atingi 98 quilos e fui recebido com um tapete vermelho!

Acampamento de verão do George Foreman Youth Center, 1995. Pela primeira vez, passei um verão inteiro trabalhando com os garotos.

No meu primeiro retorno ao boxe em 1976. Antes da luta contra Jimmy Young.

O George Foreman Youth and Community Center em 1983. Meus amigos e eu construímos o interior do ginásio com nossas próprias mãos, e tudo diante da bandeira dos Estados Unidos.

Lutando contra Dwight Qawi em 19 de março de 1988, no Caesar's Palace em Las Vegas, Nevada. Este nocaute abriu os olhos de todos: "George Foreman voltou!" Esta luta teve uma grande audiência em *pay-per-view*.

Uma noitada com o treinador Charlie Snipes em 1995, comemorando o título de campeão de George Foreman. Minha mãe disse que ele só precisava de uma segunda chance.

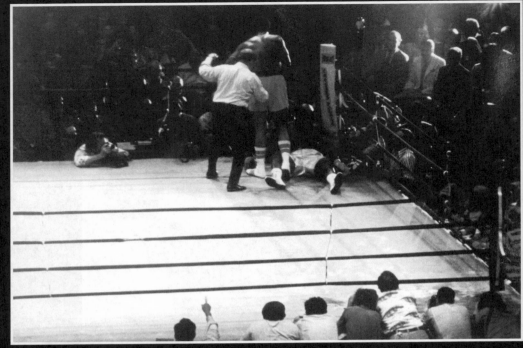

Frazier na lona em Long Island, Nova York, 1976 — nossa segunda luta. Eu fui cruel, fiquei de pé ao lado dele, e a platéia vaiou!

Meu filho George Foreman VI, com três anos de idade, mostrando os músculos.

Muhammad Ali e eu em sua casa em Beverly Hills em 1984, lendo a Bíblia Sagrada.

Numa igreja em 1976, na ocasião em que conheci meu pai biológico, LeRoy Moore

Eu me fazendo de louco junto com Red Fox, em 1976. A febre de atuar me contaminou, e em 993 tive meu próprio seriado de TV, "George".

Evento em 1995 em City of Hope, região de Los Angeles, agraciando George Foreman com a presença de Dick Sadler (esquerda) e seu amigo de longa data, Barney Oldfield.

Com Don King em 1975. Nenhum outro boxeador nem agente queria trabalhar com Don King, até que eu lhe dei sua grande chance em 1976.

Brincando com meu tigre no rancho em 1976, enquanto eu treinava para a luta contra Jimmy Young.

Galopando em 2005 no meu cavalo CoCo.

Meus dias de pastor de rua em Houston, Texas, 1978. Eu já não tinha

O rei do grill na Austrália, 2006. Mais de cem milhões de aparelhos vendidos no mundo todo!

A equipe que me levou ao título em 1973: Archie Moore (esquerda) e Dick Sadler durante os preparativos para a luta contra Joe Frazier em Kingston, Jamaica.

Evento beneficente contra a AIDS em Los Angeles, 1995, com o casal Reagan. Todos nós, ex-presidentes e celebridades, tínhamos uma coisa em comum: o desejo de encontrar uma cura para a AIDS.

Uma foto da minha mãe e duas irmãs em 1995. Da esquerda para a direita: minha irmãzinha Mary Alice, minha mãe Nancy Foreman, e Willie Foreman.

Com minha filha, Freeda George Foreman, antes
de uma luta de boxe.

Com Sammy Davis Jr. no Caesar's Palace em 1976. Sammy foi
o primeiro homem que eu ouvi dizer: "Você precisa fazer com
que eles amem você!"

mentaristas de boxe da HBO em 1997: Jim Lampley, Larry Merchan
os amigos, e dávamos boas risadas.

O Dia dos Pais com meus filhos, 1997. Foi a primeira vez em que
consegui reunir todos eles no Dia dos Pais quando eu não estava
viajando. À minha esquerda: George Jr. e Monk. Minha mão está

Com Howard Cosell e Joe Frazier. Meu "olhar de desprezo" antes da luta em 1976. Frazier sempre sorria, mas eu não.

Em 1970 com meu sobrinho de um ano de
idade, George Edward Dumas: o sobrinho
por quem eu orei e entreguei minha vida

Com minhas quatro netas, duas filhas, e minha nora em 2003. Da esquerda para a direita: usando o vestido floral, Pamela Foreman, filha de George Foreman Jr.; Freeda George Foreman com sua filha Justice Foreman; Georgetta Foreman com a recém-nascida Jessica Jolie Rubin; minha nora Anika Foreman (esposa de George Jr.) com sua filha Brooke Foreman.

A casa nova de minha mãe, em 1971. A primeira e última vez em que minha família inteira se reuniu para tirar fotos. Da esquerda para a direita: Robert, Gloria, eu, minha irmã Willie, Kenneth, Mary Alice e Roy.

Primeiro encontro com Nelson Mandela na África do Sul, 2004. Ele é um grande fã de boxe, coisa que eu nunca teria imaginado.

Mais um dia para os garotos Foreman, 1996.

Este livro foi composto em Giovanni 11/15
e impresso pela Gráfica Ediouro sobre papel Pólen Soft 70g
para a Thomas Nelson Brasil em agosto de 2007.